AMBICIOSA COMO A MAMÃE

POR QUE PRIORIZAR SUA CARREIRA FAZ BEM PARA SEUS FILHOS

LARA BAZELON

AMBICIOSA COMO A MAMÃE

POR QUE PRIORIZAR SUA CARREIRA FAZ BEM PARA SEUS FILHOS

TRADUÇÃO

Débora Chaves

VESTÍGIO

Copyright © 2023 Lara Bazelon

Trecho da p. 69 extraído de "This Week in Fiction: Lauren Groff on the Cult of Motherhood", Cressida Keyshon, *The New Yorker*, © Condé Nast.

Título original: *Ambitious Like a Mother: Why Prioritizing Your Career Is Good for Your Kids*

Esta edição é publicada mediante acordo com Little, Brown and Company, New York, USA.

Todos os direitos reservados pela Editora Vestígio. Nenhuma parte desta publicação poderá ser reproduzida, seja por meios mecânicos, eletrônicos, seja via cópia xerográfica, sem a autorização prévia da Editora.

DIREÇÃO EDITORIAL
Arnaud Vin

EDITORA RESPONSÁVEL
Bia Nunes de Sousa

REVISÃO
Claudia Vilas Gomes
Julia Sousa

ADAPTAÇÃO DE CAPA
E PROJETO GRÁFICO
Diogo Droschi

DIAGRAMAÇÃO
Guilherme Fagundes

Dados Internacionais de Catalogação na Publicação (CIP)
Câmara Brasileira do Livro, SP, Brasil

Bazelon, Lara
  Ambiciosa como a mamãe : por que priorizar sua carreira faz bem para seus filhos / Lara Bazelon ; tradução Débora Chaves. -- 1. ed. -- São Paulo : Vestígio Editora, 2023.

  Título original: Ambitious Like a Mother : Why Prioritizing Your Career Is Good for Your Kids
  ISBN 978-65-86551-98-3

  1. Equilíbrio trabalho-vida 2. Filhos de mães trabalhadoras 3. Mães trabalhadoras 4. Paternidade I. Título

22-137719   CDD-306.874

Índices para catálogo sistemático:

1. Mães e filhos : Experiências : Sociologia 306.8743

Aline Graziele Benitez - Bibliotecária - CRB-1/3129

A **VESTÍGIO** É UMA EDITORA DO **GRUPO AUTÊNTICA**

São Paulo
Av. Paulista, 2.073 . Conjunto Nacional
Horsa I . Sala 309 . Bela Vista
01311-940 . São Paulo . SP
Tel.: (55 11) 3034 4468

Belo Horizonte
Rua Carlos Turner, 420
Silveira . 31140-520
Belo Horizonte . MG
Tel.: (55 31) 3465 4500

www.editoravestigio.com.br
SAC : atendimentoleitor@grupoautentica.com.br

Dedico este livro à minha mãe, Eileen Amy Bazelon.

Introdução...9

CAPÍTULO UM: Amor, casamento e um carrinho de bebê...........23

CAPÍTULO DOIS: O culto da maternidade...............................43

CAPÍTULO TRÊS: A dupla jornada de trabalho na prática.........71

CAPÍTULO QUATRO: A toxicidade da ambição feminina...........97

CAPÍTULO CINCO: Estou apaixonada... pelo meu trabalho........121

CAPÍTULO SEIS: A conquista da liberdade.............................149

CAPÍTULO SETE: Aceitando o desequilíbrio...........................173

CAPÍTULO OITO: Os filhos vão bem, obrigada........................203

Agradecimentos..229

Notas..231

INTRODUÇÃO

Minha mãe uma vez me disse: "Nunca deixe suas finanças à mercê de ninguém".

Ao contrário de qualquer outro conselho que ela me deu, esse eu não esqueci.

Minha mãe trabalhou a vida inteira. Nunca parou. Nem quando minha irmã Emily nasceu, em 1971. Ou quando eu nasci, em 1974. Nem quando terminou a residência médica, em 1975, ou no ano seguinte, quando minha irmã Jill nasceu, tampouco quando nasceu sua quarta filha, minha irmã Dana, em 1979.

Minha mãe trabalhava para ser independente. Para ter uma identidade além do casamento e das quatro filhas. Ela trabalhava porque isso a deixava feliz e porque aliviava a eterna sensação de estresse e de angústia causada pelo limiar da pobreza que definiu a infância dela. Ela trabalhava para dar o exemplo às quatro filhas.

Conseguiu. Todas as quatro entraram na universidade e se formaram. Somos todas mães que trabalham fora em horário integral.

Minha mãe perdeu o pai aos 3 anos. Ele morreu de ataque cardíaco na manhã de 17 de fevereiro de 1948. Tinha 31 anos. "Foi um choque devastador", afirmou ela. Engenheiro de um departamento da Marinha, era o arrimo da família. A mãe de minha mãe, Edith, ficou sozinha com uma criança para criar. Sem dinheiro guardado, ou emprego, o único recurso disponível foi o seguro de vida de 5 mil dólares do marido.

A vida de minha avó nas duas décadas seguintes foi marcada pela luta para pagar as contas e por um quadro de ansiedade e depressão. Sem conseguir pagar o aluguel do apartamento em que morava com o falecido marido em Nova Jersey, não teve escolha a não ser morar em Baltimore com os pais, com quem mantinha uma relação conturbada. Mais tarde, quando conseguiu alugar um apartamento com um pequeno jardim, em um bairro próximo, ela e minha mãe dividiam o quarto. E foi assim até minha mãe entrar na faculdade. Sempre preocupada com dinheiro, Edith às vezes pedia ajuda à irmã mais nova e ao cunhado.

Minha avó tinha curso superior, mas, no final dos anos 1940, as opções para as mulheres – em especial aquelas com filhos pequenos – eram limitadas: professora, enfermeira ou secretária. Depois de trabalhar como professora substituta durante alguns meses, ela foi efetivada como professora de Inglês de ensino médio em uma escola pública de Baltimore. O ensino recebido até então por seus alunos tinha sido muito deficiente e eles tinham dificuldade para acompanhar a matéria. Edith estava frustrada com o fato de o sistema ter falhado com ela e com os alunos. Seu salário era muito baixo – como o da maioria dos professores na época, e ainda o é hoje em dia. Para completar, de junho a setembro, quando a escola fechava, ela não recebia salário algum. O sonho de ter uma vida de classe média, com marido, muitos filhos e uma casa com quintal, tinha sido destruído. Ela passou por momentos de depressão e tentou várias vezes o suicídio. "Não ter dinheiro a deixava perturbada; ela não conseguiu se adaptar à realidade da vida dela", contou minha mãe.

A reação de minha mãe foi focar em sua educação. Conseguiu pular dois anos na escola e recebeu uma bolsa de estudos integral na Bryn Mawr, uma renomada faculdade só para mulheres, onde cursou um programa de pré-Medicina. O ano era 1961, tinha 16 anos. Conheceu meu pai, primeiro e único namorado sério, alguns meses depois. No fim da faculdade, ela se inscreveu para cursar Medicina, apesar dos conselhos contrários da mãe e dos avós. "Disseram que nunca me casaria porque nenhum homem iria me querer se eu tivesse uma carreira." Ela ignorou os conselhos, e meu pai não deixou que isso o desencorajasse. Alguns meses após o início do curso de Medicina, ele a pediu em casamento. Ficaram noivos na noite de Ano-Novo de 1965 e se casaram seis meses depois. Minha mãe tinha 21 anos e meu pai, 23 anos.

O casamento não atrapalhou em nada a ambição de minha mãe. "Nós tínhamos um ditado em Bryn Mawr: *Só* as fracassadas se contentam em apenas se casar", me disse. De 1966 a 1969, ela e meu pai, que era estudante de Direito na Universidade da Pensilvânia, moraram em um porão próximo a um clube de campo. Meu pai era um tenista entusiasmado, mas não tinha acesso às quadras, pois o clube não aceitava sócios judeus. E, como minha mãe salientou, eles não teriam mesmo como pagar pelo título. Em vez disso, a vida deles girava em torno da faculdade e dos estudos em casa. Em 1970, minha mãe se formou na Faculdade de Medicina da Pensilvânia. Primeira da turma.

Quanto mais me aprofundo na história de minha mãe – foram horas e horas de entrevistas realizadas ao longo de mais de um ano –, mais se torna claro o papel de meu pai e da relação entre os dois como fatores complicadores para o sucesso dela. Por um lado, meu pai apoiava as aspirações profissionais dela, o que era pouco comum para a geração deles. No primeiro encontro, em Bryn Mawr, minha mãe, com 17 anos, disse a meu pai, dois anos mais velho, que queria ser médica. "Achei ótimo ela dizer que ia ser médica, pois mostrou ambição, determinação, vontade de fazer algo importante e útil. Mostrou independência", disse.

Por outro lado, meu pai deixou claro que, para o casamento dar certo, os filhos precisavam ser alimentados, vestidos e levados para suas várias atividades, o jantar devia ser servido na hora certa e a casa estar limpa e arrumada. Para resolver essa equação logística, ela contou sobretudo consigo mesma. Terceirizou a limpeza da casa e parte do trabalho na cozinha e com as crianças. Tivemos empregadas domésticas e uma babá trabalhando para a família em horário integral por mais de uma década. Mas minha mãe também participava do revezamento de motoristas que nos levavam à escola hebraica e era responsável por nos levar ao pediatra, ao dentista e ao ortodontista (nesse caso, três das quatro filhas). E ainda levava bolinhos confeitados para a escola em nosso aniversário. (Na época, doces açucarados ainda eram a pedida.)

Claro que a convivência em casa me fez ter consciência dessa dinâmica. Para que nos desenvolvêssemos, ou mesmo ser uma família funcional, minha mãe tinha de encarar a esfera doméstica como um segundo emprego – e isso significava trabalhar sem descanso e sem pausas. O que eu não compreendia até começar a escrever este livro era o número de sacrifícios que muitas vezes ela fez ao longo do caminho. Alguns deles eram profissionais. Outros, pessoais. Ela passou décadas assombrada pela culpa de achar que estava enrolando as filhas e os pacientes. Como mãe e profissional ambiciosa, sentia um tipo peculiar de solidão, em parte por conta da decisão de manter para si as próprias angústias por medo de se tornar alvo de mais julgamentos.

Considero minha mãe uma pioneira. Mas a história dela não é uma vitória simples, direta. Ela foi bem-sucedida, apesar das limitações de um casamento que no fundo era convencional. Ter sucesso exigiu renúncias, entre elas, de tempo livre, de energia emocional e de parte das aspirações. "Não tive muitas amigas quando vocês eram crianças", me disse. "Nunca tinha tempo, não podia almoçar com ninguém e sentia que Nana (a mãe dela) e Gamma (a mãe de meu pai) me recriminavam. Seu pai não me desestimulava desde que a coisa não interferisse na vida dele." Perguntei se ela se ressentia por ele voltar todo dia tarde da noite de seu escritório de advocacia, trabalhar com regularidade nos fins de semana e, pelo que me recordo, nunca ter preparado uma refeição para a família. Ela respondeu com uma pergunta: "Teria sido bacana ter o papai mais presente? Com certeza. Mas não seria ele. Ele nunca seria diferente do que foi".

Embora a escolha da profissão médica fosse inusitada para a época, a história dela não é única. Para inúmeras mães que trabalhavam fora, a carreira era uma fonte de prazer e realização, bem como um elemento de segurança essencial. Mas quase o mesmo número se sentia só, além de culpada, envergonhada e temerosa de que o que almejava no trabalho a impedisse de ser uma boa mãe.

Não impedia. O sucesso profissional é gratificante em termos emocionais. É também libertador. Ele nos permite servir de exemplo, mostrar aos filhos que, ao buscar realizar nossos sonhos e ambições, somos fortes, independentes e muito capazes. Pense em como a vida das mulheres poderia ser mais livre e alegre se elas aceitassem esta verdade: o trabalho as beneficia *e* beneficia os filhos delas. Mas a verdade é difícil de ser aceita porque vai contra a maneira que concebemos e aplicamos as normas de gênero, em particular no que se refere à criação dos filhos. É vital aceitar – e falar – essa verdade agora.

As mulheres das gerações Millennial e Z precisam ouvir essa mensagem. Depois de passar pela grande recessão de 2008 e agora pela Covid-19, a pior pandemia em um século, sabemos que as circunstâncias econômicas podem mudar de modo abrupto, e para pior. O emprego até então estável do parceiro pode evaporar. Uniões conjugais que pareciam perfeitas podem desmoronar. "*Opt-out*", o badalado termo usado para descrever a decisão das mulheres ricas com diplomas de faculdades de elite que interromperam a carreira para criar os filhos, simplesmente não é uma opção para a maioria das norte-americanas.[1] E isso inclui algumas que achavam que era.[2] Muitas mulheres descobriram, anos depois, que a escolha de não trabalhar fora era insustentável tanto do ponto de vista econômico quanto emocional.

Para muitas mulheres, trabalhar significa ter autonomia econômica para sair de relacionamentos infelizes ou reformulá-los de forma radical, assim como sobreviver a divórcios, recessões econômicas, doenças e até viuvez, sabendo que é possível se sustentar e sustentar os filhos. Essa liberdade é parte integrante da capacidade de ser uma boa mãe.

Mas não dizemos isso para qualquer uma.

O fato – de que a busca de sucesso no local de trabalho tem o potencial de tornar as mulheres melhores mães, não piores – permanece controverso. E desafia a crença inabalável de que uma "boa mãe" é uma mulher que subordina os próprios desejos às necessidades dos filhos. E contradiz os estereótipos do que é considerado aceitável como comportamento feminino: ser recatada, discreta e respeitosa.

Como mãe de duas crianças pequenas e profissional com várias identidades – professora de Direito/advogada criminalista/escritora –, percebi que fui julgada. Parte desse julgamento é imposto pelo meio externo, parte dele é autoimposto. Como jovem mãe, aceitei oportunidades profissionais que me afastavam de meus filhos – como viajar para fazer uma apresentação acadêmica em outro estado, cumprir um período de residência como escritora para terminar um livro e comandar uma batalha legal para libertar um cliente preso a centenas de quilômetros de distância. Sim, essas oportunidades foram etapas necessárias para que eu atingisse meus objetivos, mas também renovaram minha energia intelectual, sempre ávida por novas ideias e novos desafios profissionais. Elas alimentaram minha alma – não há nada tão emocionante e otimista quanto assistir aos portões da prisão se abrirem e uma pessoa inocente sair dali livre, sabendo que tive um papel importante para que isso acontecesse.

No entanto, como o tempo é finito, as carências se acumulam no outro lado da balança. Minhas escolhas de fato significavam menos tempo disponível para meus filhos. Há quem diga que minhas escolhas me custaram o casamento. Que tipo de exemplo é esse? Por mais de uma década eu sofri e me torturei com essas questões, busquei uma escapatória que me livrasse da culpa, da vergonha e da convicção de que era uma péssima mãe. Durante anos, corri como um rato no labirinto, sempre em busca de um equilíbrio entre a vida pessoal e a profissional que sinalizasse que eu tinha achado a saída. Corri, corri e corri, acreditando que, se escapasse dos becos sem saída e sobrevivesse às armadilhas, chegaria a este Éden mágico.

Mas esse lugar não existe. O Equilíbrio Vida Pessoal-Trabalho e a Mãe Altruísta são mitos. Escrevi este livro na esperança de convencer você a parar de perseguir a mesma miragem e de se culpar por não conseguir alcançar o impossível. Escrevi este livro como um recurso, um refúgio, um tipo de conforto. Não é egoísmo querer estimular o cérebro ou a alma. Não é errado pensar que fazer isso requer algo mais que ser mãe. Não é prejudicial focar na capacidade de sustentar a si mesmo ou os filhos, ou fazer sacrifícios desde o início em nome da flexibilidade que vem com o reconhecimento em sua área de trabalho, ou ampliar as escolhas profissionais.

Muito pelo contrário. Escolher oportunidades profissionais e priorizar a carreira, não o tempo todo, mas algumas vezes, fornece lições valiosas para as crianças, incluindo independência, resiliência e a importância de usar seus talentos e suas habilidades para ajudar outras pessoas. Tampouco essas escolhas precisam ser feitas em detrimento de um casamento, caso o parceiro de vida acredite nessas verdades. Não há caminho tranquilo para o nirvana. Em vez disso, há uma estrada acidentada plena de beleza e de confusão diárias que as mães não devem percorrer sozinhas. Temos de trazer nossas famílias e parceiros (em todas as interações) à medida que avançamos, firmes e confiantes, em relação ao nosso valor e propósito na vida.

Há pouco, uma ex-aluna me pediu uma carta de recomendação para uma posição competitiva. Depois de enviá-la, ela respondeu agradecendo e fez referência a um editorial que escrevi para o *New York Times* em 2019 sobre mulheres e ambição[3]: "Foi a primeira vez que me disseram que não havia problema em priorizar o trabalho. Ouvir que eu poderia ser ao mesmo tempo mãe (futura) e advogada apaixonada foi muito libertador". E concluiu: "Obrigada por me fortalecer e mostrar a uma geração de mulheres jovens que não temos que nos conformar". Meus olhos se encheram d'água ao ler o e-mail dela, e lamentei: *Se ao menos alguém tivesse dito essas palavras para meu eu de 20 e poucos anos.*

Agora que as mulheres norte-americanas estão fortalecidas e ameaçadas como nunca estiveram, é importante dizer essa verdade.

O livro *Ambiciosa como a mamãe* é um mergulho na vida de mães trabalhadoras ambiciosas e com economias independentes que estão criando filhos felizes e saudáveis – é a história de minha mãe, minha história e a história de tantas outras. Este livro é uma convocação para contarmos nossas experiências em voz alta e com orgulho. Um convite para colocarmos na lata de lixo da História a antiquada retórica de que as mulheres ambiciosas são egoístas e agressivas. É também um apelo para deixarmos de aprisionar as mães que trabalham fora em um ciclo de vergonha e autorrecriminação, exigindo que elas sufoquem, escondam e sacrifiquem sua ambição.

Temos de mudar o rumo da conversa. Muitas mulheres enfrentam os mesmos obstáculos ao sucesso que nossas mães e nossas avós enfrentaram. O arraigado preconceito de gênero no local de trabalho, incluindo assédio sexual, agressão sexual e o "castigo da maternidade",[4] representa barreiras ao progresso. Para as mulheres não brancas, essas ameaças e desigualdades são agravadas por preconceitos e estereótipos raciais profundos. Vivemos um momento político em que os ataques legais aos direitos reprodutivos da mulher são a norma, representando uma ameaça à nossa capacidade de controlar o próprio corpo. Em casa, enfrentamos tensões e encargos adicionais. A expectativa é de que assumamos a maior parte do trabalho, mas sempre deixando implícito que não estamos fazendo o suficiente. A pandemia de Covid-19, que tirou as mulheres do mercado de trabalho em número recorde, escancarou a realidade de que um deslize nessa corda bamba deixa muitas de nós em queda livre, sem qualquer rede de proteção social para nos acolher.

As estatísticas mostram que um terço das famílias é chefiado por mulheres solteiras,[5] e que na maioria das famílias composta por pai e mãe ambos precisam trabalhar para pagar as despesas.[6] Se as mulheres trabalham por necessidade ou por amor à carreira, ou por uma combinação dos dois, elas têm direito à igualdade salarial e oportunidade de desenvolvimento. Elas merecem viver em um mundo que atenda às complexidades da vida delas como mães que também são seres humanos com necessidades – financeiras e emocionais – que não podem ser satisfeitas apenas pela maternidade.

É claro que houve avanços. Recentemente, com o movimento #MeToo, um número cada vez maior de mulheres tem chegado ao topo da carreira, inclusive com mais paridade com os parceiros homens na esfera doméstica.[7] Mas grande parte da sociedade se recusou a colocar as mulheres trabalhadoras em pé de igualdade com os homens. Isso paralisou essas mulheres. Muitas profissões ainda estão ligadas a um modelo secular concebido para homens com esposas que cuidam da casa e das crianças, que é o expediente de trabalho começando de manhã cedo e indo até o final da tarde, com pouca ou nenhuma flexibilidade. De certa forma, as coisas até pioraram. Com os avanços tecnológicos, veio a realidade de que ninguém está mais que um texto ou um e-mail longe do trabalho. Antes da pandemia, a maioria dos empregos exigia um rigoroso horário das nove às cinco, presencial, e então mais trabalho em casa à noite e nos fins de semana.[8]

Este não é um livro que defende que as mulheres aceitem essas restrições ou se matem de trabalhar como um pré-requisito para serem ambiciosas. Trata-se de um livro que defende a mudança de dentro para fora – a partir de casa, do local de trabalho e das instituições que estabelecem hierarquias e normas que provocam situações para que as mulheres fracassem. A união fortalece quando as mulheres discordam em meio ao coletivo e dizem: "Chega – vamos mudar o paradigma".

A agitação social e política dos últimos cinco anos, que culminou em uma pandemia global, deixou uma coisa clara: não podemos continuar a ter hoje os mesmos debates sobre trabalho, filhos, amor e família que tínhamos há uma geração. As mães trabalhadoras estão exigindo mais apoio, mais flexibilidade e mais reconhecimento do governo, dos parceiros e dos chefes. O recente impulso pela igualdade de gênero, no entanto, só será bem-sucedido se pararmos de nos sabotar. Temos que parar de aceitar o que as mídias sociais e outras instituições poderosas – na área de cultura, política e família – estão nos "vendendo": imagens perfeitas, escolhidas a dedo, de mães elegantes, altruístas e discretas demonstrando de maneira impecável o equilíbrio entre trabalho e vida pessoal.

Vamos ser realistas: alcançar o equilíbrio perfeito entre trabalho e vida pessoal é tão possível quanto ser uma mãe bem altruísta. O que temos, em vez disso, é "uma balança oscilando com a família de um lado e o trabalho de outro, com raros momentos em equilíbrio", como afirmou o filho adulto de uma mãe que trabalha fora em horário integral. Esse desequilíbrio é saudável e necessário, e envolve a partilha de sacrifícios e encargos que a mãe não deve assumir sozinha. Ele continuou: "Nem você nem ninguém pode se dedicar 100% aos filhos, no entanto restam poucas dúvidas de que lhes dará sempre seu amor. Embora os jovens possam se apegar a coisas e eventos que a sociedade e a cultura reforçam como essenciais, nada é mais importante do que o amor, a segurança e a sensação de disponibilidade. Gosto de pensar nisso como se fosse uma corrente elétrica alternada, sempre disponível e pronta, mesmo quando não há nada ligado na tomada. Você mesma, com a ajuda de outros, garante que essa estrutura fundamental esteja disponível".[9]

O que seria necessário para que a analogia da corrente elétrica fosse incorporada ao imaginário popular e as mulheres trabalhadoras sejam apoiadas no lado financeiro e emocional pelos parceiros, pelos colegas e pela sociedade? Uma mudança cultural. E jurídica. Um reposicionamento que não contraponha trabalho e vida pessoal em uma disputa sem futuro. Está começando a acontecer. A pandemia é o ponto de partida natural para essa delicada negociação interprofissional. O modo de trabalhar mudou para milhões de norte-americanos, a maioria mulheres. Embora não se possa desconsiderar o impacto descomunal causado pela pandemia e o estresse do isolamento social imposto às mães que saíram do mercado de trabalho em massa,[10] a pandemia também mudou as regras do trabalho. Está cada vez mais claro que muitas tarefas que não requerem interação pessoal podem ser realizadas com eficiência de modo remoto.

Daqui para a frente, e em especial agora que a demanda por mão de obra criou, pelo menos de forma temporária, um mercado de trabalho mais robusto, as mulheres estão em posição de negociar horários que melhor atendam à necessidade delas e a dos filhos.[11] Esses ajustes sobre o local de trabalho economizam tempo e dinheiro, pois reduzem os custos e o tempo consumido no deslocamento diário, além de outras despesas associadas a um expediente com cinco dias de trabalho por semana. A economia na conta da lavanderia e de restaurantes e lanchonetes, já que as refeições serão feitas em casa, por exemplo, seria enorme.

A pandemia também reabriu a conversa sobre a expansão da rede de assistência social para fornecer benefícios que transformariam a vida das mães trabalhadoras, como um seguro-desemprego melhor, uma licença-familiar remunerada, deduções fiscais por cada filho abaixo de 17 anos e creches de alta qualidade e baixo custo. O Plano de Resgate Americano de 1,9 trilhão de dólares, que o presidente Biden transformou em lei em março de 2021, incluiu alguns desses benefícios, embora de forma temporária. Mesmo que o Congresso não consiga tornar esses benefícios permanentes, muitos estados têm condições de implementá-los, sendo que alguns já o fizeram.[12]

Mas nenhuma mudança real é possível até que as mães que trabalham fora se libertem e parem de tentar fazer tudo para todo mundo – perfeitas no trabalho, perfeitas como parceiras e perfeitas como mães, cada papel bastante isolado um do outro. Em vez de embarcar na luta inútil de sempre colocar os filhos em primeiro lugar, ao mesmo tempo que trata a maternidade como um papel que deve ser em absoluto mantido apartado de horários, lutas, conquistas e amarguras no ambiente de trabalho, as mulheres precisam aceitar as perdas e entender que a desordem tem seu lado bom.

Eu mesma fiz essa mudança em minha vida, optando por criar filhos que entendam por que meu trabalho é importante. Isso vale para muitas outras profissões – se o que você faz traz alegria para você e para outras pessoas, fornece um serviço vital, coloca dinheiro em sua conta bancária ou alguma variação desses fatores, seus filhos valorizarão o fato de que seu trabalho torna o mundo (dentro e fora de casa) um lugar melhor. Eles compreenderão que não podem – nem devem – estar sempre em primeiro lugar. Ao mesmo tempo, saberão que são uma fonte de inspiração e motivação para você.

Quando eu estava assumindo a cadeira de titular na universidade, um colega bem-intencionado me aconselhou a nunca mencionar meus filhos e sequer ter fotos deles no escritório. Também fui aconselhada a nunca dizer que eles eram a razão pela qual eu não podia participar de um compromisso de trabalho ou assumir uma tarefa extra. Rejeitei os conselhos. Eu queria dar um exemplo diferente para as mães que estariam em minha posição algum dia no futuro. Eu queria ser capaz de dizer a essas jovens mulheres: "Fui clara e direta sobre minhas responsabilidades quanto aos cuidados com as crianças e as limitações que elas às vezes impunham. Provei, por meio de minha ética profissional e de minhas conquistas, que ser mãe de crianças pequenas não é incompatível com ser uma acadêmica digna do cargo. Sim, às vezes era estressante e até assustador, mas acabou dando certo e dará certo para você também".

Não sou uma mãe perfeita. Aliás, não existe isso. Mas sou verdadeira e isso é bom. Meus filhos sabem que o amor que sinto pelo trabalho não diminui o amor que sinto por eles. Eles sabem que pago as contas na data certa e de uma única vez. Percebem que o trabalho duro, corajoso e de grande dedicação que eu adoro me permite tanto sustentá-los quanto me sustentar. Temos dias bons e dias ruins. Eles já me viram enfrentando problemas, e superando-os. Nesse processo, aprenderam que há força na vulnerabilidade. Eles aprenderam a ser resilientes.

Sei disso porque eles demonstram. Minha filha tinha 7 anos quando escreveu o poema "Levantar-se" e o recitou diante de toda a escola primária em uma reunião: "Se algo difícil e pesado está tirando seu equilíbrio e você cair, levante-se. / Se alguém diz que é impossível, me faz sentir que é possível se levantar de novo. / Se você se levantar outra vez, não pense que não vou mais conversar com essa pessoa. / Acho que vou tentar mais uma vez, e mesmo que eles me empurrem de novo, vou me levantar. / Não sei se aprendi isso da maneira mais difícil ou fácil, mas aprendi e você pode aprender também".[13]

Este livro conta a história de mães ambiciosas que vivem nos Estados Unidos no século 21 e que, apesar de massacradas, se levantam. Com uma enorme diversidade de raças, idades, etnias, orientações sexuais, classes, profissões, geografias e países de origem, elas são casadas, solteiras, divorciadas e viúvas. Em comum, o amor arrebatador pelo trabalho, a capacidade de ajudar – ou, em alguns casos, apenas de apoiar – a família delas e a crença de que lutar pela realização profissional e estabilidade econômica as torna melhores mães, não piores. Elas sabem que o equilíbrio perfeito entre vida pessoal e profissional é impossível. Mas, em vez de se desculpar pelo que não podem dar aos filhos, elas celebram o que podem dar: uma lição de independência e autoconfiança, as ferramentas para que se desenvolvam e a coragem de correr atrás dos próprios sonhos.

CAPÍTULO UM

AMOR, CASAMENTO E UM CARRINHO DE BEBÊ

A grande maioria de mulheres adultas nos Estados Unidos se torna mãe. Oitenta e seis por cento das mulheres entre 40 e 44 anos têm filhos.[1] Quando é uma escolha, ou a realização de um sonho cultivado há muito tempo, ter um bebê deveria representar uma alegria incomensurável. No entanto, para as mulheres que trabalham fora, essa alegria com frequência se mistura à ansiedade. O que significa se tornar mãe para a vida das mulheres que saem para trabalhar quando tempo e dinheiro são escassos e as prioridades mudam, mas as estruturas do trabalho permanecem rígidas? Para as que desejam ter filhos biológicos, quando é a hora "certa" de ter um bebê e diminuir o impacto dessas preocupações, de modo a aumentar a chance de engravidar e ter um bebê saudável? A ansiedade que as mulheres sentem em relação à maternidade é agravada por uma enxurrada de mensagens divulgadas pela mídia, que alertam tanto sobre o risco de esperar demais como aconselham adiar a gravidez até que tenham certo nível de estabilidade econômica, profissional e emocional.

Quando tinha 20 e tantos anos, ou 30 e poucos, eu pulava de uma manchete para outra, sem saber no que ou em quem acreditar. O casamento é uma instituição importante em minha família, e o exemplo de meus pais pairava sobre mim, inspirador e intimidante.

Minha mãe conheceu o amor da vida dela aos 17 anos, se casou com ele aos 21 e desfrutou de cinco anos de vida feliz a dois antes de ter a primeira filha, aos 26 anos. Para mim, ela ganhara na loteria. Meu pai era bonito, de bom coração, inteligente, bem-sucedido, charmoso e engraçado. Como qualquer outro casal, eles brigavam, mas não havia dúvida de que eram muito apaixonados.

Também ficou claro que a história deles não seria a minha. Com o passar dos anos e não tendo encontrado meu príncipe, comecei a achar que estava ficando sem tempo. Olhando em retrospectiva, percebo como isso parece tolo. Eu tinha 30 anos e não havia razão para acreditar que teria problemas em engravidar. Mas as estatísticas que apareciam nas manchetes dos jornais no início dos anos 2000 me assustavam: a fertilidade da mulher em geral começa a diminuir aos 20 anos e cai de forma considerável por volta dos 30 e poucos anos.[2] Os cientistas atribuíam essas mudanças ao "declínio na qualidade do oócito" – ou seja, os ovos não envelhecem bem.[3]

Em 2005, eu tinha 31 anos. Estava empregada, tinha casa própria e um círculo de amigos, mas ainda estava solteira. No mesmo ano, saiu um estudo que quase me tirou o sono. Segundo ele, as mulheres entre 35 e 39 anos são 50% menos férteis que as mulheres entre 19 e 26 anos e demoram, em média, o dobro do tempo para engravidar.[4] Além disso, mais de uma em cada quatro mulheres entre 35 e 40 anos não engravida após um ano de tentativas – indicador que os médicos usam para começar a pesquisar possíveis problemas de fertilidade em vez de considerar simples má sorte[5] – em comparação com o índice de 13% entre as mulheres de 30 a 34 anos.[6] Alternei entre o nervosismo e a esperança graças à mídia constante em torno das celebridades com 40 e tantos anos que se tornavam mães e davam à luz adoráveis anjinhos.[7]

Em retrospecto, as manchetes dos jornais nos dois extremos desinformavam do mesmo jeito. As chances de uma mulher com 40 e tantos, ou com 50 e poucos, dar à luz não são zero, mas não são elevadas. No entanto, estudos bastante citados sobre a diminuição da fertilidade feminina são com frequência mal interpretados, baseados em amostras pequenas demais para serem significativas segundo a estatística, e usados para causar medo. Milhões de mulheres de 30 e tantos ou 40 e poucos engravidam com facilidade todos os anos.[8] Mas essa notícia não rende cliques, as histórias incomuns rendem. Algumas mulheres, depois de ler com ansiedade as manchetes ou de ouvir amigos e parentes contarem suas lutas em relação à fertilidade, acabam acreditando que a mesma impiedosa linha do tempo se aplicará a elas. Essas mensagens externas criam uma pressão autoimposta para resolver tudo de uma vez – o parceiro perfeito, as crianças e a carreira – antes que seja "tarde demais".

A economista Sylvia Ann Hewlett analisou esse medo no livro que lançou em 2002, *Creating a Life: Professional Women and the Quest for Children* [Maternidade tardia: mulheres profissionais em busca da realização plena]. "Na meia-idade, cerca de metade das mulheres de sucesso na América não tem filhos, embora o desejem com muita ansiedade",[9] afirmou Hewlett, cuja pesquisa focou nas executivas da elite muito bem pagas. Ela citou ainda "pressões da carreira e dificuldades de relacionamentos" como as principais razões da ausência de filhos entre essas mulheres.[10] Tendo ela mesma sofrido abortos espontâneos e feito tratamento para engravidar durante anos após ter seu primeiro filho aos 31 anos, ela aconselhou as leitoras: "Aprendam a ser tão estratégicas em sua vida pessoal quanto são com a carreira".[11]

O problema com a disseminação dessa sabedoria é o fato inconveniente de que se apaixonar e ir morar junto – o que, para muitas mulheres, são as pré-condições mais importantes para se tornarem mães – não são eventos da vida que se curvem à estratégia. Quando, como e se elas acontecem é algo que foge de nosso controle. O coração quer o que quer, não o que deveria querer, sem contar que a pessoa do outro lado da equação tem que sentir o mesmo.

Hewlett foi criticada por muita gente por incitar um "trauma de bebê" e não levar em conta a realidade de que a vida pessoal das mulheres não está sincronizada com o relógio biológico delas. Em 2002, um quarteto de comediantes solteiras do programa de TV *Saturday Night Live* – Tina Fey, Amy Poehler, Maya Rudolph e Rachel Dratch – se revezaram para zombar dela. Dratch, com uma voz que pingava sarcasmo, disse: "Sylvia, obrigado por me lembrar de me apressar e ter um bebê. Eu e meus quatro gatos vamos resolver isso".[12] Três das quatro comediantes tiveram filhos depois dos 40 anos. A quarta, Amy Poehler, teve um filho pouco antes de completar 39 anos.

Há pouco, outros especialistas, incluindo a escritora e psicóloga Jean Twenge, da Universidade Estadual de San Diego, criticaram Hewlett, entre outros autores, por confiar em "dados questionáveis". Em um artigo para a revista *The Atlantic*, em 2013, Twenge rebateu as afirmações de Hewlett com dois estudos. O primeiro mostrou que as mulheres europeias com mais de 35 anos eram quase tão férteis dois dias antes da ovulação quanto as mulheres de 20 e poucos anos. O segundo estudo foi feito com mães holandesas que eram quase tão férteis aos 40 anos quanto aos 20 anos. Twenge, que teve três filhos aos 30 e poucos anos, também incluiu a própria história.[13] Na faixa de 40 a 45 anos, no entanto, as chances de engravidar sem intervenção médica diminuem.[14] "Aos 44 anos, as chances de gravidez espontânea se aproximam de zero", disse a médica obstetra Jane van Dis ao *New York Times* em 2019.[15] Segundo Twenge, é preciso "planejar ter o último filho até os 40 anos, pois depois dessa idade você tem que contar com a sorte, embora ela ainda possa lhe favorecer".[16]

No entanto, os avanços na ciência aumentaram as chances de engravidar após os 40 anos, graças ao desenvolvimento de técnicas de reprodução medicamente assistida (RMA) ou procriação medicamente assistida (PMA), envolvendo congelamento de ovos e fertilização *in vitro* (às vezes usando óvulos de doadoras). O número de óvulos que a mulher deve armazenar no tratamento de fertilidade é uma questão delicada, pois o método é caro, em geral não tem cobertura do plano de saúde e está longe de ser infalível. Segundo o Centro de Controle e Prevenção de Doenças dos Estados Unidos, as chances de uma mulher com mais de 35 anos conceber e dar à luz um bebê saudável são de 22%. Após os 42 anos, diminuem para 6%.[17]

Outro fator complicador é a ansiedade sobre os riscos à saúde associados à gravidez após os 35 anos. Afinal, trata-se de uma "gravidez geriátrica", com maior risco de complicações, incluindo aborto, natimorto, deformidades genéticas e partos prematuros e bebês de baixo peso.[18] (A primeira vez que ouvi a expressão *gravidez geriátrica* aplicada à minha gravidez, por eu estar com 36 anos, fiquei espantada, mas, sim, esse é o termo médico.)

A médica Laurie Green, do Pacific Women's Obstetrics and Gynecology Group, em São Francisco, já fez o parto de mais de 17 mil bebês, incluindo o meu. Ela adiciona varizes, risco aumentado de câncer de mama, hemorragias, diabetes gestacional, hipertensão e altas taxas de cesariana à lista de riscos de gravidez geriátrica. Para as mulheres com mais de 40 anos, esses riscos são ainda maiores. As chances de uma mulher com menos de 25 anos ter um bebê com síndrome de Down é de 1 em 1.200, aos 35 anos é de 1 em 350, aos 40 anos é de 1 em 100, e para uma mulher com mais de 45 anos é de 1 em 30.[19]

Estudos mostram que menos mulheres estão correndo para ter filhos hoje porque querem primeiro consolidar a carreira, pagar a dívida do crédito estudantil, desfrutar a independência e encontrar o parceiro certo. Um relatório divulgado pelo Censo de 2017 nos Estados Unidos comparou as idades em que as mulheres se casam e têm filhos usando como termo de comparação dois grupos diferentes. As integrantes do primeiro grupo tinham, como minha mãe, entre 18 e 30 anos em 1975, abrangendo as gerações Baby Boomers e Silenciosa. No segundo grupo estavam mulheres jovens contemporâneas, de 18 a 34 anos em 2016, incluindo as gerações Millennial e Z.

As diferenças eram gritantes: "Na década de 1970, 8 em cada 10 pessoas estavam casadas ao completar 30 anos. Hoje, 8 em cada 10 pessoas não estão casadas ao completar 45 anos". Quase 70% das mulheres do grupo mais velho tinham se tornado mães aos 30 anos, e no grupo mais jovem a porcentagem caiu para 46%.[20] Esses números não são surpreendentes. No momento atual, é cada vez maior o número de mulheres que está terminando a faculdade e a pós-graduação e entrando no mercado de trabalho. Elas querem ter bases financeiras sólidas – empréstimos pagos, um emprego digno garantido – antes de casar e ter filhos.[21] As mulheres do segundo grupo têm mais oportunidades profissionais que as das gerações anteriores, mas também mais responsabilidades, incluindo o aumento do custo do ensino superior, que pode resultar em dívidas paralisantes e salários estagnados para todos, exceto para os trabalhadores de elite que recebem os maiores salários.[22]

Qual é o melhor caminho? Tornar-se mãe com 20 e tantos anos ou com 30 e poucos anos, o que pode significar pausar a carreira, ou esperar até os 30 e tantos anos ou 40 e poucos anos, quando ter um filho pode ser mais difícil?[23] Para as mulheres que são alvo de informações muitas vezes conflitantes, é útil manter o objetivo à vista. As controvérsias sobre a fertilidade das mulheres são antigas e acaloradas e, embora alguns princípios gerais possam ser extrapolados, as características individuais de cada caso significam que toda previsão é cercada de incertezas. Sim, as mulheres ficam menos férteis à medida que envelhecem. Quais e até que ponto é impossível de prever. Muitas mulheres com 30 e tantos anos, ou com 40 e poucos, não terão problemas para engravidar. Outras terão sucesso graças às técnicas de fertilização, mas há ainda as que não conseguirão conceber de modo natural ou com tecnologia. Estudos sobre fertilidade baseados em amostras limitadas podem divulgar apenas dados genéricos, probabilidades e estatísticas discutíveis. Histórias como a de Hewlett e Twenge, ou como a minha, a sua e a de nossas amigas, só valem como relatos. Cada mulher tem a própria narrativa de fertilidade, que é desconhecida a menos que decida escrevê-la.

Precisamos criar espaço para que surjam mais histórias diferentes ao mesmo tempo que precisamos combater a arraigada impertinência da sociedade em rotular as mulheres com uma data de validade, quando se espera que estejam casadas e grávidas. O fato é que em pleno século 21 as mulheres que buscam realizar ambições profissionais e desfrutam da independência até os 30 anos são informadas de que estão sendo muito obstinadas e míopes. Ou, pior, que permanecer solteira e sem filhos não é uma opção, um acaso ou algo irrelevante, que significa algo mais sombrio.

Sara Eckel, autora de um ensaio publicado em 2011 na coluna Modern Love, do *New York Times*,[24] relata o pavor que sentiu quando um paquera perguntou quando foi seu último relacionamento. "Não queria que ele soubesse a verdade, que eu tinha 39 anos e não namorava sério havia oito anos. Eu já tinha percebido as reações hesitantes dos homens diante desse tipo de informação – e olha que os números eram mais baixos. Eles olhavam para mim de um jeito tranquilo e curioso, como se eu fosse um restaurante com poucos clientes, ou uma casa à venda há muito tempo. Um deles chegou a perguntar: 'O que há de errado com você?'."

Poucas pessoas perguntariam isso se Sara fosse um homem de 39 anos chamado Sam. Os estudos refletem essa diferença e o impacto na maneira de pensar e nas prioridades femininas. De acordo com a pesquisa "I Can't Wait to Get Married: Gender Differences in Drive to Marry" [Mal posso esperar para me casar: diferenças de gênero no desejo de se casar],[25] publicada em 2005, as mulheres jovens são, segundo a estatística, mais propensas que os homens jovens a dar mais importância à maternidade, considerando deixar um emprego ou mudar de cidade por um futuro parceiro com quem imaginam ter filhos. Os autores da pesquisa observaram que o interesse das mulheres em se estabelecer e ter filhos estava ligado à postura delas em relação aos papéis de gênero de forma mais geral. Aquelas que cultivavam uma visão mais tradicional das mulheres como parceiras submissas e cuidadoras se mostravam mais motivadas a se casar e ter filhos.

Em 2013, Scott Stanley, professor de Psicologia da Universidade de Denver, usou um estudo do National Marriage Project para afirmar que os homens, ao contrário das mulheres, "não relatam quase nenhuma pressão social para se casar".[26] Essa atitude indiferente está enraizada na crença de que não há pressa, de que um homem de 40 ou 50 anos pode se casar com uma mulher mais jovem e ainda esperar para gerar filhos.[27] Outro estudo, de 2018, com 21 homens na faixa etária de 21 a 46 anos que estavam participando de programas de fertilidade com as parceiras, descobriu que nenhum deles estava preocupado com a própria capacidade de ter filhos biológicos. Ao mesmo tempo, "muitos tinham dúvidas sobre ter filhos ou não se sentiam 'prontos' para serem pais".

Para esses homens, a sensação de estar pronto para a paternidade era um estado psicológico. Um participante de 40 anos afirmou: "Fui um adolescente inconsequente até os 38 anos, portanto, era irresponsável demais para isso".[28]

Enquanto isso, apesar da cultura popular celebrar algumas mulheres solteiras e o Censo dos Estados Unidos[29] registrar um número recorde de pessoas com mais de 18 anos que não são casadas – mais de 45% –, o estigma associado às mulheres solteiras "de certa idade" permanece enraizado na sociedade. Esse preconceito é antigo. Na verdade, ele se originou na Inglaterra do século 18 e, de acordo com o falecido colunista William Safire, sugeria "mulher solteirona". Famosos escritores britânicos usaram o termo de modo depreciativo. Lord Byron escreveu: "Uma senhora de 'certa idade'... significa com certeza velha". De acordo com Charles Dickens, uma mulher "de certa idade" era como uma "casa muito antiga, talvez tão velha quanto dizia ser, talvez mais velha".[30]

As mulheres solteiras do século 20 continuaram a enfrentar condenação e pressão implacável para se casar, motivadas em parte pela falta de acesso a empregos bem remunerados com a promessa de estabilidade ou crescimento profissional. Em um estudo de 1981 publicado no *American Journal of Psychiatry*, os autores observaram que "uma mulher solteira era vista como não atraente, indigna e indesejada".[31] A depreciação do status social de uma mulher, combinada à necessidade econômica dela, deixava claro que arranjar um par era imperativo.

A maioria das mães solo era como minha avó – viúva ou divorciada, uma situação imposta, não escolhida. Foram-lhes atribuídas qualidades negativas; de acordo com o mesmo estudo, uma em cada quatro pessoas acreditava que as mulheres solteiras tinham o emocional menos estável, e admitiram que era provável que se sentissem estranhas em qualquer ambiente. Isso também se deve à experiência que minha mãe teve como filha da classe trabalhadora de Baltimore que ficava trancada em casa. Ela e a mãe eram desprezadas, ela disse. "Eu não tinha uma família padrão, então não me encaixava em nenhum grupo social."

O cenário começou a mudar no início da década de 1970 e coincidiu com o movimento de libertação das mulheres e a decisão de muitas faculdades e universidades masculinas de aceitá-las.[32] A porcentagem de mulheres que frequentavam a faculdade mais que dobrou de 1952 a 1979, subindo de 6% para 12,2%.[33] Em 1981, mais mulheres que homens conquistaram diplomas de bacharel. Com o afluxo delas buscando o ensino superior veio a promessa de maior estabilidade econômica e uma visão diferente sobre o casamento, a família e a carreira.

Em 1962, quando minha mãe era caloura na faculdade, 98% das colegas dela expressavam um forte desejo de se casar. "A maioria das mulheres aprendeu desde cedo que a escolha de um marido, não de uma carreira ou emprego, era o fator determinante mais importante para o próprio futuro", escreveram as autoras de um artigo publicado em 1981. Em 1972, apenas 60% das mulheres com formação universitária estavam empenhadas em se casar, e o restante encarava o casamento como algo necessário para a segurança econômica ou um pré-requisito para ter filhos.[34] "College Women Want a Career, Marriage, and Children" [Universitárias querem casamento, carreira e filhos] foi o título do artigo publicado pela psicóloga Arline L. Bronzaft em 1974. Em um universo de 210 mulheres prestes a se formar na Universidade de Nova York, Bronzaft descobriu que 79% "esperavam ter tudo o que quisessem" e menos de 10% consideravam sua identidade como "centrada no lar e na família".[35] Essas mulheres, ao que parece, estavam na linha de frente de uma nova tendência, já que o percentual das que tinham formação universitária de quatro anos saltou de pouco mais de 10% em 1974 para mais de 38% em 2020.[36] O alto nível educacional trouxe mais oportunidades e menos incentivos econômicos para encarar o casamento como uma segurança financeira para o futuro.

Mesmo assim...

Décadas após a publicação do estudo de Bronzaft, as mulheres solteiras continuaram vítimas dos mesmos julgamentos. Em 2003, Phyllis Gordon publicou "The Decision to Remain Single: Implications for Women Across Cultures" [A decisão de continuar solteira:

implicações para as mulheres em todas as culturas], no *Journal of Mental Health Counseling*.[37] Gordon descobriu que, mesmo no século 21, os termos "nunca casada" e "solteira" estavam associados a "uma carência". A doutora instou os profissionais de saúde mental a "reexaminar seus próprios preconceitos" e criticou o pensamento padrão do casamento como "norma" e o impulso arraigado de considerar todas as mulheres solteiras como solitárias e não amadas, em vez de um grupo diversificado que incluía muitas pessoas que tinham feito uma escolha. Aquelas mulheres solteiras mereciam validação, não pena, ela argumentou.

Mulheres solteiras muito conhecidas, com e sem filhos, ajudaram a dissipar os estereótipos que a Dra. Gordon abordou em sua pesquisa. Entre elas, Kate Bolick, que lançou em 2015 o livro de memórias *Spinster: Making a Life of One's Own*.[38] Bolick foi uma das mulheres que encarou o paradigma misógino de frente e o transformou em um grito de guerra de fortalecimento. Impactante, o livro começa assim: "Com quem se casar e quando isso acontecerá – essas duas perguntas definem a existência de toda mulher".

Verna Williams, que é reitora da Faculdade de Direito da Universidade de Cincinnati, conheceu o marido, David, em 1995, quando tinha 34 anos. Eles eram advogados especializados em Direito Público, com um padrão de honorário altíssimo. Verna morava em Washington, D.C., e David, em Nova York. Ela achava complicado namorar, pois, como mulher negra, forte e bem-sucedida, ouvia sempre frases do tipo: "Você me deixa intimidado"; "Você é muito inteligente". Formada pela Faculdade de Direito de Harvard, ela disse que esperava conhecer alguém lá. Não aconteceu. Com o passar dos anos, constatou: "Puxa, minha mãe tinha 25 anos quando se casou e me teve. Não vejo casamento e filhos acontecendo tão cedo. No fundo, não saía de minha cabeça a frase: 'Quando isso vai acontecer?'". Verna e David se casaram dois anos depois que se conheceram. Ela teve uma filha, Allison, aos 39 anos.

A pressão para se adequar ao modelo da família nuclear continua forte. A Dra. Gordon observou que as mulheres da primeira geração de alguns grupos de imigrantes enfrentaram uma pressão social bastante forte para se casar e ter filhos em uma idade um tanto jovem devido a normas culturais e definições familiares de respeitabilidade. Constatei esse fato entre algumas das mulheres que entrevistei.

A vietnamita Diana Luong imigrou com seus pais e quatro irmãos para os Estados Unidos em 29 de agosto de 1994. Tinha 15 anos. Perguntei o que ela sabia sobre o país antes de chegar e ela disse, rindo: "Nada". Matriculada em uma escola pública, Diana aprendeu inglês carregando um dicionário pesado em sua mochila e procurando as palavras que não sabia. Também assistiu a todos os episódios de *Friends*. "Foi engraçado e me ajudou muito com a comunicação", disse ela. "Minha personagem favorita era Rachel. Eu a amava porque ela era muito bonita." Mas a vida de Diana não se parecia nada com a das solteiras despreocupadas do programa de TV. Depois de morar por um pequeno período com os avós, seus pais se mudaram para um apartamento apertado de um quarto em Tenderloin, bairro de São Francisco, famoso pela alta taxa de criminalidade.

Diana conheceu o homem que se tornou o marido dela no primeiro ano do ensino médio, logo que chegou aos Estados Unidos. Ele também era vietnamita, só que dois anos mais velho e parecia muito mais cosmopolita. Diana disse que no início a atração foi pelo lado emocional: "Ele sempre cuidou muito bem de mim". Ele matava aula, ia para casa, fazia a comida de que ela gostava – ovos com arroz, macarrão e salsicha caseira – e pegava o ônibus de volta para a escola para entregar o almoço em mãos. Quando o assunto sexo veio à tona, Diana foi clara: "Expliquei que não queria fazer sexo e mais tarde ser abandonada antes de casar porque tenho ideias muito tradicionais do Vietnã, então ele disse: 'Vamos ser marido e mulher'". Sua promessa consolidou a relação. Eles passaram a ter relações íntimas e ele a pediu em casamento alguns anos depois. Diana marcou o casamento para quando terminasse a faculdade. Eles se casaram depois de ela terminar uma graduação curta, aos 22 anos. O marido foi o primeiro e único namorado dela. Os filhos do casal, Sarah e Brian, nasceram antes de Diana completar 30 anos.

Embora tenha nascido mais de três décadas depois de minha mãe, Diana fez escolhas muito semelhantes às dela. Ambas se casaram com o primeiro e único namorado que tiveram na adolescência. A diferença é que as decisões de minha mãe estavam alinhadas à cultura nacional da época – e com a cidade praiana liberal onde ela morava[39] –, já a escolha de Diana atendeu às expectativas da própria comunidade imigrante, mas se contrapôs ao ambiente liberal da cidade praiana onde morava. Hoje, há uma divisão cultural e de classe social, com mulheres pobres, de classe média baixa, de primeira geração de imigrantes se casando e tendo filhos mais cedo que as norte-americanas de classe média e alta, que estão cada vez mais adiando essas decisões.[40]

As mulheres que vivem em São Francisco costumam ter vários parceiros antes de se casar, em geral com 30 anos ou mais. Menos de 18% das mulheres com menos de 35 anos têm filhos. Hoje, as mães jovens nos Estados Unidos são, em geral, conservadoras e religiosas e seguem as normas tradicionais de gênero, renunciando à carreira para ficar em casa. Elas costumam ter um nível de escolaridade menor e uma situação econômica pior.[41] Como jovem esposa e mãe, Diana se encaixou nesse padrão em alguns aspectos, mas, no que se refere à carreira e ao papel dela na família, optou por um desvio. (Mais informações sobre isso no capítulo cinco.)

Há também uma divisão geográfica. As pressões sobre as mulheres que vivem no sul e no centro-oeste dos Estados Unidos são diferentes e estimulam o casamento mais cedo, assim como a maternidade. Kenzie e a esposa, Abbie, se casaram depois de pouco mais de um ano de namoro. Abbie, que cresceu em Mineápolis, havia voltado pouco tempo atrás à cidade natal dela, depois de se formar na Harvard Divinity School, para assumir o cargo de capelania do hospital local. Já Kenzie cresceu na vizinha St. Paul, cursou a faculdade em Los Angeles e voltou à cidade natal dela para trabalhar como diretora de políticas em uma organização sem fins lucrativos de assistência social.

Kenzie e Abbie se conheceram quando saíam de relacionamentos longos. Ambas disseram ter passado por "momentos de pânico" parecidos. Abbie disse: "Eu estava com 30 anos quando meu relacionamento terminou e percebi que queria muito ter filhos. Ter 30 anos aqui é como ter 48 em outros lugares". Kenzie, então com 28 anos, descreveu a sensação de "voltar à estaca zero". Segundo ela, "algumas amigas próximas estavam começando a se casar e ter filhos. Talvez seja meu lado competitivo, mas sempre comparei a posição em que estava com a de minhas colegas, sem contar que sempre tive vontade de engravidar, viver essa experiência e ter um filho".

No centro-oeste, as duas perceberam que casamento e maternidade precoce eram comuns. Mesmo assim, algumas de suas amigas enfrentaram problemas de fertilidade. Mas havia outro fator, que Abbie apresentou de forma resumida: "Por sermos *queer*, temos que planejar tudo". Kenzie acrescentou: "Somos realistas. Amigas lésbicas tiveram que passar por vários ciclos de fertilização até conseguir engravidar. Precisamos nos preparar para a possibilidade de enfrentar um longo tratamento de fertilidade. Não podemos contar que vamos tentar uma vez e ter um filho nove meses depois".

Quando Abbie descobriu que o seguro de saúde cobria a inseminação intrauterina (IIU), ela e Kenzie decidiram começar o quanto antes. Elas se casaram no Natal de 2019 e compraram uma casa com um grande quintal. A Covid-19 adiou os planos reprodutivos por alguns meses, mas em maio de 2020 Kenzie engravidou após o primeiro ciclo de IIU e deu à luz o filho delas, Dashiell, em 25 de fevereiro de 2021, aos 30 anos.

Analisando os dados empíricos e as narrativas concorrentes de entrevistas com dezenas de mulheres, fiz uma reflexão sobre minhas próprias escolhas de vida e o quanto elas foram definidas por medos estimulados pela mídia e um desejo fervoroso de me encaixar nos padrões de minha família. Quando tinha entre 20 e tantos e 30 e poucos anos, minha carreira como advogada no Escritório da Defensoria Pública Federal em Los Angeles estava em ascensão. Meu salário estava na casa dos seis dígitos. Participei de julgamentos de alto risco contra o governo federal, nos quais meus clientes poderiam ser condenados a anos, décadas até, na prisão. Eu tinha uma vida social saudável, com amigos e namorados. Frequentava restaurantes, cinemas, museus e concertos. Ao me mudar para a Califórnia, viajei por todo o estado, participando de degustações de vinho na costa central, fazendo caminhadas no Parque Nacional Joshua Tree e apreciando a majestoso pôr do sol laranja-avermelhado da Golden Gate enquanto a atravessava doidona como uma pipa. Olhando para as fotos daquela época, vejo uma mulher jovem, vibrante e bem-sucedida aproveitando o que a vida tem de melhor em uma metrópole.

Apesar disso, não era bem assim que me sentia. Estava orgulhosa de mim mesma, é verdade. Sabia que era uma boa advogada, boa filha, boa amiga, pois houve muita validação externa corroborando esses sentimentos. Mas a pressão começou a pesar aos 20 e tantos anos e isso de certa forma prejudicou minhas conquistas – a contagem regressiva para a tão temida data de validade parecia se aproximar muito rápido. Eu gostava de sair com as amigas e passar um tempo sozinha, mas a ansiedade sobre o futuro toldava tudo. Vários relacionamentos de longo prazo terminaram e a ideia de continuar solteira com 30 e tantos anos parecia assustadora. Como Verna Williams, senti a mesma pressão sobre quando-vai-acontecer. No jogo da dança das cadeiras, eu temia acabar em pé, sem ter onde me sentar. Temia não ter filhos.

A comparação familiar implícita também me incomodava. Havia minha mãe, claro, bastante à vontade com sua geração: casada aos 21 anos, mãe aos 26 anos. Para completar, tinha minha irmã mais velha, Emily, e minha irmã mais nova, Jill – ambas se casaram aos 27 anos e tiveram filhos antes de completar 30 anos. Quando eu estava com 30 e poucos anos, tive um fim de namoro bem difícil, então decidi visitar meus pais na Filadélfia. Ao confessar o medo de ficar solteira e sem filhos, minha mãe fez o seguinte comentário: "Bem, a maioria das pessoas conhece a pessoa com quem vai se casar na faculdade ou na pós-graduação". Quando destaquei o óbvio – que essa fase já não tinha volta para mim –, ela apenas acenou com a cabeça, parecendo pensativa.

Quando meu marido e eu começamos a namorar no final de 2006 – depois de uma tentativa anterior frustrada – tínhamos 32 anos. Em retrospectiva, parece que éramos jovens, mas na época eu só pensava em meu estoque decrescente de óvulos saudáveis. Matt, que tinha entrado na faculdade de Direito depois de oito anos trabalhando em outras coisas, se formou e conseguiu um prestigioso estágio com um juiz federal em São Francisco. Ele se mudou para São Francisco em agosto de 2007 e, em janeiro de 2008, deixei minha vida em Los Angeles – meu trabalho, meus amigos, minha casa – igual às mulheres do estudo "I Can't Wait to Get Married". Matt estava feliz com a mudança. Afinal, ele cresceu em Marin, que fica do outro lado da Golden Gate, e a família dele ainda morava lá.

No ano seguinte, me esforcei para assumir o papel de namorada de Matt em uma cidade onde não tinha amigos e trabalhava de modo remoto em um caso de pena de morte que achava sem saída e desinteressante. Estava infeliz e vivendo uma crise profissional. Mas não quero parecer que estou simplificando a situação. A crise profissional foi resultado de minhas escolhas. Depois de sete anos como defensora pública, tive uma curva de aprendizado longa e íngreme e estava ansiosa por uma mudança. Desde 2006, já dava aulas uma vez por semana como professora adjunta na Faculdade de Direito Loyola, em Los Angeles, e me apaixonei. Escrevi alguns artigos – sobre questões legais que considerava importantes –, e me deu grande alegria e satisfação ver minhas ideias ganhando o mundo.

Foquei no que em segredo chamei de "Aposta de cinco milhões de dólares", um emprego estável como professora de Direito e minha estimativa de quanto isso valeria ao longo de um período de vinte anos. Esse tipo específico de trabalho me permitiria fazer o que amava – que é escrever, ensinar e advogar –, da maneira que eu queria. Com o emprego estável veio a segurança do trabalho, o salário fixo e uma autonomia quase completa; podia escolher os casos e falar o que pensava. A estabilidade da academia permitiria que eu escolhesse meus projetos, o que significava que poderia ter filhos de acordo com minhas próprias regras. A vida de um acadêmico permite um cronograma tipo colcha de retalhos. Desde que eu seja produtiva, poderia trabalhar em casa nos dias fora da sala de aula, e até tirar o dia de folga para fazer o que quisesse sem receber olhares de desaprovação. Depois de anos chegando às 8h30 da manhã no tribunal, sempre à mercê do capricho de juízes instáveis, cujas decisões podiam destruir planos de jantar e até mesmo férias inteiras, eu queria outra vida. Assim, determinada a mudar para uma carreira acadêmica, passei um tempo sozinha em casa escrevendo um artigo crítico sobre Direito e vasculhando a internet em busca de vagas de emprego.

Não falei sobre o projeto "Aposta de cinco milhões de dólares" para Matt. Eu me preocupava, talvez sendo um pouco dura, que ele fizesse pouco-caso diante da grandiosidade de minha audácia caso contasse. Cargos estáveis em faculdades de Direito – na verdade, em qualquer setor acadêmico – são bem difíceis de conseguir, ainda mais para professores preceptores. Muitas faculdades de Direito valorizam menos o ensino prático, no qual o professor administra um escritório de advocacia *pro bono* dentro da escola e assume casos lado a lado com os alunos, que o "ensino no pódio", em que o professor fala para turmas grandes e interage com os alunos usando o método socrático. Como resultado, muitas faculdades não oferecem posições com estabilidade aos professores preceptores. E mesmo as que oferecem, a ladeira para conseguir uma posição duradoura é longa e difícil. Eu não tinha um passado acadêmico e minha experiência docente era pequena. As chances de surgir uma vaga desse tipo no norte da Califórnia eram mínimas. E eu sabia que, se me afastasse muito da região ou saísse do estado para conseguir um emprego desse tipo, Matt discordaria de maneira enérgica.

Matt e eu estávamos apaixonados, mas nosso relacionamento era problemático. Mesmo nos momentos mais felizes, brigávamos ao que parece sempre por qualquer coisa, em especial por conta de minha preocupação com a carreira e a sensação de que Matt não apoiava minha ambição profissional nem apreciava meu sucesso.

Os casais que se divorciam sempre dizem que, olhando em retrospectiva, dá para perceber as bandeiras vermelhas no horizonte. Eis uma das minhas. No fim de dezembro de 2007, algumas semanas antes de me mudar para São Francisco, defendi meu último cliente em um tribunal federal. Meu pai, que nunca tinha me visto em um julgamento, cruzou o país para me fazer uma surpresa. Até hoje, chegar ao tribunal e encontrá-lo sentado entre o público continua sendo um dos momentos mais alegres de minha vida.

O caso, mesmo para padrões generosos de uma Defensoria Pública, era o de um pobre coitado. Meu cliente, um idoso com problemas mentais, entrou em um banco em Los Angeles e passou um bilhete escrito para a funcionária do caixa que dizia: *Este é um roubo pra banco [sic] me passa todo o dinheiro*. A caixa, que estava grávida de oito meses, fez o que ele pediu. Seu colega de trabalho apertou um alarme de segurança, uma linha direta para a polícia. Quando a polícia chegou, meu cliente estava no saguão, segurando umas notas amarrotadas.

O incidente foi filmado pelas câmeras de vigilância. Nem o juiz conseguia esconder a própria incredulidade quando rejeitamos a proposta feita pelo promotor para que meu cliente se declarasse culpado em troca de cem meses de prisão. Quando, toda orgulhosa, apresentei meu pai ao juiz, ele inclinou a cabeça em minha direção e disse ao meu pai: "Não faço ideia do que ela acha que está fazendo".

Mas eu sabia o que estava fazendo. Para condenar meu cliente, o júri tinha que considerar que ele usou força, medo ou intimidação. Caso contrário, seria apenas um roubo simples à moda antiga – uma acusação fraca que o governo não tinha se dado ao trabalho de alegar. Como testemunha após testemunha confirmou, o júri se viu diante de um tipo diferente de evidência: um velho frágil, tremendo e resmungando ao meu lado na mesa da defesa. Como expliquei em minhas razões finais, o fato de meu cliente pensar que estava cometendo um assalto a banco não tornou isso verdade. A única coisa que importava era se os caixas ficaram bastante assustados. E, apesar das dramáticas declarações em contrário, não ficaram. O agente do FBI que interrogou os dois era um cara honesto e admitiu isso quando fiz a escolha corajosa de chamá-lo para depor, ainda que ele fosse testemunha de acusação.

A aposta valeu a pena; o júri absolveu meu cliente. Depois disso, meu parceiro de defesa e eu ficamos eufóricos. Algumas pessoas passam a carreira toda sem uma vitória em um tribunal federal. Essa foi a minha terceira absolvição. Estava saindo no auge, mas, quando liguei para contar a notícia a Matt, a voz dele não se alterou. "Isso é ótimo", disse ele em um tom que indicava tudo, menos entusiasmo. Em segundos, passei de heroína à mosca abatida em pleno voo. O contraste entre a indiferença de Matt e os abraços e cumprimentos dos colegas, além dos sinceros parabéns de meu pai, foi absurdo. Por algum motivo – e outras tantas razões complexas –, Matt não conseguia expressar felicidade com meu sucesso profissional. Pelo menos, a sensação era essa. É importante salientar aqui que toda história tem dois lados. Escrevo sobre a relação com meu ex-marido bem consciente de que o leitor está ouvindo apenas um lado: o meu. Estou contando o modo como me senti ao ser alvo de uma comunicação que parecia desrespeitosa e ofensiva. Não se trata de alegar saber o que Matt pretendia.

Por um tempo – no qual me envolvi na busca de meus sonhos acadêmicos – essa questão perdeu força. Logo outros problemas surgiram para preencher o vazio. Eu estava muito mais interessada em fazer Matt se casar comigo que em encarar essa realidade.

Matt me pediu em casamento em 14 de fevereiro de 2008, Dia dos Namorados nos Estados Unidos, o dia em que completei 34 anos. Entre feliz e aliviada, eu disse sim. Com o anel no dedo, voltei minha atenção para o próximo objetivo: ter um bebê. Eu tinha lido estudos sobre fertilidade e estava preocupada. Disse a Matt que precisávamos começar a tentar de imediato. Meus ciclos menstruais eram irregulares e eu estava fazendo controle de natalidade havia meses. Todos esses fatores, combinados com minha idade, indicavam que o processo de engravidar levaria pelo menos um ano, expliquei, confiante.

Lembro-me da conversa como se fosse ontem. Foi logo após o 4 de julho, estávamos sentados no quintal da casa que alugávamos no bairro Castro. Fazia um calor inusitado para a época, já que São Francisco costuma ter um verão úmido e desagradável – fato é que a temperatura estava amena o suficiente para eu deixar de lado o cardigã que sempre me acompanhava. Enquanto explicava meus planos, os olhos de Matt se arregalaram. Ele protestou. Não podíamos esperar? Estávamos planejando o casamento para outubro.

Nesse meio-tempo, nossos empregos estavam no fim e a recessão já era uma realidade. O futuro brilhante, de repente, ficou nublado de incertezas. "Não", respondi com firmeza. "Não, não, não." Na verdade, levei cerca de onze minutos para engravidar.

Não estou brincando. Mais tarde, naquele mês, passamos um fim de semana com a família de Matt em Tahoe. A mãe dele tirou uma foto nossa na praia. Eu, de chapéu de palha e um biquíni com riscas verdes e brancas. O cabelo de Matt de pé por causa de um vento repentino. Estamos de perfil, meus braços enrolados no pescoço dele, os rostos muito próximos. Nosso filho já estava conosco, dentro de mim, não maior que um grão de arroz. Não fazíamos ideia de que nossa vida estava prestes a mudar de forma tão radical.

Quando contei a meus pais, a primeira coisa que minha mãe disse foi: "Oh meu Deus, e o seu vestido?". Ela e minha irmã Jill tinham vindo a São Francisco para me ajudar a escolher o modelo, um processo que levou dias e visitas a pelo menos cinco butiques. O vestido era lindo, um longo acetinado na cor *off-white*. Com um corpete bem implacável. A reação de meu pai foi mais desencorajadora, embora na época eu a tenha encarado como antiquada e ridícula. "Não está fazendo isso na ordem errada?", ele perguntou. "Será que você pensou em tudo mesmo?"

Pensando no que aconteceu, acho que entendi mal o que meu pai estava tentando me dizer. Ele não quis falar que era um erro engravidar antes de se casar. Ele quis dizer que era um erro engravidar e se casar com pressa. Ele e minha mãe viveram juntos cinco anos antes de ter a primeira filha. Durante esse tempo, eles estabeleceram rotinas, discutiram sobre quem faria o quê. (Em minha opinião, mamãe ficou em desvantagem, mas fato é que eles concordaram com a divisão do trabalho – ela sabia no que estava se metendo.)

Olhando em retrospectiva, fico impressionada com o tanto que investi em planejar e preparar eventos únicos – o dia de nosso casamento e o nascimento de nosso filho – e no pouco que pensei em como nossa vida seria depois. Dediquei muito tempo a detalhes e sutilezas do casamento, como convites, listas de convidados, visitas a locais para sediar a festa, degustação de cardápios. Dediquei mais tempo ainda ao nascimento de meu filho. Junto do Matt, passei horas em aulas semanais para aprender a respirar do jeito certo durante o trabalho de parto, a cronometrar as contrações e a agasalhar o bebê. Mas quase não prestei atenção aos detalhes aborrecidos da vida cotidiana de mãe, esposa e profissional empenhada, muito menos em descobrir se Matt estava na mesma sintonia que eu.

As conversas sobre o momento ideal para as mulheres se casarem, engravidarem e terem um bebê, interrompendo o mínimo possível a carreira, geram muito calor e pouca energia. Perdem a objetividade. Apaixonar-se e ser correspondida, querer casar e ter esse desejo correspondido, tentar engravidar e de fato conceber: em grande parte, tudo isso está fora de nosso controle. Não há receita a seguir. Não há como prever o que seu coração, ou o coração que você espera conquistar, vai querer. Não há como prever o que seu corpo fará.

O que está em nosso controle, no entanto, é a visão de nós mesmas como cônjuges, parceiros e profissionais. É importante compreender desde o início se essa é uma visão partilhada e se não é possível chegar a um meio-termo. As partes chatas básicas importam – e muito. Será que seu parceiro ou sua parceira se dispõe a tirar uma licença e, caso afirmativo, por quanto tempo? Será que seu parceiro ou sua parceira se dispõe a dividir as tarefas domésticas, incluindo cuidados infantis? Quem levará e buscará as crianças na creche, na escola, no treino de futebol, nas aulas de violino? Você contratará uma babá? Tem como arcar com essa despesa? É importante morar perto da família? Se sim, de quem? Mais importante ainda: será que seu parceiro ou sua parceira entende a importância de sua carreira e apoia sua ambição profissional, mesmo que isso dificulte a vida dele ou dela?

Matt e eu nunca tivemos essas conversas. Devíamos ter conversado porque a dura realidade é que, sem conversa, não há amor que salve a relação de ninguém.

CAPÍTULO DOIS

O CULTO DA MATERNIDADE

Havia uma gaveta no armário do meu quarto onde minha mãe guardava os cartões de parabéns que recebeu quando nasci. De pequena, eu gostava de pegá-los para olhar as figuras.

Meu cartão favorito tinha o desenho de uma mãe e uma criança. Os braços brancos e macios dela embalavam o bebê no peito. Seu belo perfil – de nariz pequeno e delicado, olhos caídos de pestanas compridas – estava voltado para o embrulhinho adormecido. Seu cabelo lustroso dourado e ondulado envolvia o bebê, criando um mundo só para os dois.

No último ano de faculdade, fiz um curso de escrita criativa, ministrado pela escritora Mary Gordon. Um dia ela nos passou a tarefa de escrever de improviso na sala de aula. Tínhamos quinze minutos para escrever sobre o que a palavra "mãe" significava para nós. Minha mente foi logo para a imagem da Mãe do Cartão. Ela nem sequer era real, mas continuava a me fascinar como na infância.

Minha mãe não era nada parecida com a mulher do cartão. O cabelo dela era escuro, quase preto, cortado no mesmo estilo prático por décadas. A pele tinha um tom bronzeado e os braços eram um tanto musculosos. Era baixa e magra, não era o que alguém descreveria como *peituda*. Os abraços eram em geral rápidos e duros, pois os olhos já se concentravam na próxima tarefa à frente. Nunca duvidei de que minha mãe me amasse ou de que eu fosse importante para ela, mas era raro sentir a energia radiante que imaginava que a criança no cartão sentira: atenção materna absoluta e exclusiva. Isso não era possível mesmo. Além de ter outras três filhas, minha mãe tinha um emprego em tempo integral.

Então, por que é que aquele cartão me impressionou tanto na adolescência e na faixa dos 20 e poucos anos? Por que ainda me impressiona, já que não tenho qualquer semelhança, física ou não, com essa mãe fictícia? Quatro décadas depois, lembro com facilidade a imagem e os sentimentos que ela suscitou: uma saudade nostálgica de algo que nunca tive, mas que eu tinha certeza de que *poderia* ter e que de fato existia para outras crianças.

Na verdade, eu acreditava ter conhecido uma mãe assim quando era criança.

Gretchen Rossman era a mãe de minha melhor amiga na infância, Tamara. Em minha visão de criança, Gretchen era tudo o que minha mãe não era. Ela parecia estar sempre em casa preparando uma torta ou costurando um sofisticado vestido de boneca na máquina de costura, no segundo andar de sua casa grande e confortável. Gretchen não era médica – era casada com um médico. Gretchen era linda da mesma forma que a Mãe do Cartão. Mas era também um pouco distante e difícil de entender.

Parte da indiferença era que Gretchen parecia perfeita ao extremo, e era difícil não fazer comparações injustas. Feriados não judaicos em minha casa eram tratados com desleixo, em particular aqueles que meu pai chamava de "desculpa para o consumo desenfreado", como o Dia das Mães. (Certa vez, perguntei a meu pai o que ele queria para o Dia dos Pais: "Que você me trate com respeito nos outros 364 dias do ano", foi a resposta.) Não comemorávamos o Natal do jeito tradicional, com presentes e luzes piscantes e um pinheiro alto e iluminado ao lado da lareira. Mas os Rossman comemoravam. Na Páscoa, Gretchen distribuía cestas com serpentinas cor-de-rosa e verde antes de nos mandar procurar ovos no quintal.

Halloween foi a data em que a diferença entre minha mãe e Gretchen se tornou um abismo. O curioso é que minha mãe também se lembrava disso. "Eu gostava de Mary Feary, sua professora do jardim de infância, mas ela sempre me fazia sentir como se estivesse fazendo algo errado." Perguntei o que ela queria dizer. "Havia alguém em sua turma do jardim de infância que tinha uma mãe que não trabalhava fora e fazia fantasias de Halloween. Eu não só odiava o Halloween, como achava uma coisa estúpida e nunca conseguia me organizar para participar disso. Lembro-me da Sra. Feary dizer que 'a mãe da fulana de tal fez para ela a melhor fantasia de Halloween' e depois me olhar como se dissesse: *E aí, não vai fazer nada?*"

Dava para imaginar de que mãe a Sra. Feary estava falando. As fantasias de Halloween de Tamara eram sempre perfeitas, todo mundo elogiava. Ao que parecia, Gretchen podia fazer qualquer coisa com a máquina de costura.

No ano em que Tamara e eu estávamos na turma da Sra. Feary, quis me fantasiar de tigre no Halloween, em homenagem ao bicho de pelúcia que eu carregava para todos os lugares enquanto chupava com afinco meu polegar. Quando perguntei à minha mãe sobre a possibilidade de ela me fazer aquela fantasia, estávamos no quarto de minha irmãzinha, que estava em processo de trocar o berço pela cama. Minha mãe apontou para um rolo de papel de parede listrado de amarelo e branco que estava no chão. "Por que você não se enrola com um pouco disso? Posso colar as partes com fita adesiva", ela sugeriu.

A ideia de entrar na sala de aula da Sra. Feary com a cabeça e os pés espetados nos restos de um rolo de papel de parede colado com fita adesiva, e os braços ao que tudo indica presos junto ao corpo, me deixou primeiro desanimada e depois indignada. Será que minha mãe estava falando sério? Estava. Ela não tinha tempo. E não se importava. O Halloween não era uma ocasião na qual minha mãe aproveitava para exibir suas habilidades domésticas. Era um dia que ela odiava porque a fazia se sentir sobrecarregada e inadequada.

Se isso era verdade para minha mãe, será que para Gretchen Rossman era o oposto? Será que ela via as datas comemorativas como uma alegre oportunidade para exercitar sua criatividade? Será que

Gretchen Rossman era o símbolo de maternidade que sempre achei que era – da mãe cuidadora sempre presente que aparecia no cartão?

Minha amizade com Tamara acabou no ensino fundamental, quando ela se mudou de cidade no oitavo ano, e não mantivemos contato. Eu não estava preparada para o que encontrei ao pesquisar o nome da mãe dela no Google. Gretchen Rossman era professora emérita de educação internacional na Universidade de Massachusetts Amherst, além de coautora de nove livros e especialista reconhecida mundo afora em reforma educacional no tema "design e métodos de pesquisa qualitativos". Olhei para a fotografia ao lado das informações biográficas. Era ela, sem dúvida.

Um tanto apreensiva, copiei seu endereço de e-mail e comecei a escrever. "Cara Gretchen", iniciei, fazendo uma pausa enquanto meu dedo permanecia sobre o cursor. Devo chamá-la de *Professora Rossman*? Também me ocorreu que Gretchen poderia não se lembrar de mim, então escrevi algumas frases explicativas. Após descrever o livro no qual estava trabalhando, fui direto ao ponto: "Esta solicitação pode parecer estranha, mas gostaria de saber se posso entrevistá-la". Ela respondeu com simpatia e garantiu que se lembrava de mim. Pediu que enviasse uma lista com os temas que desejava enfocar na entrevista. Enviei uma lista longa, como fazem os advogados quando estão sondando uma testemunha misteriosa. "Tenho memórias bem específicas de você, mas não sei se são reais", escrevi.

Minhas memórias, como descobri depois, eram tanto reais quanto inventadas. Durante todo o período em que convivi com Gretchen, ela estava fazendo seu doutorado em Educação. Ela vinha de uma família de acadêmicos. O pai era um economista conhecido do MIT e a mãe era formada em Economia, mas não trabalhava fora. "Foi com ela que aprendi todo aquele artesanato", me contou. "Ela estava sempre tricotando, preparando geleias e biscoitos, mas acho que era muito frustrada com essa vida."

Gretchen fez a graduação e o mestrado na Universidade da Pensilvânia. Depois de formada, lecionou em uma escola no norte da Filadélfia, onde todos os alunos eram negros e pobres. Ela se lembra de um garoto que ficou dois anos sem ir à escola e não sabia ler.

Como o local não tinha verba para atender crianças com necessidades especiais, Gretchen criou um programa que se adaptasse às necessidades dele e de outros alunos com dificuldades. As ferramentas educacionais disponíveis não funcionavam e estava nas mãos dela encontrar uma alternativa. "Eu era apaixonada por epistemologia, então tentei explorar as premissas básicas que sustentavam os métodos de aprendizagem específicos para testar o que os especialistas acham que sabem sobre como adquirimos conhecimento. Porque, com frequência, eles estão errados."

Em 1968, durante o segundo ano do mestrado, Gretchen conheceu o marido, Milt, um estudante de Medicina. Eles se casaram no ano seguinte. Gretchen tinha 24 anos. "Esse era meu caminho internalizado, e essa era a narrativa social", explicou. Gretchen deu à luz a Dara em 1971. Tamara nasceu em 1974. Nesse período, ela se dedicou à criação das filhas e acompanhou Milt para onde a carreira dele os levou, primeiro para a fronteira Texas-México, depois para Cleveland, e então, quando Tamara tinha 1 ano, de volta à Filadélfia. Gretchen protestou contra a última mudança porque eles tinham estabelecido raízes em Cleveland, e ela amava a comunidade, mas acabou cedendo. "A carreira de Milt era a coisa mais importante", disse.

De volta à Filadélfia, Gretchen se viu sozinha e sem saber o que fazer. "Acho que era uma boa mãe e dona de casa", afirmou. "Fiz o que era esperado de mim, mas não foi o suficiente. Precisava fazer algo por mim mesma." Em 1977, quando Dara tinha 6 anos e Tamara tinha 3, ela voltou para a Universidade da Pensilvânia para um doutorado em Educação.

Gretchen adorou cursar pós-graduação, o que a conectou com professores e alunos que compartilhavam sua paixão por resolver as profundas iniquidades raciais no sistema educacional. "Era meu mundo, não o mundo de Milt." Como às vezes ela saía para beber com amigos depois da aula e chegava em casa à uma da madrugada, Milt tinha que fazer o jantar e colocar as meninas na cama. "Ele aceitou isso", disse. Enquanto estava na pós-graduação, ela começou a trabalhar meio período em um programa financiado pelo governo federal chamado Pesquisa para Escolas Melhores. Lá, junto a três colegas, publicou seu primeiro artigo acadêmico. Outros se seguiram, com Gretchen como autora principal. Depois de uma temporada como professora adjunta na Universidade da Pensilvânia, Gretchen decidiu que queria lecionar em tempo integral em uma universidade.

Quando soube que a Universidade de Massachusetts Amherst estava com uma vaga aberta para titular no Departamento de Educação, Gretchen "sentiu arrepios subindo e descendo na espinha; era como se tivessem criado a vaga para mim". (Quando percebi que, durante todo o tempo que a venerava como a mãe e dona de casa perfeita, ela estava buscando com afinco sua própria "Aposta de cinco milhões de dólares", isso deu arrepios na *minha* espinha.) Mas Milt tinha uma carreira próspera como professor de Medicina na Universidade da Pensilvânia. Ele não tinha intenção de se mudar.

Gretchen disse que o casamento dela foi se desintegrando ao longo dos anos. "Não havia brigas, apenas estávamos cada vez mais afastados. Quando me candidatei ao emprego na UMass, acho que no fundo eu sabia que era o fim." Ela foi contratada e começou a trabalhar em 1987. No primeiro semestre, Gretchen se dividiu entre as duas cidades, em uma tentativa de fazer as coisas funcionarem. Depois, desistiu. "Foi tudo muito racional", comentou. "Nos divorciamos e dividimos tudo de forma igual. Não pedi pensão porque não quis. Naquela altura, já estava ganhando bem."

Tamara se mudou para Amherst com Gretchen depois que terminou o oitavo ano, e Dara, que estava cursando o primeiro ano do ensino médio, ficou com Milt. Dois anos depois, Dara também se mudou para Amherst, só que para o dormitório da faculdade. Mesmo morando pertinho da mãe, Dara estabeleceu limites rígidos. "Eu tinha que ligar ou marcar um horário para vê-la", Gretchen contou, rindo. "Ela não queria que eu aparecesse do nada em seu quarto." Anos depois disso, Tamara voltou para a Filadélfia, onde cursou a mesma faculdade que a mãe. Agora, está apenas a quinze minutos de distância do pai. Sobre as idas e vindas que separaram e reconectaram sua família, Gretchen disse: "As pessoas não acreditam quando conto isso. É uma loucura".

Ao me despedir de Gretchen Rossman no final de nossa primeira conversa online, eu estava com os olhos cheios d'água. Revê-la depois de tantos anos foi emocionante e escutar sua história, um misto de surpresa e alívio. Gretchen não era a Mãe do Cartão. A imagem que eu tinha dela foi distorcida por meus olhos de criança e pelo pequeno acesso que tive à vida dela. Quando conversei com Dara e Tamara, as duas contaram que era comum irem de ônibus para casa e se divertirem sozinhas até que a mãe chegasse da aula na Universidade da Pensilvânia ou da pesquisa de campo que estava fazendo para a tese. Às vezes era o pai que preparava o jantar e as colocava na cama. Eu vi o que queria ver – ou talvez tenha visto apenas a imagem que ela projetava.

Na realidade, ela era mais parecida com minha mãe do que eu imaginava. Duas batalhadoras ambivalentes, consentindo e ao mesmo tempo lutando contra as convenções. A ambição de Gretchen, que ela preferia chamar de "desejo de realização", fez dela uma divergente. Ela abandonou o casamento, a casa, a filha e enveredou por uma vida bem diferente. Ela o fez por amor ao trabalho e pelo desejo de ser independente. Sua escolha foi inusitada para uma mulher casada nos anos 1980.

As mulheres da geração seguinte – a minha e a Millennial, que veio na sequência – não enfrentou o tipo de escolhas explícitas e normas sociais que se apresentaram de maneira clara às Baby Boomers como Gretchen e minha mãe. Nos disseram que tudo era possível, com a condição explícita de que "ter tudo" significava manter a modéstia em relação às conquistas profissionais e ao mesmo tempo proclamar em alto e bom som que os filhos vinham em primeiro lugar. Essa mensagem, ao que parece, é uma armadilha em si mesma.

Desde a era vitoriana, a maternidade é considerada o auge da felicidade de uma mulher e a maior conquista dela. No livro pioneiro *The Cultural Contradictions of Motherhood* [As contradições culturais da maternidade], a socióloga Sharon Hays cunhou o termo *maternidade intensiva* para descrever o padrão alto ao extremo de avaliação das mães: elas não apenas devem ser as principais cuidadoras, como precisam estar focadas e disponíveis para seus filhos, a despeito de qualquer outra coisa ou pessoa.[1]

Essas expectativas irreais não precisam mais ser declaradas porque a popularização das redes sociais criou uma maneira de disseminar a mensagem por meio de conteúdo editado com primor.[2] "Pense na imagem da gestante e da supermãe no pós-parto que aparece no Instagram: uma mulher multitarefa discreta-porém-sexy, carinhosa, organizada, que brilha na aula de ioga do pré-natal e parece inabalável diante de desafios como seios vazando leite, roupa suja e privação de sono", escreveu a Dra. Alexandra Sacks, coautora de um livro sobre maternidade chamado *What No One Tells You* [O que ninguém conta], no ensaio publicado no *New York Times* "The Birth of a Mother" [O nascimento de uma mãe], que viralizou nas redes. "Essa mulher é ficcional, um exemplo irreal de perfeição que faz as outras mulheres se sentirem inadequadas quando tentam, e não conseguem, alcançar esse padrão impossível."[3]

Ao contrário das mulheres da geração de minha mãe e de Gretchen Rossman, as mulheres do século 21 são encorajadas e muitas vezes compelidas do ponto de vista financeiro a ter uma carreira profissional. Quando tentam realizar a façanha de manter um emprego em tempo integral e ao mesmo tempo ser mãe e manter uma aparência fantástica, ficam sobrecarregadas e, sem os recursos necessários, muitas vezes chegam ao limite. Enquanto isso, as redes sociais estão cheias de histórias selecionadas com cuidado de celebridades belas, esbeltas e bem-sucedidas que falam da devoção aos filhos 24 horas por dia, 7 dias por semana, enquanto garantem que a maternidade não atrapalhou em nada a carreira delas. Essa ilusão impossível de ser realizada faz as mulheres comuns se sentirem péssimas.

Mulheres com filhos pequenos são bombardeadas por mensagens de que a maternidade é uma experiência alegre, quase arrebatadora. A maternidade é glorificada e fetichizada.[4] Quase todas as mães famosas, da princesa Kate a Drew Barrymore e Jennifer Garner, descrevem seu estilo maternal como "prático", afirmando depender de pouca ou nenhuma ajuda externa. Muitas vezes ouvimos essas mulheres glamourosas, famosas e bem-sucedidas dizerem que sua "prioridade número 1" é ser mãe, mesmo quando viajam para locais distantes para fazer turnês de shows em todo o mundo.

A cantora Adele, mãe de uma criança de 6 anos e dona de vários discos de platina, foi descrita no artigo de 2 de março de 2020 da revista *People* como alguém "muito envolvida com a escola do filho e que adora ser mãe". Segundo dizem, o filho foi a inspiração para que ela emagrecesse, em um evidente contraste com as fotos gorduchas da fase "anterior". Depois de um parágrafo descrevendo seu programa de exercícios físicos e o próximo, e muito aguardado, álbum, o artigo concluiu: "Ela é artista e mãe, então precisa se certificar de que é capaz de fazer as duas coisas de maneira impecável. Ela quer que tudo seja perfeito".[5]

Em uma reportagem de seis páginas da série Personalidades do Ano, da edição de dezembro de 2019 da revista *People*, Jennifer Lopez, então com 50 anos, fala sobre seu último filme de sucesso, *As golpistas*, o próximo show no Super Bowl e a turnê musical de um ano que já começa com os ingressos esgotados. Esses feitos, no entanto, não se comparam ao trabalho mais importante para ela: "Ser mãe dos gêmeos Emme e Max, de 11 anos". A maternidade, disse Lopez, era seu "trabalho número 1". Em outra reportagem publicada em janeiro de 2020 na mesma *People*, a atriz Kate Hudson está ocupada "construindo um império" que inclui escrever livros, criar uma linha de roupas, gravar um podcast e lançar uma marca de vodca, além de estrelar três filmes. Mãe de três filhos, ela deixou claro para os leitores que "é possível ter uma vida equilibrada". No parágrafo final, o subtítulo "Family First" [Família em primeiro lugar] descreve os filhos de Hudson como "sua principal prioridade". Citando uma fonte anônima, a reportagem concluiu: "Ela adora cozinhar e curtir e receber familiares e amigos. A porta da casa dela está sempre aberta, e ela adora organizar festas temáticas: sempre chama os sobrinhos para uma festa do pijama com os filhos. São uma grande família feliz".[6]

A conclusão é que é possível, e desejável, que as mães tenham carreiras bem-sucedidas e ao mesmo tempo estejam presentes, com os cinco sentidos voltados para as necessidades dos filhos enquanto transitam com desenvoltura entre estúdios de cinema e idas ao supermercado em trajes de ginástica, tudo isso mantendo um visual perfeito. E, caso surja um conflito, as celebridades respondem rápido que abrem mão de propostas de trabalho tentadoras para cuidar dos filhos. A estrela do rap Cardi B desistiu de uma turnê mundial com Bruno Mars após o nascimento da filha. "Não posso sair à noite e deixar minha bebê", explicou, sugerindo que ninguém mais a ajuda a tomar conta da filha, "nem por um segundo."[7] Salma Hayek, mãe de uma garotinha, disse à revista *People*: "Se minha profissão de atriz interferir no desenvolvimento dela, simplesmente paro de trabalhar".[8]

Sou assinante de três revistas há mais de vinte anos: *People, Us Weekly* e *The New Yorker*, leio de cabo a rabo duas delas. Tenho o hábito de levar as duas primeiras para ler na academia, onde as listas das mais bem-vestidas, as reportagens sobre crimes e as inesgotáveis fofocas são uma distração bem-vinda para o tédio e agonia do aparelho elíptico. Essas maratonas semanais de leitura pareciam um prazer inofensivo, mas, quando comecei a escrever este livro, percebi a violência e a inadequação da Mensagem da Maternidade Mágica que estava sendo enviada através daquelas páginas. As histórias – no fundo, todas iguais – se repetiam em todas as edições. Mulheres lindas no estúdio e em casa falando animadamente a respeito de seu projeto profissional mais recente com um adequado nível de modéstia e se colocando com cuidado dentro de um contexto mais amplo: apenas um papel importava, o de mãe.

Cole Valley, o pitoresco bairro de São Francisco para onde Matt e eu nos mudamos depois que nosso filho nasceu, refletia o mesmo cenário feliz. Jovens mães profissionais estavam em todos os lugares, todas elas esbeltas, amorosas, determinadas. Ou assim pareciam. Como minha mãe, eu não tinha muitas amigas na época. Ainda sentia falta de minha vida em Los Angeles, onde Katie e Lauren, duas de minhas melhores amigas, bastante dedicadas ao trabalho e ambiciosas, viviam com os bebês recém-nascidos.

Se tivesse convivido com amigas próximas que estivessem passando pela mesma situação, acho que teria me sentido menos inferiorizada, porque os recursos que permitiram que elas continuassem com a vida profissional – babás e, no caso de Katie, um marido em casa – teriam ficado nítidos para mim. Isso também vale para os dramas que elas viviam: as inseguranças e os problemas – financeiros, conjugais e profissionais. Juntas, teríamos rido das celebridades e de suas declarações despreocupadas sobre a maternidade altruísta que exigia, entre outras coisas, recursos financeiros indisponíveis para a maioria das pessoas, incluindo nós, e que de qualquer forma não pareciam críveis. Mas ninguém em meu círculo íntimo estava na mesma vibração, e rir sozinha só me fez me sentir mais solitária, quase no limite da loucura.

A maternidade em primeiro lugar era o mantra que zunia em meus ouvidos. Dizer o contrário era inaceitável e bastante incorreto para a sociedade. Talvez o exemplo mais famoso tenha sido a ex-primeira-dama Michelle Obama. É difícil pensar em uma mulher mais realizada: formada em Direito por Princeton e Harvard, ex-sócia de um grande escritório de advocacia, ex-reitora associada da Universidade de Chicago e ex-vice-presidente de Relações Exteriores e Comunitárias do Centro Médico da Universidade de Chicago. Durante a maior parte do casamento, incluindo o período em que as duas filhas eram pequenas, ela ganhou mais que o marido.

Mas, em 2012, ao discursar na Convenção Nacional Democrata após a nomeação de Barack Obama para um segundo mandato como presidente, Michelle Obama queria que seus milhões de ouvintes soubessem que "apesar de tudo, meu cargo mais importante ainda é o de mãe".[9] Jessica Valenti, autora feminista e mãe de uma menina, tuitou em resposta: "Anseio pelo dia em que as mulheres poderosas não precisem assegurar aos norte-americanos que são mães acima de tudo".

Compare o ritmo constante da mensagem "mãe em primeiro lugar" com o que alguns pais têm a dizer. Considere o falecido Larry King, que se aposentou da CNN em 2010, depois de 25 anos apresentando seu programa homônimo. Como âncora, King entrevistou mais de 50 mil pessoas, incluindo vários presidentes dos Estados Unidos, chefes de Estado, vencedores do Oscar, humanitários e líderes religiosos. Questionado sobre o equilíbrio entre vida profissional e pessoal, King, que teve cinco filhos, foi franco: "Minha carreira sempre veio em primeiro lugar. Eu costumava dizer que, se a CNN e a minha esposa ligassem com uma emergência, eu retornaria a ligação primeiro para a CNN".[10]

Se uma mãe celebridade dissesse essas palavras, seria crucificada nas redes sociais. Admitir que prioriza a carreira em vez da maternidade – e é provável que a maioria das mulheres bem-sucedidas, famosas ou não, tenha feito isso mesmo – é uma sentença de morte social. Segundo a pesquisadora da Universidade Estadual de São Francisco Melissa Seelye, a maternidade, ao contrário da paternidade, é apresentada como uma missão sagrada de autossacrifício que define todas as mulheres. "Insultar ou diminuir essa tarefa sagrada seria o mesmo que questionar a própria essência da feminilidade. Se a mulher não é uma mãe dedicada, o que ela é então?"[11]

O que não se conta nessas histórias, assim como as expectativas implícitas, é que a posição de mãe em primeiro lugar e profissional em segundo é um luxo para as poucas mulheres que podem se afastar um tempo do trabalho porque têm empregos flexíveis e parceiros com altos salários. A maioria das mulheres não tem nem uma coisa nem outra. Quando Diana Luong deu à luz a filha, Sarah, o marido trabalhava na área de manutenção de um hotel e ela era esteticista em tempo integral em um salão de beleza, depois de ter frequentado uma escola técnica para obter o diploma. "Eu trabalhava muito, pois era comum ter duas, três pessoas marcadas para o mesmo horário. E, mesmo que a cliente chegasse quinze minutos antes de o salão fechar, o chefe mandava aceitar, então eu sempre chegava tarde em casa", contou Diana. Como o salário-hora era baixo, as gorjetas é que faziam a diferença para Diana, rendendo cerca de 130 dólares por dia.

O salão de beleza não pagou a licença-maternidade de Diana, mas ela conseguiu receber o auxílio que o estado da Califórnia fornece às parturientes ao longo de oito semanas. Quando esse pequeno complemento acabou, ela voltou ao trabalho. Com a agenda lotada, sem tempo para tirar o leite com a bomba (e, mesmo que tivesse, não dispunha de lugar apropriado para fazê-lo), Diana parou de amamentar. "Foi uma fase difícil", ela admitiu. Todos os dias, Diana usava seu intervalo de trinta minutos de almoço para ir em casa e passar alguns minutos com a bebê, sabendo que teria que fechar os ouvidos para o choro de Sarah na hora de voltar para o trabalho. "Voltava correndo e no maior estresse", afirmou, salientando que temia perder a hora e ter problemas com o chefe.

Hely Harris tem um emprego também implacável. Ela trabalha há 25 anos em restaurantes, desde o primeiro emprego de recepcionista, quando tinha 18 anos, no T.G.I. Fridays de Orlando. No decorrer, Hely passou de garçonete e responsável pelo bar em uma rede de restaurantes e pequenos bistrôs para gerente do Cookshop, uma tradicional referência em Chelsea, bairro da moda em Nova York. Mas, apesar de o restaurante pertencer a uma corporação – o Grupo Bowery – e ser rentável há tempos, ele não oferecia folga remunerada.

O marido de Hely, Tim, também trabalha na área, e até 2018 ele era sócio de vários restaurantes em Manhattan. Depois que os restaurantes fecharam, Tim foi trabalhar no Grupo Bowery como diretor de bebidas. Em 2013, eles tiveram um filho, Jack. A gravidez de Hely foi complicada. Na 32ª semana ela precisou ser hospitalizada e depois ficar de repouso até o bebê nascer. Jack nasceu prematuro, de cesariana, pesando apenas 1,8 quilo, o que o levou a ficar três semanas na UTI neonatal. Hely tirou doze semanas adicionais de folga para se restabelecer e cuidar do filho. Neste período, ela solicitou auxílio público para incapacidade temporária, no valor de 130 dólares por semana, e usou duas semanas das férias remuneradas. (Em 2016, o estado de Nova York aprovou uma lei que obriga as empresas a pagarem licença-maternidade, e Hely me disse que agora o Cookshop tem políticas muito melhores e oferece aos funcionários três meses de licença com 75% do salário.) No total, Hely ficou quatro meses afastada, seja de repouso seja cuidando de um bebê prematuro, sem receber salário.

Na ausência de benefícios formais, mulheres de baixa renda muitas vezes criam uma rede de apoio na comunidade para fazer as coisas funcionarem (mais ou menos) bem. Nicole DeVon tinha 24 anos e trabalhava em uma loja de eletrônicos em um shopping de Spokane, em Washington, quando conheceu um cara que era "muito legal até não ser mais". Quando descobriu que estava grávida, terminou com ele. "Pensei no tipo de mãe que queria ser. Não queria ficar com esse cara, trabalhando no comércio e ganhando mal o resto da vida", afirmou. Criada pelo pai adotivo, cuja família era de "imigrantes brancos e conservadores que só falavam em 'subir na vida por conta própria'", Nicole enfrentou questões de raça e identidade. Tinha poucas informações sobre os pais biológicos, exceto que a mãe era negra e tinha sido estuprada pelo pai, que era branco. Mais tarde, descobriu que também tinha ascendência indígena. Nicole e o pai adotivo viviam na Reserva Yakama, perto da fronteira canadense, onde ele trabalhava como orientador. Nicole sempre sentiu que era diferente, mas, às vezes, era obrigada a encarar essa diferença. "Muitas coisas não faziam sentido para mim. Eu não tinha vocabulário para lidar com preconceito e discriminação. Não entendia esses conceitos, mesmo tendo sentido na pele os sentimentos que provocavam", explicou, lembrando que também tinha problemas com a escola. "Fui uma péssima aluna."

Como foi criada entre as crianças que viviam na reserva, Nicole se sentia privilegiada. Era uma atleta campeã e tinha muitos amigos, o que lhe proporcionou uma boa autoestima. Mas, apesar de o trabalho do pai ser o de ajudar os indígenas a entrarem na faculdade, ele não ajudava Nicole. "Fui uma garota durona e me fiz sozinha, achando que pedir ajuda era um sinal de fraqueza, então eu não pedia. Não queria destruir minha imagem de descolada." Foi reprovada em três faculdades comunitárias diferentes.

Quando soube que seria mãe, Nicole me disse que conseguiu "se organizar". Com um pouco de ajuda financeira do pai, se matriculou na Universidade do Leste de Washington quando a filha, Peighton, tinha 2 anos. Nos três anos seguintes, mãe e filha viveram juntas em um pequeno apartamento fora do *campus*. "Eu tinha um grande círculo de amigos de todas as origens: mexicanos, indígenas, afro-americanos. Havia um monte de mães solo como eu na escola, então nos ajudávamos." Contando com o apoio dessa pequena comunidade e de alguns parentes, Nicole conseguiu se formar aos 30 anos. Ela trabalhava meio período no Programa de Educação e Assistência à Primeira Infância, administrado pela Faculdade Comunitária Spokane, que oferecia creches e jardim de infância para crianças carentes por meio período sem custo. "Tive a sorte de ter um emprego que me permitiu levar minha filha para o trabalho", afirmou. Não foram nada fáceis esses primeiros anos cuidando da filha sozinha ao mesmo tempo que estudava e trabalhava. "Quando conto minha história, as pessoas sempre dizem: 'Meu Deus, olha pelo que você passou'. Mas, de meu ponto de vista, fui abençoada, embora estivesse sempre a um passo de ficar muito traumatizada."

Mesmo as mulheres que têm o luxo de folgas remuneradas nem sempre usufruem disso, preocupadas que colegas e chefes pensem que dali para frente não serão confiáveis e que nem sempre estarão presentes, focadas e com bom desempenho. Quando questionada se tirou licença-maternidade quando seu primeiro filho nasceu, Amanda Renteria, atual CEO da empresa Code for America, sorriu pesarosa: "Mais ou menos". Amanda, que nasceu em 1974 no condado mais pobre da Califórnia, filha de trabalhadores agrícolas mexicanos, sempre se orgulhou de quebrar barreiras com sua ética de trabalho árduo, sem se intimidar por limitações sociais. Ela foi a primeira mulher e primeira latina da pequena escola secundária rural em que estudava a entrar em Stanford. Oradora da turma, também se destacou em três equipes esportivas.

Em Stanford, Amanda fez duas graduações, uma em Economia e a outra em Ciências Políticas, e se formou em primeiro lugar nas duas. Seu trabalho de conclusão se concentrou na escassez de mulheres não brancas na política. Depois de alguns anos trabalhando para o banco de investimentos Goldman Sachs em Wall Street, cursou Administração na Harvard Business School, onde conheceu o marido, Pat. "Foi aí que me apaixonei tanto por ele quanto pelo serviço público." E decidiu entrar para a política.

Em 2004, no quarto tempo de um jogo do Red Sox, Amanda pediu Pat em casamento no telão, na frente da mãe, do pai e dos irmãos dele. Usando uma camisa de beisebol que dizia *Branneria* nas costas – uma combinação do sobrenome dela e do dele, Branelly –, ela se ajoelhou e entregou a Pat uma bola de beisebol com a inscrição *Quer se casar comigo?*. No ano seguinte, eles se mudaram para Washington, D.C., onde Amanda trabalhou como conselheira econômica de Dianne Feinstein, a senadora mais velha da Califórnia, do Partido Democrata.

Alguns anos depois, o cargo de chefe de gabinete da senadora Debbie Stabenow, uma democrata de Michigan, ficou vago. Ao chegar para a entrevista, Amanda sabia que estava em desvantagem, pois, caso escolhida, seria a primeira chefe de gabinete latina em Capitol Hill com 30 e poucos anos. E ela sequer era de Michigan. Mas Amanda colocara na cabeça que "ser diferente é bom, caramba". Estava preparada para defender essa ideia, valorizá-la. Para sua surpresa, Stabenow já tinha se convencido. "Quero você", disse. Ao ouvir essas palavras, Amanda confessa: "Fiquei espantada porque estava acostumada a sempre ter de provar meu valor. Mas ela já me conhecia e validava meu trabalho."

Ter filhos não era uma prioridade para Amanda. "Achei que não teria porque havia problemas de fertilidade em minha família." Mas ela engravidou aos 35 anos. Estava muito feliz, embora preocupada com como a gravidez dela seria recebida e com o fato de "não poder fazer as coisas que costumava fazer". Todas as sextas-feiras, às 6 horas da manhã, Amanda jogava basquete com repórteres e funcionários do Capitólio. Ela era a única mulher do time. Quando entrou no segundo trimestre da gravidez, um dos jogadores avisou: "Não podemos mais jogar com você".

Para Amanda, o esporte sempre foi uma maneira de se destacar – tanto que foi uma bolsa de estudos esportiva que lhe abriu as portas de Stanford. Quando era chefe de gabinete, o jogo de basquete semanal a ajudava a "entrar no mundo dos homens". O Senado era dominado por homens brancos, tanto no lado dos políticos quanto no dos funcionários. Ser "um dos caras" – mesmo que por apenas uma hora uma vez por semana – dava para Amanda uma vantagem que outras mulheres não tinham. De repente, isso acabou. "Eu queria ser tratada da mesma forma que antes, mas estava passando por uma grande transformação", afirmou.

Na maior parte das vezes, Amanda tentou fingir que nada diferente estava acontecendo. Quando o enjoo matinal batia forte, ela procurava um banheiro desocupado para vomitar. "Não queria que ninguém soubesse", explica. Quando as discussões sobre o que se tornou a Lei de Atendimento Médico Acessível entravam noite adentro, Amanda estava lá acompanhando, grávida de nove meses. Na manhã do dia em que deu à luz o filho, ela participou de um evento beneficente. "Ao sair do evento, disse à senadora, 'acho que preciso ir para casa'. Foi o primeiro dia que saí do trabalho mais cedo."

A princípio, Amanda disse ao Departamento de Recursos Humanos que pretendia "retornar ao trabalho aos poucos", mas depois de algumas semanas voltou em tempo integral. "Não fui uma mãe dedicada ao bebê", explicou. Contratou uma babá, que levava seu filho, Diego, até o escritório para que ela pudesse amamentar. "Tive a sorte de ter um escritório onde podia fechar a porta." Amanda não voltou a trabalhar porque precisava do dinheiro. Tinha direito à licença-maternidade e Pat ganhava um bom salário em uma organização sem fins lucrativos. Voltou porque sentia falta do ritmo acelerado do trabalho, mas também porque sentia que tinha que "se convencer de que isso era a melhor coisa a ser feita". Quanto mais alto ela subia na carreira, mais pressão sentia.

"Foi melhor na segunda gravidez", ela disse sobre o filho que nasceu em 2012. "Mas só porque uma das assistentes me disse: 'Quando você estava grávida de Diego, você fez tudo parecer muito fácil e isso dificulta as coisas para outras mulheres'." Não tinha sido fácil. Entre o primeiro e o segundo filho, Amanda sofreu um aborto no banheiro da senadora Stabenow. Segundo ela, a conversa com a assistente e o aborto espontâneo "mudaram meu jeito de pensar e percebi que tenho que falar de forma mais aberta sobre essas coisas". Ao fingir que nada diferente estava acontecendo e esconder os próprios problemas, Amanda percebeu que mostrava uma fachada que tornava mais difícil para as mulheres no local de trabalho reivindicar o que precisavam, ou até mesmo obter o que era delas por direito – a licença remunerada depois de ter um bebê.

Ao analisar todas essas e muitas outras histórias diferentes, identifiquei um fio condutor: cada uma dessas mulheres sentia que sua situação era um problema delas e somente delas. Com exceção de Nicole, todas enfrentaram os desafios de ter um bebê sem poder compartilhar seus problemas ou pedir mais apoio no local de trabalho. A gravidez e os primeiros meses com o bebê foram puro estresse em parte porque todas sentiam que para conseguir crescer na carreira – ou para manter o emprego – era esperado que agissem como se nunca tivessem dado à luz.

Muitas mulheres que entrevistei falaram sobre aprender a suprimir a dor física e emocional, sempre exibindo um sorriso e uma atitude positiva, mesmo quando sofreram abortos espontâneos, complicações do parto ou a interrupção abrupta da amamentação. Era o equivalente emocional da mãe celebridade posando em seu jeans apertado semanas após o parto, uma imagem que vi diversas vezes nas revistas que consumia com fúria. O que se exigia dessas mulheres – e de tantas outras mães trabalhadoras – era uma negação pública da privação que tornava possível as personas profissionais delas.

Há um outro lado da Mãe no Cartão, igualmente poderoso e ilusório. É a Mãe no Local de Trabalho, sorridente e cumpridora de deveres como se nada tivesse mudado. Juntas, são a dupla face do culto à maternidade.

E as mulheres que podem se dar ao luxo de ficar em casa por meses, ou até mesmo um ano inteiro, cuidando dos filhos recém-nascidos? É curioso, mas fui uma delas com meu primeiro filho. Reclamar dessa situação privilegiada parece um absurdo, como a famosa história da princesa que podia sentir o incômodo de ter uma ervilha em suas costas, apesar de estar deitada em uma pilha de colchões macios. No entanto, para algumas mulheres, inclusive para mim, ficar em casa às vezes não parece combinar. Mas expressar qualquer outra coisa além de gratidão e alegria por esse privilégio soa antipático, idiota e ingrato ao extremo.

Meu filho, Carter, nasceu em 18 de abril de 2009. Os meses que antecederam seu nascimento – que também foram os primeiros meses de meu casamento – foram terríveis. A recessão estava no auge e Matt não conseguia arranjar um emprego. Pouco antes de Carter nascer, consegui um emprego como advogada associada em um escritório de advocacia butique em Los Angeles, o que exigia que saíssemos de São Francisco e voltássemos para minha casa, que estava alugada. Matt estava irritado e chateado – com as circunstâncias, com a mudança, comigo. Ele queria ficar perto dos pais e do irmão. Mudar para perto de meu trabalho, sabendo que não havia nada em Los Angeles para ele, era enlouquecedor. Este embate – sobre onde viver e qual carreira era mais importante – permeou todo o nosso casamento.

A relação se deteriorou a tal ponto que cheguei a pensar em me mudar para Los Angeles sozinha. Mas não fiz isso nem mencionei a possibilidade para o Matt. Assumir que nosso casamento tinha fracassado em menos de seis meses e seguir adiante, sozinha e com uma criança, era vergonhoso e assustador demais. Fora que ainda estava apaixonada por ele.

Nós nos mudamos para Los Angeles em janeiro e comecei a trabalhar no escritório de advocacia nos meses finais de gravidez. Matt passava os dias sozinho em casa, enviando currículos e se candidatando a empregos, mas não conseguia nada. Ele foi ficando mais frio e distante. A situação agora tinha se invertido. Antes, eu tinha me mudado para São Francisco para ficar com ele, mas agora era ele que estava à deriva. Ele se ressentia de mim da mesma forma que eu tinha me ressentido dele, só que mais forte.

Fiquei cada vez mais ansiosa e carente, o que, como era de se esperar, fez Matt se afastar ainda mais. Comecei a afundar na depressão – algo que tinha vivido na faculdade e não queria reviver. Tomava Prozac e remédio para dormir. Os estudos não descartavam impactos negativos em um feto em desenvolvimento,[12] mas, de maneira controlada e com a ajuda de minha obstetra, meu terapeuta achava que era mais seguro que o nervosismo e a tensão. As drogas me ajudavam a dormir e a manter a calma, mas também me fizeram me sentir culpada e com medo. E se estivesse prejudicando meu bebê? Uma noite, aos prantos, prometi ao Matt que, se ele conseguisse um emprego em São Francisco, deixaria o meu e voltaria com ele.

Foi uma promessa até que fácil de fazer. Nossa vida a dois era angustiante e minha vida profissional não estava muito melhor. Ao contrário do antigo emprego na Defensoria Pública Federal, agora eu quase não ia ao tribunal, não tinha autonomia e achava entediante grande parte do trabalho delegado a associados juniores como eu. Ainda estava focada em realizar meu sonho de uma vida acadêmica. Não queria vender minha casa e deixar Los Angeles para sempre, mas estava disposta a fazê-lo para salvar o casamento, desde que eu também tivesse oportunidades. Um amigo me enviou um anúncio para uma bolsa de dois anos na Faculdade de Direito UC Hastings, em São Francisco. O salário era lamentável: menos de um terço do salário atual no escritório de advocacia. Na verdade, era menos dinheiro que o primeiro salário que consegui quando me formei na faculdade de direito oito anos antes, mas a experiência poderia ser inestimável. Bolsas como essas eram muitas vezes o primeiro degrau para um cargo acadêmico de horário integral. Eu me candidatei.

E então, algumas semanas antes de Carter nascer, nossa sorte mudou de repente. Matt recebeu uma oferta de uma grande empresa em São Francisco, um cargo com um bom salário e excelentes benefícios. Dias depois, consegui o emprego na Hastings, com um acordo para dividir a bolsa com outra candidata. Ela começaria de imediato, e eu, um ano depois. Nesse meio-tempo, poderia ficar em casa com meu bebê. De repente, um pesadelo de meses acabara. Parecia mágica.

Carter também foi pura magia. Apesar de tudo o que aconteceu, ele nasceu saudável. Mais do que isso, era lindo de uma maneira que poucos recém-nascidos são: nasceu com uma vasta cabeleira loira, os olhos azuis de Matt e a pele macia e rosinha. Ele começou a mamar logo, agarrando o peito e sugando com força, os músculos da bochecha trabalhando com afinco. Ao segurar o corpinho dele em meus braços no hospital, senti o coração explodir de alegria.

O primeiro ano da vida de Carter foi o mais perto que cheguei da esposa e mãe que Matt – e a sociedade – imagina. Matt se mudou para São Francisco em julho de 2009, e eu fiquei com Carter em Los Angeles por mais alguns meses, com a tarefa de colocar a casa para vender enquanto Matt procurava um novo lugar para morarmos. Pedi demissão do escritório de advocacia e não aceitei a licença-maternidade por achar que não merecia. Meus dias eram cheios de obrigações, consultas com o pediatra, visitas aos amigos e um cochilo sempre que podia.

Voltei com Carter para São Francisco em outubro. Matt tinha encontrado um apartamento de um por andar em um edifício eduardiano centenário, com um jardim em estilo francês: caminhos de pedra, flores silvestres, sebes e o som relaxante de uma fonte. O bairro parecia uma pequena aldeia. Havia uma rua principal perto, que tinha mercearia, lavanderia, loja de ferragens e vários restaurantes muito bons.

Matt trabalhava até tarde e eu mantinha uma rotina diária com Carter, que crescia com saúde e parecia estar indo muito bem. Eu tinha tudo para ser feliz com essa vida idílica. Pensei de novo na Mãe do Cartão. Aquela era minha oportunidade de ser como ela. Mas eu não era. Às vezes, ficava esfuziante de alegria com meu bebê fofinho, mas também me entediava. Seria um exagero dizer que Carter tinha minha atenção exclusiva. Não lembro da primeira palavra ou dos primeiros passos dele – era provável que estivesse lendo ou falando ao telefone. Como é de praxe, entrei em um grupo de mães, mas depois me perguntei para que aquilo servia. Gostava das outras mulheres, mas não tínhamos nada em comum além do fato de termos dado à luz em períodos próximos. Eu me sentia solitária, perdida e culpada por estar assim – o que havia de errado comigo? Quando Carter fez 6 meses, coloquei-o na creche por meio período. Justifiquei a decisão a Matt explicando que precisava dessas horas para escrever.

Quando a bolsa terminasse, teria que voltar ao mercado de trabalho e precisava produzir e publicar o artigo da bolsa de estudos.

Havia também outras razões – mais difíceis de admitir. A verdade é que sempre valorizei minha independência e gostava de ficar um tempo sozinha. O casamento e a maternidade eliminaram essa parte de minha identidade, e queria recuperá-la. Às vezes, usava o tempo para ir ao salão e fazer as unhas, ou saía para correr, valorizando o fato de que as únicas necessidades que exigiam atenção naquele momento eram as minhas próprias.

Não falei sobre o que estava sentindo com ninguém porque não parecia normal. Não queria ser julgada. Algumas mulheres que entrevistei confidenciaram ter sentimentos semelhantes – e medo de serem julgadas. Lyn Dexheimer e Caroline Halstead se conheceram na igreja que frequentavam, em Hoboken, Nova Jersey, e o que as aproximou foi a frustração que sentiam por serem mães e donas de casa: Caroline tinha gêmeas de 2 anos e Lyn, uma filha de 2 anos e uma bebê recém-nascida. Era 2002 e Caroline havia acabado de deixar seu emprego como gerente de marketing na Pfizer. Ela e o marido concordaram que alguém deveria ficar em casa e que esse alguém deveria ser ela porque o salário dele era maior. "Nem sempre estava feliz porque não tinha mais nada meu. Achava difícil ter conversas honestas com outras mães porque, em tese, devia estar feliz e animada o tempo todo", contou Caroline. "Lyn foi receptiva à minha necessidade de desabafar e concordou que 'era mesmo uma situação muito difícil' e que 'eu não era uma pessoa ruim por admitir que estava cansada' e que 'cuidar das crianças e da casa nem sempre é divertido'."

Lyn teve que abandonar o doutorado na Escola de Economia e Ciências Políticas de Londres para voltar aos Estados Unidos por conta do trabalho do marido: "Fiquei desapontada comigo mesma e me senti um fracasso. Caroline era minha amiga, então não precisávamos ficar o tempo todo falando das atividades de nossos filhos. Conversávamos sobre livros e filmes". Lyn disse que foi "uma criança estranha e superambiciosa – escrevia romances e organizava noites de autógrafos para mim mesma" e que agora se perguntava o que tinha acontecido com a Lyn de antes. Caroline entendia como a amiga estava se sentindo. Era como se ela estivesse dirigindo a 200 quilômetros por hora e pisasse no freio de repente. Elas ficaram ainda mais próximas. "Percebemos que estávamos em caminhos paralelos tentando descobrir como voltar ao trabalho. Nossas conversas evoluíram para 'Isso é importante porque tem impacto na maneira que nossas filhas nos veem'", disse Lyn.

Contando uma com a outra, com os maridos e com um pequeno grupo de apoio formado por mães, as duas voltaram ao mercado de trabalho: Caroline, assim que as gêmeas terminaram a pré-escola e Lyn, quando a filha mais nova entrou para a pré-escola. Lyn começou a lecionar na Rutgers como professora adjunta de técnica de redação e voltou a estudar para seu doutorado. Caroline fez licenciatura com o objetivo de atuar como professora, cursando as aulas à noite e nos fins de semana. Hoje, ela trabalha meio expediente como professora em um curso superior de curta duração e Lyn é a diretora-executiva do programa de redação da Rutgers. Ao longo dos anos, elas recorreram várias vezes uma à outra. "Se uma das crianças ficasse doente, podia deixá-la com Caroline para ir trabalhar; quando a escola das filhas dela tinha algum recesso que a Rutgers não tinha, ela cuidava de minhas filhas. Teve muita troca, ajuda mútua e confiança entre nós", disse Lyn.

Tanto Caroline quanto Lyn são casadas e felizes. Não obstante, dariam às filhas conselhos diferentes daqueles que receberam quando eram jovens mães e tomariam algumas decisões diferentes. Caroline disse: "Eu teria mais cuidado com essa necessidade de tentar agradar todo mundo porque quem acaba se prejudicando é você mesma". E Lyn: "Eu deixaria de lado essa ideia de que as crianças e a casa são sua responsabilidade. Às vezes, eu explodia e dizia: 'Tem que haver mais igualdade!' e era apoiada por meu marido". Mas anos de hábitos arraigados e comportamentos padrão significavam que, de modo inevitável, "teríamos recaídas".

Não segui o caminho de Caroline e Lyn e não parei de trabalhar quando meus filhos eram pequenos. De acordo com meu raciocínio, isso colocaria em risco a "Aposta de cinco milhões de dólares".

Minha filha, Ella, nasceu quando Carter tinha 2 anos. Nessa época, eu trabalhava em tempo integral como professora na UC Hastings. A escola me deu apenas doze semanas de licença não remunerada – o mínimo exigido pela lei federal. Soube que, se pedisse mais tempo, perderia o emprego. Era irritante saber que, por ter uma situação funcional inferior, estava recebendo um tratamento diferente e pior que as mulheres em hierarquias superiores, embora fizesse um trabalho similar. Ao mesmo tempo, queria voltar, pois sabia da importância desse emprego para o escopo de minhas ambições profissionais.

Mas a transição de volta ao trabalho após o nascimento de Ella foi difícil. Nas primeiras semanas, chorei ao deixá-la o dia inteiro na creche. Disse a mim mesma que precisava trabalhar mais que nunca, imaginando, como Amanda Renteria, que tinha que provar a meus colegas, supervisores e alunos que ter outro bebê não mudava nada. Meu casamento, que havia melhorado muito depois que Carter nasceu, entrou de novo em crise. Matt não entendia minha decisão, em especial porque o salário era tão baixo que mal cobria o custo da creche das crianças. Ele não conseguia entender como o trabalho continuava a me empolgar da mesma maneira que antes se o resto de minha vida tinha mudado tanto.

Não era que Matt quisesse que me tornasse uma dona de casa. Ele queria que eu fosse menos focada na carreira nos primeiros anos de nossos filhos. Ele costumava dizer que gostaria que eu estivesse mais "presente" em termos físicos e emocionais. É verdade que muitas vezes eu estava em casa com as crianças, mas a cabeça estava no trabalho.

A preocupação sobre como o foco de uma mãe na carreira dela pode afetar de modo negativo os filhos pequenos se reflete na cultura de uma forma mais ampla. Em 2008, mais de 60% das mulheres com um filho menor de 6 anos trabalhavam fora. Mas um estudo de 2013 realizado pelo Pew Research Center descobriu que apenas 16% das pessoas pesquisadas achavam que uma mãe que trabalha em tempo integral era boa para os filhos, menos da metade aprovava o trabalho em meio período e um terço achava que as mães deveriam ficar em casa.[13]

Os sociólogos Jerry A. Jacobs e Kathleen Gerson analisaram dados semelhantes em 2016 e escreveram: "Uma consequência da ambivalência em torno das mães no mercado de trabalho é o aumento do conflito entre a norma da 'maternidade intensiva', sobretudo na classe média, e a pressão para que elas produzam renda e construam laços fortes no local de trabalho". Todos os estudos feitos nos últimos trinta anos nos Estados Unidos são consistentes ao afirmar que "uma minoria considerável da população permanece hostil ou ambivalente em relação à participação do trabalho feminino, no caso de mães com filhos pequenos".[14]

A conclusão é que muitas mães, em especial as que têm filhos pequenos, deveriam priorizar os filhos, e não a carreira. O que elas ouvem é que cuidar de um bebê – amamentar, trocar fraldas, treinar o bebê para ele dormir sozinho – as deixará realizadas. É verdade que os bebês são maravilhosos e adoráveis, mas para muitas mulheres, para mim inclusive, as tarefas são de modo geral repetitivas e exaustivas. *Quem quer ficar em casa para fazer isso?*, me perguntei muitas vezes enquanto realizava o ritual diário de me rastejar no chão da cozinha com um pano molhado na mão para limpar os restos de comida, tendo como fundo sonoro os uivos de uma criança irritada.

Mães recentes estão sempre cansadas e solitárias. Elas sentem falta do estímulo do ambiente de trabalho e de estar perto de outros adultos que pensam da mesma forma. Mas quando voltam ao trabalho – ou porque precisam, ou porque querem, ou pelas duas razões –, são recebidas com olhares de reprovação. Mesmo que a condenação explícita seja rara, as desfeitas e os julgamentos sutis são reais.

Leah Nelson, uma mãe de 39 anos que trabalha em uma pequena organização sem fins lucrativos no Alabama, disse: "Às vezes, [meu trabalho] me afasta de meus filhos. Em uma cidade feita para mães que ficam em casa, apesar de ter um número bem alto de mães solo (eu sou casada), muitas vezes me sinto uma péssima mãe. Quando preciso escolher entre dar atenção a uma criança ou a uma emergência real, que envolve a segurança ou a liberdade de uma pessoa, não é uma escolha difícil. O que é difícil é se sentir inadequada perante as outras mães, mesmo que ninguém fale nada".

Pesquisas mostram que os filhos de mães que trabalham em tempo integral não se saem pior que os filhos de mães que ficam em casa quando a pobreza não é um problema.[15] Na realidade, um estudo realizado em 2018 com mais de 100 mil pessoas em 29 países descobriu que as filhas de mães que trabalham fora eram mais felizes e mais bem-sucedidas nas próprias carreiras que as filhas de mães donas de casa.[16] No caso dos filhos homens, não houve um efeito perceptível, embora a pesquisa tenha indicado uma participação maior nos trabalhos domésticos no próprio casamento. (Mais sobre isso no capítulo oito.) Aqueles que criticam o culto à maternidade como "superproteção" ou "pais helicópteros" ou mesmo "pais intimidadores" defendem que os filhos de mães trabalhadoras muito ocupadas podem se sair melhor porque entendem que suas necessidades nem sempre são primordiais e que o trabalho e a paternidade são atividades compatíveis, não antagônicas.

Para Michele Combs, arquivista da Universidade de Syracuse, "já está na hora de superarmos essa adoração à maternidade como uma espécie de chamado sagrado que deve absorver integralmente o tempo e a energia da mulher. Cuidar demais pode ser tão ruim quanto cuidar de menos. É a qualidade que importa, não a quantidade".

Curiosamente, porém, evidências empíricas que mostram que as crianças não são prejudicadas quando a mãe delas trabalha em tempo integral tiveram pouco efeito na redução da ansiedade e da vergonha que a mãe sente. Alguns especialistas acreditam que a pressão aumentou agora que se espera também que as mães recuperem a forma poucas semanas após o parto e exibam todos os outros sinais externos de que se recuperaram por completo da gravidez e do parto. No livro *The Mommy Myth* [O mito materno], de 2005, as coautoras Susan Douglas e Meredith Michaels afirmam que perpetuar o ideal da mãe perfeita está ligado à comercialização de uma série de produtos e serviços destinados a fazer as mulheres buscarem algo inatingível em termos físicos e emocionais.[17]

Muitas mães de primeira viagem vivem uma tensão constante entre o que o mundo espera delas e o que elas querem para si mesmas. Muitas vezes os parceiros assumem que elas vão mudar de forma radical a relação delas com o trabalho. Algumas mudam, mas outras não. As que se enquadram na segunda categoria – as que permanecem entusiasmadas e obstinadas na busca pelo sucesso profissional – são consideradas "mães ruins" pelos parceiros, pelas famílias e pela sociedade que não faz nenhuma concessão.

Quando uma mãe trabalhadora contra-ataca com firmeza a retórica da "péssima mãe", pode ser surpreendente. Veja como a premiada romancista Lauren Groff, mãe de dois filhos pequenos, respondeu a uma pergunta sobre maternidade em uma entrevista à revista *The New Yorker*: "Antes de os meninos nascerem, eu já tinha tomado a decisão de que não ia sentir culpa ou vergonha sobre minha maneira de cuidar deles. Sou uma boa mãe e quero passar o máximo de tempo possível com meus filhos, mas viajo muito, me afasto de minha família para trabalhar todos os dias, não faço festas de aniversário e, na única vez que levei as crianças para brincar na casa de uns amiguinhos, quis quebrar a garrafa de Perrier e me esfaquear com ela. Temos conversas sérias em casa acerca da divisão de responsabilidades porque nem meu marido nem eu queremos assumir papéis baseados em suposições coletivas confusas sobre a dinâmica de gênero. Acho que o conceito de maternidade em nossa sociedade é doentio, e mesmo pessoas bem-intencionadas presumem que ser mãe tem um quê de martírio. Culpa e vergonha são os instrumentos usados para manter as pessoas na linha. As perguntas que mais ouço nas palestras ou entrevistas que dou são sobre ser mãe e escritora, e as pessoas esperam que eu faça uma demonstração de humildade, coisa que não tenho desejo ou capacidade de fazer".[18]

Lendo a declaração de Groff, quase me engasguei com a ousadia do diagnóstico e a verdade brutal das palavras dela. Não eram as mães ambiciosas que estavam fazendo algo errado, e sim a sociedade, por colocar tantos obstáculos em seu caminho.

CAPÍTULO TRÊS

A DUPLA JORNADA DE TRABALHO NA PRÁTICA

Para entender por que as mulheres ficam presas nessa situação insustentável, precisamos voltar no tempo e pensar no modo como fomos criadas. A partir da década de 1970, um mantra se disseminou. As mulheres foram informadas de que poderiam ter a profissão que quisessem e ainda se casar e ter filhos.[1] "Tudo é possível" foi a frase popularizada pela fundadora da revista *Cosmopolitan*, Helen Gurley Brown, que se tornou o título do livro dela *Having it All* [publicado no Brasil como *A mulher de hoje*], um best-seller lançado em 1982. Nele, ela prometeu às mulheres que o sucesso financeiro, a realização profissional, o casamento, os filhos e o sexo satisfatório estavam todos na mesa – como um banquete de iguarias que poderiam ser consumidas à vontade.[2]

De acordo com a historiadora feminista Ruth Rosen, a retórica de "ter tudo" criou raízes e germinou folhas venenosas desde então. As revistas femininas, segundo ela, "transformaram a feminista em uma super-heroína de cabelos esvoaçantes, correndo com um bebê em um braço e a pasta de executiva no outro".[3] Com as roupas, o cabelo e a maquiagem adequados, e a mistura certa de modéstia e autoconfiança, "ter tudo" foi um slogan criado para que isso parecesse possível.

Esse ideal também foi popularizado em partes mais progressistas da cultura, embora a ênfase não estivesse na aparência física, muito menos no sexo ardente, mas na celebração das mulheres que seguiam carreira fora de casa. O inovador disco *Free to Be... You and Me* [Livre para ser... você e eu], da famosa Marlo Thomas, lançado em 1972, era um hino para mulheres trabalhadoras como minha mãe, e para filhas como eu.[4] Em minha música favorita, "Parents Are People" ["Pais são pessoas"], Thomas se juntou a Harry Belafonte para cantar as infinitas oportunidades profissionais abertas para mulheres com filhos. "Mães podem ser quase tudo o que quiserem ser", dizia a letra, em uma longa lista que incluía fazendeiras, médicas, poetas, taxistas, chefs de cozinha e cantoras famosas. Nada estava fora de questão, diziam eles, exceto ser pai.

Eu sabia de cor cada verso da fita cassete de oito faixas do disco *Free to Be... You and Me* que meus pais ouviam direto no toca-fitas da perua em que viajávamos durante duas semanas nas férias de verão ao longo dos anos 1970 e 1980. Cada canção desafiava os estereótipos de gênero e defendia – muitas vezes de forma excêntrica ou hilária – a igualdade de gênero. Milhões de pessoas responderam de forma positiva à sua mensagem. Eu era uma dessas fãs fervorosas e entusiasmadas.

De certa forma, meus pais viveram essa revolução. Minha mãe era uma médica de sucesso respeitada pelos colegas, pacientes e médicos residentes que supervisionava. E a mensagem que meus pais passaram em casa era de que eu e minhas irmãs podíamos fazer o que quiséssemos. "Eu acreditava totalmente na igualdade", confirmou meu pai. "Nunca me ocorreu que minhas filhas ficariam limitadas pelo sexo. Por causa da mãe e porque era verdade para vários de nossos amigos." Perguntei-lhe quais amigas da mamãe tinham empregos tão dinâmicos como o dela. Ele fez uma pausa, depois riu. "Não sei, não muitas, mas o fato de essa não ser a realidade de nossas amigas não quer dizer que elas não quisessem isso para as filhas."

No ensino fundamental, a turma de minha irmã mais velha, Emily, fez uma visita a um hospital. As meninas receberam chapeuzinhos de enfermeiras e os meninos, estetoscópios. Quando o meu pai conta essa história, diz que Emily anunciou que queria um estetoscópio e trouxe um para casa. Meu pai adorava essa história. É claro que Emily se recusara a seguir os estereótipos tradicionais de gênero. Afinal, era filha da Dra. Bazelon.

Mas, dentro da própria casa, a Dra. Bazelon se via em uma situação não tão diferente das gerações anteriores. Era responsabilidade dela cozinhar, limpar e levar e buscar as filhas nas atividades e nos eventos, bem como contratar as babás e as empregadas domésticas que forneciam o apoio crucial. Apesar da ajuda significativa – minhas irmãs e eu tínhamos uma babá muito querida que cuidou da gente desde que éramos bebês, nos buscava na escola alguns dias por semana quando ficamos mais velhas, fazia tarefas domésticas leves, ajudava nas compras de supermercado, supervisionava os deveres de casa e começava a preparar o jantar até minha mãe chegar –, minha mãe tinha, na verdade, um segundo emprego. Nunca vi meu pai arrumar uma cama, usar o aspirador de pó, lavar roupa ou se importar em saber como essas coisas eram realizadas.

Também ficou claro que a carreira de meu pai vinha em primeiro lugar e que um padrão diferente se aplicava a ele. Não era incomum ele chegar tarde em casa, atender a chamadas de trabalho durante o jantar ou se enfiar dentro de uma cabine telefônica por horas durante as férias. Ele era advogado associado de um grande escritório de advocacia da Filadélfia e estava determinado a virar sócio. Conseguiu, em 1976. Mas, depois disso, ficou ainda mais ocupado, trabalhando por longas horas. No final da década de 1970, meu pai assumiu um caso civil complicado que o obrigava a ir uma semana por mês à Flórida para acompanhar os depoimentos. Esse cronograma cansativo durou anos.

As viagens de meu pai à Flórida me deixavam furiosa. Quando ele ligava de seu quarto no hotel Hyatt Inn, em Sarasota, para dar boa-noite, eu sempre desligava o telefone na cara dele. Sentia muito a falta de meu pai, mas minha raiva desaparecia assim que ele chegava em casa e nunca me ocorreu questionar a decisão dele de priorizar o trabalho em vez da família. Uma das razões deve ser porque, quando estava presente, ele fazia valer a pena, e talvez porque, em paradoxo, as ausências crônicas dele tornaram o tempo ao seu lado um bem precioso, enquanto o tempo com minha mãe era algo que eu dava por garantido e valorizava menos.

Meu pai era irreverente e travesso. Ele nos perseguia pela casa, batendo em nosso traseiro com a toalha de cozinha, e nos virava de cabeça para baixo enquanto ríamos e gritávamos. Ele era tão alto – 1,80 metro – que eu podia tocar o teto quando me levantava. Estar com meu pai, na maior parte das vezes, significava diversão, pois ele gostava de organizar jogos como esconde-esconde. (Uma vez, estávamos brincando com outra família e meu pai se escondeu no telhado de nossa garagem. Até hoje não faço ideia de como ele entrou lá. Fato é que mais de uma hora se passou e ninguém conseguiu encontrá-lo. Lembro de ouvir a risada estrondosa dele e olhar para cima, maravilhada, e vê-lo de pé, triunfante, acima de nós.) De vez em quando ele até nos defendia, como quando implorávamos para ficar acordadas para assistir à última metade de *A noviça rebelde* na TV ou pedíamos duas coberturas na sorveteria Hillary's.

Já minha mãe era quem estabelecia as regras e as aplicava, nos perturbando para que escovássemos os dentes e recolhêssemos as toalhas molhadas do chão, e também ficando furiosa se comêssemos fora da cozinha. "Vocês têm ideia de quantas formigas os farelos vão atrair?", ela gritava enquanto revirávamos os olhos. (Agora, é claro, repito a mesmíssima frase para meus filhos e recebo de volta os mesmos olhos revirados.) Quando seus esforços para que nos comportássemos falhavam, ela emitia o aviso que me deixava bastante aterrorizada: "Espera só até seu pai chegar em casa". Meu pai era o encarregado de impor as punições mais duras, em geral junto de uma bronca que me deixava em prantos, mas essas medidas eram reservadas para as transgressões mais graves. De todo modo, associei meu pai a diversão e brincadeiras e minha mãe a dever de casa e tarefas. Ouvi histórias semelhantes de outras mulheres que entrevistei. O pai era sempre o lado "divertido" do casal, deixando para a mãe a difícil tarefa de disciplinar os filhos.

Na ausência de meu pai, minha mãe ficava sozinha conosco. Às vezes, uma das avós vinha para ajudar, embora não me lembre de serem uma grande ajuda. Não tenho memória de minha mãe se queixar ou guardar ressentimento de meu pai. Em vez disso, ela encarava a situação. Com três filhas pequenas – mais tarde quatro –, ela parecia mais irritada que o normal quando ele não estava por perto e fazia uns arranjos para facilitar o dia a dia. Às vezes, o cardápio do café da manhã se repetia no jantar – ovos mexidos ou panqueca com xarope de bordo. E era mais fácil fazer travessuras porque eu sabia que ela estava ocupada demais para me disciplinar se eu batesse em minha irmãzinha, ou para fugir gritando se ela se aproximasse com o cortador de unhas. Esses eram os aspectos positivos, embora também houvesse menos disponibilidade. Apesar de tudo, nunca me senti insegura ou duvidei da competência de minha mãe. Ela era incansável, minuciosa e hábil. Nunca desmoronou, sequer chorou. Olhando em retrospecto, não faço ideia de como ela manteve a compostura, noite após noite, mês após mês, ano após ano.

Imaginar o contrário – minha mãe viajando com frequência a trabalho por vários dias – era inconcebível. De forma alguma meu pai teria aguentado. Não daria conta. Exceto a ida ao hospital para dar à luz e as viagens a Mineápolis e Houston para cumprir as etapas do exame para obter a licença médica, minha mãe nunca passou uma noite longe de nós.

O que eu não sabia até começar a entrevista com minha mãe para este livro eram os inúmeros sacrifícios profissionais que ela fez, apesar da confirmação enfática de que os fez de boa vontade. A princípio, ela queria ter feito nefrologia – ser a médica dos rins. No entanto, "havia pouca flexibilidade e muitos plantões noturnos e emergências, não tinha como encaixar isso na minha vida", explicou. Foi então que ela se tornou psiquiatra. Na época, a psiquiatria era uma especialidade desprezada, considerada menos importante por alguns médicos, como se "não fosse exercer a medicina de fato", disse. Mas foi uma escolha acertada para quem tinha uma vida familiar intensa. Ela podia controlar o próprio horário e escolher onde queria trabalhar, no caso um consultório a menos de quatrocentos metros de casa.

Minha mãe é taxativa em relação ao amor que sente por essa especialidade desde o início e garante que nunca se arrependeu de suas escolhas profissionais. Mas só conseguiu ganhar mais dinheiro quando a filha mais nova foi para a faculdade. Durante nossa infância ela ganhava menos que meu pai e trabalhava menos horas que ele, em parte porque a disponibilidade dela era limitada. Como muitos pacientes queriam se consultar à noite, depois do horário comercial, minha mãe reservava uma noite por semana e marcava uma ou duas consultas depois do jantar, deixando meu pai encarregado de nos dar banho e colocar para dormir. "Mas então surgiu a Flórida e não puder mais fazer isso", disse. Perguntei se tinha ficado desapontada com a oportunidade perdida de expandir o consultório particular. "Não, era cansativo e não valia a pena." Segundo ela, o recuo nos atendimentos particulares permitiu que se dedicasse a outra coisa que amava, dar aulas na Faculdade de Medicina da Pensilvânia e chefiar o setor de Psiquiatra da clínica da faculdade onde se formou, Bryn Mawr. Eram empregos que pagavam mal, mas ela gostava do que fazia e a diversidade de experiências profissionais tornou a carreira mais interessante.

Fiquei surpresa ao saber que minha mãe era mal remunerada, porque, embora de fato trabalhasse menos horas que meu pai, também era verdade que ela sempre parecia mais ocupada. Não me lembro de minha mãe parada quieta. Mesmo quando estava, em tese, relaxando, como quando assistia ao programa favorito dela, *Masterpiece Theatre* [Obras-primas do teatro], no canal PBS nos domingos à noite, ela mantinha o lado multitarefa ativo. Ou seja, pagava contas, escrevia cartões de agradecimento ou tricotava um suéter enquanto assistia à TV. Ela nunca *parava*, muito porque achava que não podia.

A história de minha mãe não é única. O percentual de mulheres da geração Baby Boomers que trabalhava fora aumentou de forma considerável a partir dos anos 1960. Na década de 1970, as mulheres respondiam por até 43% do mercado de trabalho. Dez anos depois, o percentual de mulheres de 25 a 44 anos trabalhando fora pulou para 71%.[5] As mulheres também abriram espaço em profissões que de costume eram dominadas por homens, tais como Direito e Medicina, em que os números saltaram de 20% para 36% em cargos envolvendo aptidões gerenciais. Isso se comprovou no mundo do trabalho braçal. Segundo a revista *The Atlantic*, "O número de açougueiras trabalhando em abatedouros aumentou mais de um terço de 1970 a 1984 [...] e em 1984 quase 80% dos novos empregos em bares estavam sendo preenchidos por mulheres". Mas é preciso ter cautela com essas estatísticas, pois a maior parte das mulheres trabalhava apenas meio expediente em empregos que lhes permitiam assumir os cuidados básicos dos filhos em casa e não as pagavam de acordo com o poder de ganho delas. A partir de 1986, "os homens casados eram duas vezes mais bem-sucedidos na realização do próprio potencial financeiro que as mulheres casadas".[6]

É difícil para uma mãe que trabalha fora atingir todo o potencial profissional quando uma segunda jornada de trabalho não remunerado a aguarda em casa, sendo que parte dele é banal, repetitivo e sem reconhecimento. Em 1989, a socióloga e professora da Universidade da Califórnia Berkeley, Arlie Hochschild, publicou o inspirador livro *The Second Shift* [A dupla jornada], que retratava essa realidade. Sim, as mulheres tinham escapado de repetir o destino da mãe delas, como Betty Friedan mostrou em *A mística feminina*. Essas mulheres – brancas e de classe média – eram as "donas de casa dos anos 1950", querendo ou não. Era o que a sociedade esperava e promovia. O sexismo dominante limitava as oportunidades profissionais apenas às carreiras de professora e enfermeira, enquanto as mulheres pobres e não brancas ficavam confinadas ao trabalho doméstico, de faxina e de cuidados com as crianças dos outros.

Mas, como Hochschild observou, muitas das mulheres pioneiras que rejeitaram o estilo de vida caseiro entraram sem querer em outra armadilha. Sim, "ter tudo" era possível – mas só se fizessem tudo. O antes e o depois do expediente da mulher que trabalha fora são consumidos por tarefas domésticas exaustivas: cozinhar, limpar, fazer compras, lavar roupas. Muitas mulheres que entrevistei fizeram uma série de escolhas para escapar dessa situação, incluindo a contratação de ajuda em tempo integral e o casamento com parceiros dispostos a dividir o papel de cuidador, mas eram a exceção.

Décadas após a publicação do inspirador livro de Hochschild, a dupla jornada de trabalho encurtou de modo significativo, mas, teimosa, persiste. O trabalho doméstico não remunerado de uma mulher excede o de um homem em duas horas por dia, de acordo com um estudo de 2020 conduzido pelo Institute for Women's Policy Research,[7] que analisou também raça, etnia, classe, status de emprego, estado civil e localização dos entrevistados. Outro pesquisador estudioso dessa questão atribuiu a renitente diferença entre casais heterossexuais com dupla renda em parte ao "fato de que os homens modernos não adaptam o número de horas que dedicam ao trabalho doméstico com base na situação profissional da esposa".[8]

Quando era criança, ouvi muitas vezes as pessoas falarem de minha mãe com uma admiração à beira da incredulidade. De maneira inevitável, faziam alguma variação da seguinte pergunta: como ela faz tudo isso? A resposta tinha três partes: com uma quantidade significativa de ajuda paga, diminuindo as próprias ambições profissionais e trabalhando, com ou sem remuneração, 24 horas por dia. Mas eu não dava essa resposta. Apenas dava de ombros. Eu era uma criança. Para mim, era normal aquela dinâmica bastante complicada que fazia o trem familiar não descarrilar. Só quando me casei e tive meus próprios filhos é que percebi a labuta de minha mãe, e me assustei.

Gostaria de ter sido mais perceptiva e objetiva sobre meus sentimentos e nas conversas com Matt em relação ao que queria e precisava mudar em minha vida como mãe que trabalha fora. Eu não pretendia sacrificar nenhuma oportunidade profissional significativa e tinha zero interesse em assumir toda a responsabilidade pelas tarefas domésticas. Tranquila e ingênua, presumi que, por ter escolhido um parceiro que parecia progressista, ele entenderia com naturalidade e a divisão do trabalho em casa ocorreria em igualdade de condições.

Esse tipo de confiança costuma se mostrar equivocada. Verna Williams tinha uma filha de 1 ano e meio, Allison, quando foi contratada para a Faculdade de Direito da Universidade de Cincinnati como membro júnior do corpo docente. Seu marido, David, estava montando uma organização sem fins lucrativos. Embora estivessem muito ocupados e focados em suas carreiras, Verna esperava que David agisse como o "cara feminista" pelo qual se apaixonara e com quem se casara. Em vez disso, descobriu que ele achava que ela faria tudo, o que é muito incongruente, pois ela teria que dar conta das compras de mantimentos, da lavanderia e de qualquer outra necessidade da casa. Depois de uma fase que ela descreve como "muito difícil", começaram a fazer terapia de casal, mas a dinâmica não mudou muito, então Verna contratou uma empregada doméstica para cuidar da casa. "Tínhamos aquele conflito de gênero que muitos casais têm, com David trabalhando muito, e Allison e eu com nossa própria rotina. Tenho boas lembranças desses tempos, de algumas ele faz parte, de outras não. Converso com minhas amigas e a história se repete com elas também."

Samantha, 39 anos, teve uma experiência frustrante parecida. Seu filho, David, nasceu em 2010, quando ela morava com o marido na Costa Rica, terra natal dele. Em 2012, eles se mudaram para o Queens, em Nova York, onde Samantha conseguiu um emprego de horário integral como gerente de negócios em uma empresa de design de iluminação. Já o marido, que falava mal inglês, trabalhava como ajudante de garçom em uma confeitaria. Ainda que ele tenha recebido várias promoções e se tornado gerente operacional, Samantha sempre ganhou mais que o marido, além de trabalhar mais horas. Mesmo assim, ela era a principal responsável por cuidar do filho e da casa, ainda mais depois que David recebeu o diagnóstico de TDAH (transtorno do déficit de atenção e hiperatividade) no jardim de infância. "Meu marido sempre foi um pai participativo, mas sou eu que organizo todas as coisas. Quando se trata de algo relacionado a dever de casa, consulta médica ou programa de estudos personalizado de David, tenho que me virar para saber como estimular meu filho. Meu marido não faz nenhum esforço para entender essas questões, então, cabe a mim descobrir o que fazer."

Vanessa, 32 anos, cresceu em uma família de classe média em Mineápolis.[9] O pai tinha uma pequena empresa de limpeza de escritórios e a mãe, que tinha estudado até o ensino médio, era dona de casa e ajudava na parte administrativa do negócio familiar. Antes disso, tinha trabalhado na cafeteria da escola pública onde Vanessa e os irmãos estudaram. Muito religiosa, a mãe foi criada para ser submissa ao marido. Já Vanessa, determinada a se rebelar contra sua criação, que chamava de "exclusiva e patriarcal", estudou em uma faculdade particular graças a uma bolsa de estudos integral.

Em 2019, Vanessa arranjou um emprego de consultora no governo de Mineápolis, encarregada de melhorar a assistência médica, a educação e a moradia das comunidades não brancas da região. Nessa época, estava terminando a graduação em Educação e assistia às aulas em regime de meio período. Seu parceiro, Travis, não tinha diploma superior e trabalhava com adultos e crianças com transtornos mentais. Depois de cinco anos de namoro, eles ficaram noivos quando o filho deles já tinha 1 ano. Vanessa disse que os maiores desafios do relacionamento estavam centrados na distribuição desigual do trabalho doméstico e na questão do dinheiro – já que ela ganhava mais e achava que Travis podia administrar melhor as próprias finanças. "Não sinto que existe reciprocidade ou iniciativa, por parte dele, de compartilhar os afazeres domésticos", afirmou. "Ter de pedir ajuda e lembrá-lo de lavar a louça ou limpar o banheiro já é um trabalho por si só, e acho que não deveria precisar fazê-lo." Vanessa conta que Travis concordava que "era preciso reformular nossos papéis para torná-los mais neutros em termos de gênero", mas a realidade da vida cotidiana não acompanhava as ideias.

Escutei várias vezes as mulheres da Geração X e algumas Millennials mais velhas dizerem que entravam nos relacionamentos com a ideia de que o trabalho doméstico devia ser dividido de forma igual, mas se desiludiam assim que os filhos nasciam. As pesquisas confirmam essa situação. Quanto mais me aprofundo nos dados, mais fico curiosa: até que ponto essa ideia da competência feminina inata em relação aos cuidados com a casa e os filhos é um estereótipo? Até que ponto as mulheres de minha idade, ou mais novas que eu, seguem o ultrapassado manual de instruções que recebemos de nossa mãe porque nos disseram de maneira explícita para fazer dessa forma ou porque normalizaram a desigualdade como se fosse um ato de perseverança, sempre em dupla jornada? Em contrapartida, havia a ideia de "ter tudo" popularizada pelo disco *Free to Be... You and Me*, além de frases inspiradoras como *Isso! Sejam profissionais* e *Não! Não pisem na bola em casa.*

Por que isso acontece? Em grande parte porque perpetua-se uma divisão desigual de trabalho em casa ao continuar insistindo que as mães são mais preparadas para o papel de cuidadoras e para a realização das tarefas domésticas. Também está ausente nessa equação a recusa por parte dos políticos – sobretudo homens – a criar uma rede de proteção social que alivie o fardo das mulheres que trabalham fora e que não querem desistir da carreira delas. Entre os países industrializados, os Estados Unidos são o único país a se recusar a fornecer licença-maternidade remunerada e subsídios para cuidar dos filhos, por exemplo, apesar de as empresas insistirem que o caminho para o sucesso profissional requer longas horas de trabalho no escritório.[10]

Estamos em plena terceira década do século 21 e pouca coisa mudou. Mesmo nos lares de casais heterossexuais, onde os dois a princípio dividem os afazeres domésticos, muitas mulheres relatam que a paridade desaparece após o nascimento dos filhos.[11] Mais de 75% das mães assumem a responsabilidade de marcar as consultas médicas para as crianças, e as mães são quatro vezes mais propensas a faltar ao trabalho para cuidar de uma criança doente do que os pais, segundo um estudo publicado pela Kaiser Family Foundation em 2018.[12] Os números permaneceram os mesmos desde que a fundação começou a estudar o tema, em 2001.

A jornalista e psicóloga Darcy Lockman entrevistou cinquenta mães para o livro *All the Rage: Mothers, Fathers, and the Myth of Equal Partnership* [O assunto do momento: mães, pais e o mito da igualdade parental], que lançou em 2019. Ali ela se inclui entre as mulheres que, apesar de determinadas a não repetir o passado, se tornaram as principais cuidadoras e administradoras do lar.[13] A pandemia de Covid-19 exacerbou essa desigualdade. Durante o isolamento social, de modo geral foram as mães, não os pais, que assumiram uma carga adicional de tarefas que fizeram a dupla jornada de antes parecer um sonho.[14] "A sensação é que tenho cinco empregos: mãe, professora, gerente de comunicação, faxineira e cozinheira", afirmou ao *New York Times* uma mãe que trabalha em horário integral e passou a acompanhar as aulas on-line dos filhos. "Meus filhos me chamam de 'Diretora Mamãe' e 'tia do lanche'. É exaustivo", acrescentou.[15]

Um estudo divulgado pela McKinsey em 2021 identificou o desastroso impacto da pandemia na vida das mães trabalhadoras. Quase uma em cada quatro mulheres com um filho menor de 10 anos estava pensando em deixar o emprego porque os sistemas de apoio básico – escolas, atividades recreativas depois da escola, babás e avós – não estavam mais disponíveis.[16] Em contraste, apenas 13% dos pais estavam considerando tomar uma decisão semelhante. Para as mulheres que não podiam deixar o emprego – mães provedoras da família, mães solo ou mulheres não brancas –, o estresse, o esgotamento e a ansiedade aumentaram sem uma saída à vista.[17] E essas mães ainda tinham que agradecer o fato de estarem empregadas.

Os casais do mesmo sexo se saíram um pouco melhor nas pesquisas, mas elas mostraram que esses casais também costumam sobrecarregar um dos parceiros com uma parcela maior de trabalho doméstico não remunerado assim que tinham filhos, deixando de lado a paridade[18] para implantar um modelo que repassava a principal responsabilidade doméstica ao cônjuge com o emprego menos exigente e mais mal remunerado.[19] Uma curiosidade: casais do mesmo sexo relataram menos atritos em relação a essa questão "porque se comunicavam ou porque o cônjuge que ficava com a menor parte dos afazeres domésticos acabava assumindo outras tarefas, ou porque a divisão do trabalho não era baseada no gênero".[20]

Quando entrevistei Abbie e Kenzie, no final de julho de 2021, oito meses após o nascimento de Dashiell, vi um casal do mesmo sexo que se encaixava nesse molde. As duas tinham empregos exigentes e trabalhavam em tempo integral antes de Kenzie dar à luz. Mas, quando chegou a hora de voltar a trabalhar, Kenzie pôde fazer isso de modo remoto, com horários flexíveis. Já Abbie, que trabalhava como capelã em um hospital, não teve essa possibilidade. Seu horário era fixo, das 7h30 às 17h. Antes do bebê, elas dividiam o trabalho doméstico meio a meio e, apesar da intenção de manter o esquema, a vida pós-bebê tornou isso impossível. Ao descrever essa mudança, Kenzie foi taxativa: "Houve momentos em que fiquei sobrecarregada, daí pedi ajuda, mas, para ser honesta, isso não tem a ver com a divisão do trabalho, mas sim com meu desejo de ser multitarefa e de incluir o bebê em minha vida". Abbie, por sua vez, parecia melancólica: "Ainda amo o que faço, acho de fato muito gratificante, mas gostaria que a proporção fosse diferente, com mais tempo para a família e menos tempo trancada dentro de um hospital".

Antes, durante e depois dos isolamentos sociais, as mães trabalhadoras se esforçaram ao máximo para atender todo mundo, o que gera um nível de estresse que pode levar ao esgotamento. A entrevista com a tenente-coronel da Força Aérea dos Estados Unidos e instrutora do Jobs for Alabama's Graduates (JAG) Daphne LaSalle Jackson, 39 anos, começou no FaceTime em meio a uma troca de fraldas do filho. Daphne respondeu ao meu fluxo constante de perguntas sem parar de trocar a fralda e de responder às mensagens que chegavam ao celular, além de se despedir do marido e dos dois filhos com um beijo, entrar na minivan e dirigir por vinte minutos até o escritório, na Base Aérea Maxwell, em Montgomery, Alabama, onde trocou a camiseta pelo uniforme militar. O incrível é que ao longo da entrevista ela não perdeu a linha de raciocínio, a atitude amigável e jovial, nem a conexão do celular. Quando comentei sobre sua incrível habilidade e rapidez, Daphne observou que a própria mãe elevou o padrão após se divorciar do pai dela.

"Lembro quando tirei 9,7 em uma prova e ela disse algo do tipo, 'Ótimo, mas o que é que você errou?'." Criada em Patterson, pequena cidade da Louisiana, próxima do Golfo do México, que tinha um único sinal de trânsito amarelo piscante, Daphne se destacou no programa de alunos talentosos e superdotados da escola local. Ela representou o estado na competição. "Tirei um B e isso me chateou", explicou. Na Universidade Estadual da Louisiana, Daphne se inscreveu no programa de formação de oficiais da Reserva das Forças Armadas para estudantes universitários. Como no primeiro ano do curso ela ficou em primeiro lugar, ganhou uma bolsa de estudos completa. Em 2003, se tornou a primeira comandante afro-americana do corpo de cadetes da universidade, bem como presidente da União de Estudantes Negros local.

Por ter acompanhado de perto o complicado divórcio dos pais e o colapso emocional sofrido pela mãe, Daphne tinha dúvidas se queria se casar até que, em 2008, conheceu Jared Jackson no estacionamento do Walmart próximo da Base Aérea Altus, em Oklahoma, onde os dois serviam naquela época. Jared pediu dispensa da Força Aérea alguns meses depois para abrir uma empresa de prestação de serviços de segurança, e eles se casaram em 2010. Quando Daphne teve o primeiro filho, Jett, em 2013, ela fazia parte da equipe de advogados de defesa do árabe Abd al-Rahim al-Nashiri, prisioneiro da Baía de Guantánamo acusado de bombardear o navio USS Cole. Os militares não deixaram Daphne levar o filho junto dela para Cuba, então a solução foi levar a bomba de extração de leite, pois estava determinada a não desistir de atuar no caso.

"Tirei leite nas dependências da prisão, no avião, entre uma e outra reunião com clientes, à meia-noite e depois às três da madrugada, pois sempre levava comigo uma caixa térmica cheia de gelo para congelar o leite que retirava do peito. Isso me deixava muito orgulhosa de mim mesma porque era para meu primeiro filho e eu, mãe de primeira viagem, estava dando conta. Mas era difícil." Quando engravidou do segundo, dezoito meses depois, Daphne achou que "não conseguiria fazer aquilo tudo de novo", mas acabou sendo promovida e assumiu uma nova missão ainda mais exigente: presidente da Justiça Militar do Distrito da Força Aérea em Washington, supervisionando 40 mil militares em todo o mundo.

O novo cargo não diminuiu o estresse ou a carga de trabalho de Daphne em casa. O segundo filho dela, também um menino, nasceu prematuro de 32 semanas e passou os primeiros doze dias em uma UTI neonatal. Aos 5 meses, o bebê teve um episódio de dificuldade para respirar e precisou da ajuda de um ventilador pulmonar. Daphne só conseguiu cuidar das duas crianças porque teve apoio dos seus superiores. "Fizeram de tudo para me dar uma licença adicional, de modo que não tivesse de usar minhas férias. Eles foram maravilhosos."

Dois anos depois, ela recebeu a proposta para assumir o cargo de instrutora do JAG na Base Aérea de Maxwell. Era outra promoção, mas Daphne hesitou, com medo de desestabilizar uma situação doméstica já desafiadora. Jared era um parceiro atencioso e solidário, mas Daphne continuava sendo a principal cuidadora dos filhos e da casa. Como estava há dez anos na carreira militar, pensou em pedir baixa, pois tinha cumprido com o tempo de serviço. Em muitos aspectos, essa decisão fazia sentido porque ela estava planejando ter um terceiro filho. Mas Jared levantou uma questão importante: "Você acha que já fez tudo o que queria fazer?", perguntou.

Daphne refletiu sobre sua carreira militar e a contribuição que poderia dar agora que tinha alcançado a posição que tanto se esforçou para conseguir. "A questão é ter chegado tão longe e agora poder ajudar outras pessoas a chegarem lá também; é como me sinto em relação à comunidade afro-americana na tropa do JAG", ela explicou. "Gostaria de ser essa mentora, esse rosto negro em um mar de rostos brancos, uma mulher em um mar de homens. Quero ser a pessoa que vai motivar todas as pessoas que talvez se sintam excluídas."

Ela respondeu: "Não acho que já tenha feito de tudo". Jared, então, retrucou: "Então, ficamos. Simples assim".

Não era simples. Logo que se mudaram para Montgomery, em 2018, Daphne deu à luz pela terceira vez, agora uma menina. O trabalho de Jared o levou a morar em Huntsville, a três horas de distância. Durante dois anos e meio, ele saía de casa às 4h30 da segunda-feira e só voltava na quinta à noite. Era responsabilidade de Daphne aprontar as crianças para irem à creche e à escola às 6h45, assim ela poderia estar no trabalho às 7h30. Aos domingos, ela preparava refeições para a semana toda porque não sobrava tempo para fazer isso no dia a dia. Como Jared morava em um quarto sem cozinha, Daphne separava metade da comida para ele levar. É irônico pensar que a pandemia proporcionou mais igualdade na vida doméstica dela ao obrigar Jared a trabalhar de modo remoto, permitindo que ele se envolvesse mais nos cuidados com as crianças e nas tarefas domésticas. "Até a Covid-19 surgir, eu me sentia uma mãe solo", disse.

Ashton Clemmons descreveu seu marido, Bryan, como um "homem contemporâneo, republicano, que dirige uma picape, gosta de caçar e pescar e apoia de modo incondicional as aspirações profissionais dela". Eles se conheceram em 2006, logo após o pai de Ashton descobrir que estava com câncer. Criada em uma pequena cidade no condado de Alamance, na Carolina do Norte, Ashton se formara na Universidade de Chapel Hill e tinha entrado no mestrado de Educação em Harvard. "Disse a Bryan que estava indo e ele respondeu, 'Vou junto'. Respondi que isso só seria possível se nos casássemos antes. O sul é muito tradicional e eu sabia que minha mãe ficaria nervosa se fôssemos morar juntos sem nos casarmos."

Três semanas antes de o pai de Ashton falecer, Bryan pediu a mão dela em casamento. Eles se casaram em 2008, quando Ashton estava com 24 anos, e Bryan, 27 anos. Ele pediu demissão do emprego na construção civil para acompanhá-la a Cambridge, Massachusetts. Enquanto Ashton se dedicava ao mestrado, Bryan trabalhou como garçom em um restaurante mexicano em Harvard Square. "Ele nunca reclamou de nada", ela afirmou. "Lembro de dizer para ele 'Você deve estar se sentindo péssimo' e ouvir 'Não quero que você se preocupe porque nunca a vi mais feliz'."

Para Ashton, "a experiência foi uma bênção porque Jared está sempre disposto a dizer a seguinte frase nos momentos cruciais, 'Não sei como vai ser, mas podemos fazer dar certo'". Uma mudança importante ocorreu depois das eleições presidenciais de 2016. Eles estavam vivendo bem em Greensboro, na Carolina do Norte, já com uma filha de 6 anos e gêmeos de 3 anos. Bryan abrira o próprio negócio na área de construção civil e Ashton se tornara superintendente assistente de educação. Eles dividiam os cuidados com as crianças, mas contavam com a ajuda eventual da mãe de Ashton e de uma babá.

"Fiquei desanimada com o número de mulheres brancas que votaram em Donald Trump", afirmou Ashton. Na Carolina do

Norte, um estado sem maioria definida, Trump ganhou por quase 175 mil votos e os republicanos alcançaram a maioria no legislativo estadual. Apesar de o pai de Ashton ter sido chefe do Partido Democrata no condado de Alamance, ela nunca encarara a política como uma vocação. Mas poucas semanas após as eleições, Ashton e algumas amigas próximas lançaram a Onward, uma organização que estimula as mulheres que também se incomodaram com a guinada radical à direita a se tornarem ativas no meio político. O grupo logo estava com 500 integrantes.

Em meados de 2017, Ashton saiu para almoçar com Tammy, que é recrutadora da LEAD NC, organização que busca candidatos para disputas estaduais. Na bolsa, levava uma lista de mulheres que considerava potenciais candidatas, mas Tammy foi franca: "Acho que devia ser você".

"Minha reação inicial foi 'De jeito nenhum!'", Ashton contou. Além de ter três filhos com menos de 6 anos, tinha acabado de assumir o cargo de superintendente assistente e estava escrevendo o trabalho de conclusão da segunda graduação, realizada de modo remoto na Universidade Greensboro, na Carolina do Norte. "Mas, então, pensei: 'Como posso me negar a fazer isso?'." Ashton estava preocupada com o fato de a atual liderança republicana ter cortado as verbas das escolas públicas, comprometendo o que ela lutara para conseguir ao longo de toda a sua carreira: melhorar a qualidade da educação pública para as comunidades carentes. Estava cansada de assistir, impotente, ao governador democrata vetar partes da legislação e depois ver os vetos anulados pela bancada republicana. "Senti que precisava trazer equilíbrio e decência à questão."

Quando Ashton disse a Bryan que queria se candidatar a um cargo eletivo, ele foi compreensivo. "Bryan sabia que o momento era ruim em termos pessoais, mas que era uma oportunidade única e que faríamos dar certo." Ashton anunciou sua candidatura para a assembleia legislativa estadual em novembro de 2017 e deixou o emprego para se dedicar à campanha. A agenda era exaustiva: era raro chegar em casa a tempo de jantar com a família. Nesse período, Bryan assumia a casa assim que a babá ia embora, fazia compras, dava banho e alimentava as crianças. Um ano depois, ele comemorou com Ashton a vitória com 69% dos votos no distrito de 80 mil eleitores.

Mas, assim que Ashton assumiu o mandato em 2019, Bryan e ela logo voltaram aos papéis anteriores, ainda que ela gastasse noventa minutos na ida e na volta para o trabalho. "Ainda sou a referência em quase todas as situações, seja o pediatra, o dentista, os professores, seja a babá, todo mundo liga para mim", explicou. Quando tem alguma reunião até mais tarde, Ashton pede que Bryan volte mais cedo do trabalho, mas, ainda assim, é ela que "organiza como as coisas vão funcionar naquela noite". Ashton admite que é difícil abrir mão do controle do cotidiano das crianças. "Não sei o que é, mas talvez eu seja melhor em organizar a vida das crianças, ou talvez seja a questão da socialização das mães. Só de pensar em Bryan fazendo as 'coisas de mãe' quando estou ausente já é difícil para mim, porque sei que não será feito da mesma maneira."

Muitas mães que entrevistei repetiram as palavras de Ashton. Embora muitas vezes se sentissem sobrecarregadas com a dupla jornada, também acreditavam que realizavam melhor essas tarefas. Para elas, delegar responsabilidade na esfera doméstica para os parceiros significava aceitar que tudo seria feito de forma diferente e, em sua opinião, pior. Algumas mulheres não queriam fazer essa concessão, mesmo que isso significasse mais trabalho para elas.[21]

Quando Matt e eu éramos casados, eu tinha uma sensação parecida. No fundo, era mais aceitável ser ambiciosa no quesito profissional se eu fizesse a maior parte do trabalho doméstico. Da mesma forma que Ashton, Daphne e tantas outras mães, eu estava convencida de que era melhor naquelas tarefas. Conversar sobre amenidades nos encontros com os outros pais (quase sempre mães) para as crianças brincarem juntas – ou mesmo por alguns minutos na entrada e saída da creche – não estava no rol de habilidades de Matt. Já eu sentia grande satisfação por me sentir competente. Meus filhos estavam fazendo amigos (se é possível chamar assim as interações sociais entre crianças), estavam indo ao médico, e fazia questão de dar o banho todas as noites. Um dos elogios de que mais gostei de receber na vida veio da professora de pré-escola de Carter: "Seu filho sempre cheira tão bem", ela disse e, em seguida, abaixou a voz, "Nem todos são assim, sabe como é".

Mas a dupla jornada era também muito cansativa, estressante e solitária. Eu me sentia como um hamster, sempre em movimento frenético em uma roda que não parava de girar. Parar significava cair. Mas, quando Carter tinha 3 anos e Ella 1 ano, eu parei a roda de maneira bastante dramática: aceitei um emprego como professora em Los Angeles, o que significava me deslocar de São Francisco para lá de segunda-feira a quinta-feira, como meu pai fazia. Na verdade, foi um corte até mais radical, – as viagens dele eram mensais e as minhas eram semanais, inclusive nas férias escolares. De repente, desisti da ideia de que era a "melhor" cuidadora. Acontece que isso não era verdade. Matt é mais presente, observador e equilibrado que eu em certos aspectos. Ele também é melhor em impor estrutura e disciplina. Tenho meus pontos fortes como mãe, mas me falta o comportamento calmo e sereno de Matt, a aura de competência e a atenção dele aos detalhes.

Algumas mulheres – mais novas que minha mãe e mais velhas que eu –, cujos filhos cresceram nos anos 1990 e no início dos anos 2000, descreveram o marido como responsável pela maior parte do trabalho doméstico e cuidados infantis. A juíza Elizabeth Gleicher, de Michigan, que é mãe de três filhos, por exemplo, viajava por todo o país e pelo mundo quando era advogada criminalista, enquanto seu marido, Mark, praticava uma advocacia mais discreta. "Não fui uma mãe típica", disse. "Participei de poucos eventos das crianças, mas Mark ia, pois tinha um horário bastante flexível." Elizabeth, entretanto, conseguia os honorários mais polpudos, a ponto de pagar sem problemas a escola particular e a faculdade dos filhos. "Eu conseguia sentenças favoráveis e acordos multimilionários. Ganhei muito dinheiro", afirmou.

Beth Fouhy, consultora de relações públicas que passou décadas como repórter política e editora, hoje da NBC News e da MSNBC, disse que o marido muitas vezes assumia a linha de frente dos cuidados com o filho, Jonathan, que nasceu em 1996, quando Beth tinha

34 anos. "Meu marido não se encaixa no estereótipo do homem que chega em casa, abre uma cerveja e liga a TV para assistir aos esportes. Ele sempre fez mil tarefas domésticas e nunca agiu como se fosse algo extraordinário." As tarefas de responsabilidade dele aumentaram em 2008, depois que perdeu o emprego na área de Tecnologia da Informação. Beth, que então trabalhava para a Associated Press, se tornou a única provedora da família por um tempo. Designada para cobrir a primeira campanha presidencial de Hillary Clinton, ela estima ter passado 250 noites longe de casa entre setembro de 2007 e janeiro de 2009, de mala na mão e pulando de cidade em cidade por todo o país para acompanhar os comícios e os eventos de arrecadação de fundos.

Mas a realidade é que essas relações são atípicas. Poucos pais em parcerias heterossexuais participam de maneira igualitária. Nem são julgados de maneira igualitária. Os pais são elogiados por tarefas mundanas, como levar os filhos ao supermercado, para uma consulta médica ou para brincar com os amigos.[22] Quando as mães fazem o mesmo, ninguém acha nada especial porque, afinal de contas, é isso que as mães fazem. As que ousam abandonar as panelas ou fazer longas viagens a trabalho muitas vezes recebem olhares de recriminação. As escolhas delas são julgadas de forma diferente.

O que tudo isso significa para a próxima geração de mulheres ambiciosas que estão decidindo se querem se tornar mães? Conversei com Jill Filipovic, escritora e jornalista feminista que se casou em 2018. Aos 37 anos, ela estava dividida sobre ter ou não filhos. "Sou freelancer e meu marido tem um emprego fixo. Ele vai para o escritório todo dia e eu trabalho em casa. Se formos pensar em quem tem mais flexibilidade de horários, é provável que eu assuma mais tarefas com as crianças do que gostaria." Como eles não teriam condições de pagar por uma babá em tempo integral e não conseguiriam manter o padrão de vida que tinham, Jill oscilava entre o medo de se arrepender de não ter tido filhos e se questionar se estava se deixando afetar por uma cultura que diz às mulheres que "sua vida fica mais importante quando tem filhos" e que "a maternidade é a entrada na idade adulta e o principal ponto de onde as mulheres devem tirar significado e propósito" – um conceito ao qual ela dedicara sua vida profissional para desmontar.

Sarah Corning, 22 anos, se formou em maio de 2020 na Universidade da Virgínia. Ela me contou que teve dificuldade em descobrir como fazer as coisas de forma diferente. Ela descreveu a infância dela como única e maravilhosa. O trabalho do pai, executivo de grandes corporações como a Whirlpool e a Nike, fez a família morar em várias partes do mundo. Sarah nasceu no Japão, mas depois morou no Chile, na Suíça, na Tailândia e no Brasil antes de se estabelecer em Atlanta. "Nossa vida foi uma grande aventura internacional", contou. Por causa das mudanças frequentes, a mãe de Sarah nunca conseguiu ter um trabalho estável. Segundo ela, a mãe queria trabalhar como professora universitária, mas esses planos estavam sempre em suspenso.

"Quem me dera não querer tanto ter filhos, porque, mesmo que o parceiro seja o mais progressista e solidário do mundo, o ônus sempre recai sobre a mulher", afirma. "Sei que a teoria feminista permite uma alternativa ao caminho tradicional. E, por mais que essas ideias me façam ter uma vida mais autodeterminada, elas não resolvem tudo. Vou casar e quero ter filhos. Então vem a realidade: Não podemos sair por aí fingindo que somos outra coisa. Ou que nossos parceiros serão. Portanto, tenho que focar em ser menos convencional em uma relação convencional. Como posso ter filhos, esperar mais do meu parceiro e seguir com minha carreira?"

Ouvindo Sarah, pensei na entrevista que fiz com Mashal, que era apenas alguns anos mais velha, já tinha filhos e trabalhava fora. Com pais refugiados do Afeganistão, Mashal cresceu pobre, em uma casa muçulmana, com três irmãos. "Uma vez, eu estava mexendo em uma papelada e encontrei um envelope cheio de um dinheiro colorido. Perguntei o que era e minha mãe disse que eram cupons de alimentação." Os pais dela estavam determinados a dar uma boa educação aos filhos, então se mudaram para um subúrbio do norte da Califórnia que tinha excelentes escolas públicas. A mãe de Mashal era professora de pré-escola e o pai, lavador de pratos e mais tarde motorista de ônibus. "Minha mãe era do tipo que sacrificaria o emprego pelos filhos. Ela trabalhava só meio período, mesmo precisando ganhar mais."

Mashal estudava em uma faculdade comunitária enquanto trabalhava meio período em uma lanchonete. Foi onde conheceu Dave: "Acho que ele gostou do sanduíche que fiz para ele", comentou. Ao contrário de Mashal, Dave nasceu em uma família de classe média que está na Califórnia há cinco gerações. Os pais de Mashal desaprovavam o namoro por ele ser cristão; a única maneira de apaziguá-los um pouco era se casarem, o que eles fizeram seis meses depois. Mashal tinha 19 anos e Dave, 22 anos. Mas ela não desistiu de estudar. Ao contrário, conseguiu uma transferência para um curso de quatro anos e se formou em escrita criativa e comunicações. Ela conseguiu um emprego na Catholic Charities, instituição de caridade que atende pessoas com doenças crônicas e transtornos por abuso de substâncias, onde logo foi promovida a gerente e passou a coordenar uma equipe. No meio dessa trajetória bem-sucedida, deu à luz o primeiro filho, aos 24 anos.

"Achava que seria como minha mãe e que sacrificaria tudo pelo meu filho, mas não me sinto assim. Amo meu filho e quero que ele tenha tudo, mas aprendi a mudar minhas expectativas. Se conseguir dar 80% depois de um dia louco no serviço, acho que estou fazendo um bom trabalho", disse Mashal. Dave ganha a vida como diretor de arte em uma empresa de marketing, o que significa que eles têm condições de sustentar a família caso Mashal decida diminuir o ritmo ou ficar em casa, mas ela não quer. "Nunca imaginei ficar sem trabalhar. Venho de uma família que trabalha para sobreviver, mas amo meu trabalho e minha carreira. Sou a gerente mais jovem da empresa e acho que tenho condições de crescer muito ainda. Isso me motiva, me estimula."

Dave e Mashal pagam ao irmão de 19 anos dela para cuidar do filho enquanto estão trabalhando. Ele pega o sobrinho e o leva para a casa dos pais, onde mora. Dave e Mashal têm cargas horárias semelhantes e dividem os afazeres domésticos em partes iguais. "Ninguém tem papéis específicos. A gente faz o que precisa ser feito sem pensar no gênero associado àquela tarefa." É curioso que, apesar da educação conservadora, isso também tenha sido uma realidade na casa de Mashal. "Meu pai fazia o jantar todas as noites. Eles eram uma equipe, assim como nós."

Pais da geração Millennial como Dave são em geral mais progressistas que os homens da geração de meus pais e se mostram mais dispostos a repensar os papéis tradicionais de gênero. A maioria faz pelo menos algumas tarefas domésticas e cuida das crianças. E há um número crescente de famílias em que o principal cuidador é o pai, que às vezes opta por ficar em casa em tempo integral. Em minha infância, a figura do *pai que fica em casa* não existia. Em 1989, quando o Pew Research Center começou a rastrear pais que ficavam em casa, 4% dos homens marcaram essa categoria, e 25% afirmaram estar procurando trabalho. Em 2014, esse percentual dobrou para 8%. Embora não existam números exatos, não há dúvida de que o número de pais que são os principais cuidadores dos próprios filhos tem aumentado com regularidade. De acordo com a National At-Home Dad Network, eles são cerca de 7 milhões.[23]

Para mulheres cujos companheiros também trabalham fora, o que precisa acontecer para acabar com a premissa padrão de que a segunda jornada é um fardo acima de tudo das mães? Em primeiro lugar, é preciso dissociar o trabalho doméstico do gênero. Os homens são tão capazes quanto as mulheres de arrumar a cama, fazer compras, limpar o banheiro e preparar o jantar. Isso não é "trabalho de mulher", da mesma forma que administrar um pequeno negócio, realizar uma cirurgia do coração ou operar máquinas pesadas também não é "trabalho de homem". O fato de que, como Sarah Corning pontuou, "o ônus sempre recai sobre a mulher" é o diagnóstico de um problema, não um prognóstico inevitável.

Em segundo lugar, o ponto mais polêmico: precisamos dissociar gênero e cuidados com as crianças. É verdade que a gravidez, o parto e o aleitamento materno – experiências que unem o corpo e a alma – são exclusivos das mulheres. Mas, depois desses primeiros seis a doze meses, os parceiros podem e devem participar de modo igual. Não há nada que sugira que as mulheres são melhores em treinamento de sono, limpeza de bundas, banhos, leitura de histórias para dormir, brincar de construir com Lego e introdução da alimentação sólida com colher, entre outros cuidados com os filhos pequenos. À medida que as crianças crescem, as tarefas permanecem neutras em termos de gênero: levar e buscar na escola, levar e buscar para a prática de esportes e outras atividades, ajudar com a lição de casa. A feminização histórica dessas tarefas é bem isso – uma relíquia histórica. À medida que mais pais se envolvem, sua aptidão para tais tarefas será considerada normal em vez de vista como algo que causa estranheza. A normalização da natureza sem gênero dessas tarefas facilita a divisão e a manutenção dessa divisão em situações de estresse – o estresse de ter mais filhos, mais encargos no trabalho e outras pressões.

Por fim, as mães precisam deixar de lado a preocupação, como Ashton verbalizou, de que os parceiros do sexo masculino não farão as "coisas de mãe" da maneira que elas gostariam que fossem feitas. Não há dúvida de que a frustração e o descontentamento são inevitáveis quando você vê o parceiro fazendo algo que está longe do ideal, ou até mesmo ruim, sabendo que você poderia fazer duas vezes melhor na metade do tempo. Mas a repetição tende a melhorar o desempenho em todas as habilidades, incluindo os cuidados infantis e as tarefas domésticas. Vale a pena aguentar firme o período de aprendizado do parceiro, pois isso se traduzirá em mais "tempo livre" para a mãe que trabalha, além dos incontáveis ressentimentos que não se acumularão.

É claro que em muitos relacionamentos haverá momentos em que o trabalho de um parceiro terá prioridade sobre o do outro, ou quando o horário de trabalho de um é muito mais flexível que o do outro. Foi o caso de Daphne durante os anos em que teve que assumir a maioria dos cuidados infantis porque Jared tinha um trabalho que exigia que ele morasse em outra cidade durante a semana. Em certo momento, no entanto, esse pêndulo se inverteu e foi a carreira de Daphne que assumiu o protagonismo. O segredo é a reciprocidade. Não há maneira de prever os rumos exatos que sua carreira, ou a do parceiro, vai tomar, mas há uma maneira de prever se a pessoa com quem está casada terá a mesma consideração que você teve quando for a sua hora de ganhar protagonismo profissional.

Apaixonar-se pode ser tão limitador quanto olhar para o sol. É melhor só aproveitar o calor e manter o olhar mais perto do chão. Pergunte a si mesma: *No que estou me metendo com essa pessoa? Será que ela está de fato feliz com meu sucesso profissional? Será que entende a importância de meu trabalho? Será que vai pegar no pesado em casa quando for hora de remar contra a corrente?*

É verdade, como Sarah disse, que "não podemos todos sair por aí fingindo que somos outra coisa". Mas podemos repensar nossos papéis. Podemos dar aos nossos parceiros um avental, um bebê que está chorando ou uma lista de compras sabendo que não estão nos fazendo nenhum favor, e sim a parte que lhes cabe. A segunda jornada nunca acaba, mas, quando se torna uma tarefa compartilhada, fica 50% menor, mais fácil e menos exaustiva. Gostei da maneira que Mashal definiu: "As pessoas fazem o que precisa ser feito". Se mulheres e homens em relacionamentos heterossexuais embarcarem na arrebatadora experiência que é o amor, o casamento e a criação dos filhos com a expectativa de que o ônus é de ambos, o paradigma mudará. Aos poucos, com ajustes e inconsistências, às vezes na marra. Mas, para as mães trabalhadoras ambiciosas, o investimento inicial e o esforço empregado para mudar a dinâmica disfuncional de gênero em casa renderão muitos dividendos na sua capacidade de prosperar profissional e emocionalmente, bem como na relação com os filhos.

CAPÍTULO QUATRO

A TOXICIDADE DA AMBIÇÃO FEMININA

As dezenas de mulheres que entrevistei para este livro têm raças, etnias e origens diversas. São mulheres cisgênero, LGBTQIAPN+, solteiras, divorciadas e viúvas, com as mais diferentes profissões – pequenas empresárias, políticas, gerentes de restaurante, capelãs, esteticistas, reitoras, juízas, escritoras premiadas, bibliotecárias, ativistas, obstetras, cantoras de ópera, militares – e idades entre os 20 e poucos anos e os 80 e tantos. Moram em pequenas e grandes cidades, em estados vermelhos (republicanos) e estados azuis (democratas), e têm em comum a maternidade e a ambição profissional. E nada mais. Ou foi o que pensei.

Na verdade, a maioria das mulheres que entrevistei compartilha outra coisa: a rejeição automática ao rótulo de "ambiciosa" e uma forte relutância em reconhecer que a ambição alimenta seu desejo de sucesso. Quase todas demonstraram ceticismo por terem sido escolhidas para o livro por conta do perfil que eu disse estar procurando. Mimi Hu comentou: "Quando li o título do livro, pensei 'Não, não, não sou eu. Sou só... não acho que sou tão ambiciosa'". Essa declaração foi feita por uma mulher criada em uma província agrícola na China que se formou em primeiro lugar no ensino médio, em uma turma de mais de quatrocentos alunos, e foi uma das vinte adolescentes selecionadas por uma fundação privada para fazer a faculdade nos Estados Unidos com uma bolsa de estudos integral.[1] Ela veio da China sozinha, falando mal o inglês, sem nunca ter entrado em um avião antes.

Várias sugeriram que eu entrevistasse outra pessoa – uma amiga que, segundo elas, seria de fato uma mãe ambiciosa, enquanto elas não passavam de "sortudas" e "felizardas". Ouvi essas palavras diversas vezes, além da frase "Eu estava no lugar certo na hora certa", dada como explicação para o que na realidade foram anos de esforço, determinação e excelência demonstrados na prática. "Oh, Deus", exclamou minha mãe, fazendo uma careta quando perguntei se ela era ambiciosa. Depois, disse, a relutância clara em sua voz: "Não se estudava Medicina naquela época, ou mesmo agora, sem ser ambiciosa, então, sim, acho que eu era". Imagino que se decidisse entrevistar homens de alto desempenho para um livro sobre pais ambiciosos, a resposta esmagadora seria algo do tipo: "Estou muito feliz por você ter me encontrado".

"Ambição", de acordo com o *Oxford English Dictionary*, significa "ter ou mostrar um forte desejo de ter sucesso". Quando pedi à escritora Mary Gordon para definir "ambição", ela respondeu: "Querer ser muito, muito bom em algo, ser reconhecido e recompensado por isso". Por que as mulheres rejeitam de maneira visceral o termo quando aplicado a elas mesmas? O escritor Robin Romm, que editou a coletânea de ensaios *Double Bind: Women on Ambition* [Dilema duplo: mulheres ambiciosas], escreveu que a hesitação das mulheres em se definir como "ambiciosas" decorre do "sentido predominante de que o esforço e a realização precisavam ser abordados com sutileza, senão você corre o risco de ser julgada de forma negativa pelos outros".[2] Em linhas gerais, quer dizer que as mulheres temem que, se disserem que são ambiciosas, as outras pessoas vão achar que são frias, implacáveis e arrogantes.

Em nossa cultura, quando os homens são focados e incansáveis na busca do sucesso, esses traços são vistos como positivos. Mas estudos mostram que, quando as mulheres exibem essas mesmas qualidades, muitas vezes são vistas como muito agressivas e calculistas. As mães, em especial as que têm filhos pequenos, são julgadas de forma ainda mais dura. Priorizar o trabalho em detrimento da família é o que se espera que os pais façam. Mas as mães que fazem as mesmas escolhas para buscar reconhecimento e sucesso são "condenadas de maneira severa" por deixar os filhos sofrerem com o egoísmo delas, de acordo com Robin J. Ely e Irene Padavic, que estudam o gênero no local de trabalho. "Em vez de serem consideradas exemplares, são descritas como mães ruins – mulheres 'horríveis' que não eram 'modelos positivos para mães que trabalhavam fora'", descreve o artigo assinado pela dupla para a *Harvard Business Review*, publicado em 2020. E a mensagem para a nova geração de jovens mães trabalhadoras que veio depois? Essa é uma situação em que todo mundo sai perdendo. "Se elas resistem à pressão da família e tentam chegar a um acordo, prejudicam seu status no trabalho, mas, se se recusam a conciliar e priorizam suas ambições profissionais, prejudicam seu status de boas mães."[3]

Pense em Hillary Clinton. Durante anos, ela foi a principal provedora da família, como sócia de um escritório de advocacia conceituado, enquanto o marido fazia carreira na política. Quando Bill Clinton concorreu pela primeira vez à presidência, em 1992, Hillary se defendeu do ataque político de um oponente dizendo: "Suponho que poderia ter ficado em casa, fazendo biscoitos e tomando chá, mas o que decidi fazer foi seguir minha profissão".[4]

A reação foi forte, imediata e – pelo visto – permanente. Hillary passou semanas tentando retirar o que disse, pedindo desculpas e até mesmo enviando sua receita de biscoito de chocolate para o concurso de bolos da revista *Family Circle* junto à primeira-dama Barbara Bush, que ficara em casa para criar os seis filhos. O comentário sobre os "biscoitos" acompanhou Hillary durante anos, assim como a imagem entre os eleitores de que sua ambição – desde reestruturar o sistema de saúde quando era primeira-dama a se candidatar ao Senado após deixar a Casa Branca e aceitar o papel de grande importância de Secretária de Estado do governo Obama – a tornava uma pessoa gananciosa e antipática. Na primeira tentativa de se candidatar à presidência, ela perdeu a indicação para Barack Obama. Na campanha interna do partido, as perguntas sempre giravam em torno da "simpatia" de Hillary e acabou sendo tema de um debate em que Obama disse, de maneira pejorativa, "Você é simpática o suficiente, Hillary".[5] A ambição de Obama era óbvia e impressionante – ele se lançou na disputa para a presidência sem sequer completar o primeiro mandato como senador. Mas a ambição desmedida de Obama foi entendida pelos eleitores indecisos como uma autoconfiança positiva que assegurou a esse eleitorado que ele tinha a experiência necessária para assumir o cargo.

Durante a segunda candidatura dela à presidência, em 2016, Hillary ainda estava se esforçando para suavizar sua imagem de "feminista radical na imaginação de seus críticos, uma espécie de Lady Macbeth que era uma afronta às escolhas de tantas outras mulheres", como descrita pela repórter Amy Chozick, do *New York Times*.[6] O artigo de Chozick, escrito dias antes de os eleitores irem às urnas, foi intitulado "Hillary Clinton and the Return of the (Unbaked) Cookies" [Hillary Clinton e a volta dos biscoitos (não assados)].

Como todos sabemos, no dia 8 de novembro de 2016, Hillary Clinton perdeu a eleição de maneira perturbadora para Donald J. Trump, empresário do ramo imobiliário, estrela de reality show e político novato que diversas vezes expressou desprezo pelas mulheres, se gabou que poderia "agarrá-las pela boceta" e usou linguagem de gênero para ridicularizar Hillary, inclusive chamando-a de "mulher desagradável" no debate final.[7] Embora houvesse muitas razões para a derrota de Hillary, o gênero dela e as mensagens codificadas em torno dele, incluindo "preparada demais", "calculista", "implacável", estavam, sem dúvida, entre elas.[8] No discurso após a derrota, Hillary reconheceu isso. Depois de agradecer às milhares de mulheres que apoiaram sua campanha, ela disse: "Sei que não quebramos o teto de vidro mais alto e mais duro, mas um dia alguém o fará".[9]

Nos últimos tempos, tem sido interessante assistir a essa dinâmica no palco político, à medida que um número crescente de mães concorre a cargos eletivos e são indicadas para cargos públicos importantes. Em 2020, Kamala Harris e Amy Coney Barrett, duas mulheres em posições de grande importância de lados opostos do espectro político, se esforçaram para evitar o rótulo de ambiciosas. Cada uma enfatizou devoção à família como uma maneira de parecer acessível e reduzir a percepção de ser muito focada na carreira.[10] Quando a senadora Kamala foi apontada como a candidata favorita à posição de vice-presidente, alguns assessores do círculo íntimo de Biden não foram sutis em suas críticas. Dias antes de ele anunciar sua escolha, fizeram uma campanha velada contra Kamala, que havia concorrido nas primárias contra Biden para ser cabeça da chapa democrata antes de desistir da corrida pela indicação. A preocupação deles? "Que ela seja muito ambiciosa e que foque apenas em virar presidente."[11]

Vamos analisar essa crítica, começando por retirar a palavra "apenas". Não havia nada na história de Kamala que sugerisse que ela negligenciaria os deveres tradicionais de vice-presidente e "focaria apenas" em assumir o lugar de Biden. Na verdade, a atuação dela como companheira de chapa foi bastante tradicional; ela atacou Trump de maneira mais agressiva e objetiva que Biden, para que ele não se envolvesse de modo direto no embate, e elogiou as qualidades do candidato. O que resta é uma sinalização de que Kamala manterá o desejo de "se tornar presidente". Claro que sim! E nisso ela não é diferente de qualquer vice-presidente na história recente, com exceção de Dick Cheney.[12] Barack Obama escolheu Joe Biden como vice-presidente após Biden ter fracassado nas primárias do partido, e depois Biden concorreu ao cargo principal de novo. George H. W. Bush seguiu o mesmo modelo depois de perder para Ronald Reagan nas primárias presidenciais republicanas. Assim como Al Gore, o vice de Bill Clinton. Ou seja, esse tipo de ambição é uma característica, não um problema da vice-presidência. É só porque Kamala é uma mulher, e uma mulher não branca, que sua ambição é vista por muitos como um demérito.[13]

Em meados de agosto de 2020, Biden, que parecia indiferente à crítica sobre a ambição de Kamala, a escolheu, tornando-a a primeira mulher não branca indicada para o cargo. Durante a campanha, Kamala se gabou das próprias credenciais como dona de casa, ressaltou em diversos momentos a importância do papel dela como madrasta de dois filhos e enfatizou seu compromisso de preparar o jantar todos os domingos à noite, nem que chova canivete.[14] Acostumada a derrubar barreira após barreira – Kamala foi a primeira mulher negra a se tornar promotora de São Francisco, depois procuradora-geral da Califórnia, senadora júnior da Califórnia e agora vice-presidente dos Estados Unidos –, ela disse aos entrevistadores que "há um título que ela valoriza ainda mais" – o de "Momala", apelido que os filhos do marido dela lhe concederam.[15]

Em setembro de 2020, o presidente Donald Trump anunciou a juíza federal Amy Coney Barrett como sua escolha para substituir Ruth Bader Ginsburg na Suprema Corte dos Estados Unidos. Em um comentário feito no jardim de rosas que fica em frente à Sala Oval, Trump exultou que Barrett "faria história como a primeira mãe de crianças em idade escolar a servir na Suprema Corte dos Estados Unidos". O que a maternidade tem a ver com atividade de juíza? Tudo, pelo visto. Barrett, que tem sete filhos – um deles com síndrome de Down –, foi saudada tanto pela competência como mãe de uma "família norte-americana extensa"[16] quanto por sua perspicácia intelectual. Os elogios à juíza "supermãe" vieram dos dois partidos e se repetiram ao longo dos dias em que Amy Barrett foi sabatinada em audiências públicas, com a senadora democrata sênior da Califórnia, Diane Feinstein, por exemplo, perguntando se a juíza tinha alguma "fórmula mágica"[17] para a equação perfeita entre maternidade e carreira e o senador da Carolina do Norte Thom Tillis se juntando ao coro republicano e definindo as habilidades maternais de Barrett como "notáveis".

Era óbvio que ninguém – homem ou mulher – poderia exibir uma carreira tão vertiginosa como a de Amy Barrett sem uma dose saudável de ambição. Mas o ingrediente-chave da receita não foi mencionado, nem pela própria Barrett. Ela também seguiu com cuidado o roteiro da maternidade em primeiro lugar, declarando ao Comitê do Poder Judiciário do Senado em sua audiência de confirmação que "apesar de juíza, em casa sou mais conhecida como líder do grupo de mães da escola, motorista de carona solidária e organizadora de festas de aniversário".[18]

As mulheres da minha geração, que cresceram nas décadas de 1970 e 1980, foram educadas para acreditar que poderiam ser o que quisessem ser, uma mensagem de igualdade que também foi dada às mulheres das gerações Millennial e Z. Ou seja, meninos e meninas seriam julgados pelas mesmas regras em uma meritocracia projetada para recompensar inteligência, trabalho duro e talento. Mas isso não se tornou realidade, pelo menos não para as mulheres de minha geração e muito menos para as que vieram antes de mim. Estamos presas a regras diferentes das usadas para nossos pares do sexo masculino, indicadores que não permitem um reconhecimento honesto – por nós ou por qualquer outra pessoa – de que nosso sucesso se deve a outra coisa que não acaso, boa sorte e orientação de um mentor.

A verdade pura e simples – "Estou aqui porque mereço" ou "Consegui o emprego porque fui a melhor candidata" – quase nunca sai da boca de uma mulher porque ela sabe que isso será entendido como sinal de orgulho, arrogância e, claro, pouca feminilidade. Homens se vangloriam; mulheres baixam a cabeça em humilde reconhecimento. Quando nos tornamos mães, o padrão fica ainda mais exigente. Nunca, jamais, podemos admitir que colocamos a carreira em primeiro lugar. Fazer isso é abrir a porta para uma torrente de críticas. A mulher que admite isso é vista como arrogante, além de ser taxada de péssima mãe.

Nos últimos cinquenta anos, as mulheres fizeram grandes progressos no campo da educação. Em 4 de agosto de 2019, o portal de notícias *Inside Higher Ed* publicou o seguinte: "Hoje, as mulheres respondem por 57,4% dos diplomas de graduação, 58,4% dos títulos de mestrado e 52,8% dos títulos de doutorado.[19] Juntas, elas obtiveram 13 milhões de diplomas a mais que os homens desde 1982".[20] Mas, na escola e no mercado de trabalho, homens e mulheres são julgados de formas diferentes e a expectativa é de que se apresentem ao mundo de maneira bastante diversa. Os homens são recompensados por serem impetuosos, desinibidos e confiantes. Já as mulheres devem ser modestas, discretas e avessas a receber reconhecimento por seu trabalho. Essa dualidade de expectativas continua até a idade adulta.

Talvez nenhuma celebridade, dentro ou fora de cena, represente com mais propriedade os desafios que as mulheres ambiciosas precisam enfrentar do que Reese Witherspoon, dona de um Oscar de Melhor Atriz. As personagens que Reese interpretou ao longo da carreira, a transformação dela em produtora de filmes e os comentários públicos sinceros não representam só estereótipos exasperantes; representam também sua determinação, aliada à própria ambição, para reverter essa percepção.

Em 1999, quando tinha 23 anos, Reese protagonizou o clássico *A eleição*, filme independente em que fazia o papel principal como Tracy Flick, uma aluna brilhante e empenhada que disputava a presidência do grêmio estudantil contra um atleta simpático, porém limitado, e mais tarde também contra a irmã rebelde lésbica desse atleta, que entrou na disputa por farra e acabou conquistando uma significativa base de eleitores. A ambição nua e crua de Flick – "Você não pode mudar o destino, é por isso que se chama destino", pontifica ela sobre a carreira que está prestes a se tornar lendária – era vista por colegas e professores como desconcertante e perturbadora. Tão perturbadora que o popular professor de estudos sociais McAllister, interpretado por Matthew Broderick, faz de tudo para garantir a derrota dela.

A eleição é uma comédia de humor ácido. O plano desastrado e a flagrante hipocrisia do professor McAllister foram feitos para provocar risadas. (Mesmo traindo a esposa, McAllister condena Tracy por ter tido um caso com um colega casado, que acaba sendo demitido por isso. Não lhe ocorre questionar a diferença de idade ou o flagrante abuso de autoridade inerente à relação professor-aluna que todos reconhecemos agora como uma forma de abuso sexual.) No final, McAllister e o atleta se dão mal, mas poucas pessoas terminam o filme pensando "Caramba, quero ser como a Tracy".

As mulheres são treinadas desde cedo para se justificar ou relativizar suas conquistas de modo a não ameaçar os homens, que não demonstram tais limitações comportamentais. Em uma experiência bastante divulgada em 2003, o professor da Faculdade de Administração de Columbia Frank Flynn apresentou, para metade de seus alunos, a biografia profissional de Heidi Roizen, uma bem-sucedida empresária do Vale do Silício.[21] A outra parte da turma recebeu o mesmo material, só que Flynn mudou o nome de Heidi por Howard. Depois, todos os alunos responderam uma pesquisa e contaram as impressões sobre Howard ou Heidi.

Segundo Flynn, os "alunos foram muito mais rigorosos com Heidi que com Howard, e, embora a achassem tão competente e eficiente quanto ele, não a achavam simpática, não a contratariam e não gostariam de trabalhar com ela".[22] No perfil inventado de Howard, sua "personalidade agressiva" e "assertividade" recendiam como um perfume refinado; quando atribuídas à Heidi, as mesmas qualidades fediam como gambá.

Mulheres ambiciosas agradáveis são aquelas que parecem não ter ambição alguma. No perfil publicado pelo *New York Times* em novembro de 2020 sobre Abby Phillip, mulher negra de 31 anos e uma estrela em ascensão na CNN, John Harris, seu ex-chefe no site *Politico*, a descreveu de maneira positiva como "muito tranquila e ambiciosa, mas não da forma extravagante que agem algumas pessoas ambiciosas". Embora Harris tenha usado uma linguagem neutra em relação a gênero – "algumas pessoas ambiciosas" –, não é o tipo de elogio usado para descrever os homens que buscam subir na carreira na mesma profissão.[23]

Dois anos após *A eleição*, Reese demonstrou esse tipo de ambição "tranquila" no filme *Legalmente loira*. No papel de Elle Woods, ela interpreta a aluna mais improvável na tricentenária Faculdade de Direito de Harvard. Interessada apenas em se arrumar, se maquiar e fazer compras, Elle surpreende as colegas de faculdade ao gabaritar no exame de ingresso e entrar em Harvard por méritos próprios. Mas o objetivo dela não é obter um diploma prestigiado; é reconquistar o canalha que a abandonou, sem a menor cerimônia, na noite em que ela pensou que seria pedida em casamento.

Ao longo da jornada em Harvard, acompanhamos Elle ser humilhada e desconsiderada, tratada como cabeça de vento por professores e colegas de turma, só para depois surpreender todo mundo com sua inteligência perspicaz e certeira. Mas todos os recursos retóricos de Elle são disparados com um sorriso tímido e uma postura humilde; mesmo vitoriosa, ela não abandona as roupas de cores fortes e exuberantes, o cabelo tão bem escovado e o comportamento agradável. A perspicácia dela, camuflada por uma encantadora timidez, é a graça da história. De fato, o talento de Elle no tribunal é tão inesperado que fornece grande parte do material para a comédia. Ao esconder suas habilidades por trás de uma postura vaidosa e fútil, Elle Woods se torna muito mais atraente e menos ameaçadora – para homens e mulheres – que Tracy Flick, que subiu na vida graças à obstinação e determinação, bastante convencida de seu mérito. Tal como um homem.

Legalmente loira estava passando nos cinemas quando eu estava no segundo ano da Faculdade de Direito da Universidade de Nova York. Eu não era nem de longe parecida com Elle Woods, mas compartilhava sua hesitação em demonstrar inteligência. Sempre tive um excelente desempenho escolar; estudei em uma faculdade de prestígio e me formei com distinção. A Universidade de Nova York é uma faculdade de elite, sempre classificada entre as cinco melhores do país.

Cursei Direito para me tornar uma ótima advogada. Na busca desse objetivo, acumulei prêmios cobiçados: notas altas, uma vaga na *Law Review*, um cargo de escrevente federal. Mas, em público, de maneira instintiva, eu me esquivava de assumir minhas realizações. Ficava tão intimidada com os métodos inquisitoriais dos professores, quase todos homens brancos, e com as humilhações impostas aos alunos que davam respostas erradas, que fiquei em silêncio durante todo o primeiro ano, exceto quando era "convocada" e não tinha escolha senão responder. Reparei que muitas colegas se sentiam da mesma forma, enquanto os homens, de modo geral, fingiam ignorar a situação. Errar e passar vergonha não os impedia de tentar de novo. Eu também tinha medo de que as outras pessoas – em especial os homens que eu queria que gostassem de mim – pensassem que eu era convencida. Quem ia querer namorar, ou se casar, com alguém que se orgulhava dessas conquistas?

É constrangedor admitir que temia que demonstrar minha ambição tivesse um efeito negativo em minha vida amorosa, mas as estatísticas confirmam a minha preocupação. Faça uma pausa e reflita sobre a seguinte estatística: mais de um quarto dos norte-americanos acredita que filhos de mães que trabalham em horário integral estão em pior situação que os filhos de mães donas de casa, segundo uma análise realizada pelo The Associated Press-NORC Center for Public Affairs Research da Universidade de Chicago.[24]

"Mesmo em pleno século 21, os homens preferem parceiras menos ambiciosas na profissão que eles", escreveram os professores de economia Leonardo Bursztyn, Thomas Fujiwara e Amanda Pallais no estudo publicado em 2017 com o título de "'Acting Wife': Marriage Market Incentives and Labor Market Investments" ["Esposa interina": incentivos para o mercado de casamento e investimentos para o mercado de trabalho]. Segundo eles, "os homens tendem a evitar parceiras com características associadas à ambição profissional, tais como uma educação de ponta. São menores as chances de a mulher ganhar mais que o marido, e, quando isso acontece, a satisfação conjugal é mais baixa e o divórcio mais provável".[25]

Mulheres fortes e orgulhosas em relação ao que a psiquiatra Anna Fels chama de "domínio de uma habilidade especial", e da posição profissional que conquistaram como resultado disso, correm o risco de serem vistas como "menos femininas" e, por conseguinte, menos atraentes para potenciais parceiros. Estudos revelam que "a experiência cotidiana das mulheres desde a infância é plena de microencontros, nos quais se espera o recuo silencioso e o repasse da atenção disponível aos outros, sobretudo quando na presença de homens". Para Anna, "elas se recusam a reivindicar um lugar de destaque e propósito na própria história, transferindo de boa vontade o crédito para o outro, evitando assim o reconhecimento".[26] A autodepreciação instintiva não é uma característica feminina determinada pela biologia, mas um comportamento aprendido e gratificante.

Em meu subconsciente, sempre soube que assumir minha ambição seria algo negativo. Depois de me formar advogada com distinção, mudei para a Califórnia, onde trabalhei na equipe do juiz Harry Pregerson, do Tribunal de Justiça do Nono Distrito. Por dentro, parecia que ia explodir de orgulho, mas por fora fazia questão de manter uma postura modesta e autodepreciativa sempre que recebia congratulações. Aquele ano foi fenomenal. O juiz Pregerson era um feminista fervoroso e suas outras três assistentes eram mulheres, e duas se tornaram grandes amigas minhas. Nós trabalhávamos nos bastidores, dando suporte a ele. Lembro da sensação de orgulho quando o juiz Pregerson usava uma de minhas perguntas para questionar os advogados durante a argumentação oral. Mas as palavras saíam da boca dele, não da minha.

No ano seguinte, consegui o emprego de meus sonhos, na Defensoria Pública Federal de Los Angeles. Agora eu estava no controle. Ser advogada criminalista, em especial uma jovem no início da carreira, é estar sob os holofotes: meus tropeços eram vistos por todos e tudo o que eu dizia, vestia e fazia era analisado sob a lente de um microscópio. De repente, o que era implícito ficou explícito. Foi a compreensão do que a falecida acadêmica Deborah Rhode chamava de "dois pesos e duas medidas e dilema duplo". As profissionais mulheres, advertiu ela, precisavam ter cuidado para não dar a impressão de serem "suaves demais", ou "estridentes demais", ou "agressivas demais", ou "não agressivas o suficiente".[27]

O dois-pesos-e-duas-medidas e o dilema duplo não são impostos apenas pelos homens. Mais tarde, já mãe de dois filhos e mal tendo tempo para dormir, muito menos para ir a um salão de beleza arrumar o cabelo, ouvi de uma supervisora, sem meias-palavras, que devia me maquiar e pintar os fios brancos antes que começassem a surgir. Na verdade, ela disse que eu precisava de uma mudança radical no visual, inclusive se oferecendo para custear minhas despesas em uma primeira ida à Sephora. "Você precisa de alguma ajuda?", a vendedora perguntou com educação. "Preciso de *toda* a ajuda", respondi. A partir dali, me tornei cliente preferencial.

Tenho refletido muito sobre a exigência para que as profissionais mulheres cultivem certo tipo de aparência. Meus sentimentos sobre isso são conflitantes. Por um lado, é injusto que eu tenha esse tipo de despesa enquanto meus colegas homens não têm. Por outro lado, uma parte de mim gosta de se transformar em uma versão mais refinada e elegante de mim mesma. Pode ser fortalecedor.[28]

Associo esse lado fashion com minha mãe, que adora me levar para fazer compras quando vou à Filadélfia visitá-la uma vez por ano com as crianças. Ela sempre me estimula a escolher cores e roupas mais ousadas e modernas do que eu faria sozinha. Valorizo essas tardes com ela; nos divertimos muito e sempre almoçamos juntas depois. Inevitavelmente, quando alguém elogia minha roupa – um vestido envelope com estampa de leopardo, um suéter com um corte diferente, uma blusa turquesa –, sorrio com timidez e respondo: "Obrigada, foi sugestão da minha mãe".

No entanto, minhas associações positivas são uma feliz coincidência, não um endosso da regra que diz que as mulheres devem investir tempo, dinheiro e energia na busca de determinado visual, em especial depois que chegam à certa idade. Quando contabilizo o tempo, o dinheiro e a energia que gasto com a "manutenção" – leia-se: cosméticos, produtos específicos para a pele, manicure, pedicure, depilação de sobrancelha, tintura de cabelo –, chego a um custo alto, não apenas para o bolso, como para o tempo investido. O viés do gênero nas expectativas da sociedade em torno da aparência pode ser conflitante. Assisti há pouco a um documentário da Netflix sobre um advogado idoso muito famoso. Quando a câmera se aproxima do rosto dele, os pelos do nariz aparecem em destaque. Quantas mulheres na posição dele "se permitiriam" ser filmadas dessa forma? Suponho que o número seja próximo a zero. Ainda assim, em um homem, o desleixo com a aparência física é considerado normal.

Os custos – econômicos e psicológicos – de manter certo tipo de aparência não pode ser um preço que as mulheres ambiciosas devem pagar. Mas ainda é assim para muitas, e fica mais caro e penoso conforme envelhecemos. Às vezes, a sensação é de que estamos em uma autoestrada com pedágios exorbitantes e sem alça de saída, e na qual a linha do horizonte está sempre se afastando. Debora L. Spar, na época presidente da Faculdade Barnard, abordou esse problema no artigo que escreveu para o *New York Times*: "Se uma mulher ignora o processo de envelhecimento e fica à vontade com as inevitáveis rugas, a gordura localizada na barriga e os cabelos brancos, está sujeita a ser vista como uma anomalia em seus círculos pessoais e profissionais".[29]

O tempo perdido com a busca de um visual específico – feminino, mas com um toque profissional – poderia ser mais bem aproveitado com realizações mais essenciais. Além do mais, entrar no jogo é consentir que, se a mulher aceita sua feminilidade nessa forma tradicional, ela parecerá menos ameaçadora às estruturas de poder dominada pelos homens. Depois há a questão da crescente marginalização das mulheres não brancas e cisgênero. Em 2019, a Califórnia aprovou a Lei Crown,[30] que proíbe a discriminação contra funcionários por causa de penteados associados à população negra, incluindo *dreadlocks*, tranças e o cabelo natural. O prefácio do estatuto observa que a lei era necessária para combater o preconceito interiorizado de que "o profissionalismo estava, e ainda está, ligado a atributos e estilos europeus, o que implica que aqueles que não se encaixam nas normas eurocêntricas devem mudar sua aparência, por vezes de forma radical e permanente, de modo a serem considerados bons profissionais".[31]

A mesma coisa se aplica ao comportamento; uma mulher esperta disfarça sua ambição modulando a voz e cultivando expressões faciais destinadas a evocar a garota boazinha ou, para mulheres de meia-idade como eu, a própria mãe. As mulheres que levantam a voz, apontam o dedo ou parecem zangadas são vistas como insistentes, agressivas e cruéis. Qualidades que não se traduzem em futuras oportunidades profissionais.

Quando entrei no mundo acadêmico, encontrei uma plataforma maior para minhas ideias. Os artigos e os livros que escrevi renderam convites para participações na televisão e realizações de palestras. Passei a receber conselhos, a maioria semelhante aos que recebi na fase em que estava procurando emprego: sorria mais para neutralizar a "cara de brava".[32] Fui definida mais de uma vez como "muito ríspida" – no tribunal, nas reuniões do corpo docente – ao defender meus pontos de vista. Com isso, passei a adotar uma abordagem "mais neutra que raivosa", mesmo que estivesse confrontando uma testemunha hostil, contrapondo um argumento apresentado pelo advogado adversário, ou mesmo respondendo a um comentário ofensivo de um colega, ainda que a pessoa tenha sido desrespeitosa ou desonesta, e mesmo que a observação não tenha mérito algum. O não cumprimento dessas regras passa uma imagem antipática e impulsiva, e mulheres com essas características têm menos oportunidades. É simples, e deprimente, assim.

Por vezes, achei difícil seguir essas regras baseadas no gênero. Não fui criada para sorrir se não tivesse vontade, muito menos para controlar meu tom de voz. Minha mãe é viciada em moda, mas quando eu era criança nem ela nem meu pai me disseram que eu tinha de ser bonita – ou que era bonita. O máximo de elogio que meu pai conseguiu articular foi um "Você parece estar de acordo" quando me arrumei para assistir a uma peça da Broadway. Quanto a demonstrar irritação em palavras e gestos, isso fazia parte da rotina em minha família judaica, que tinha um modo combativo tanto turbulento como intelectual. Eu gritava bastante, muitas vezes em uma encenação de indignação hipócrita, e não hesitava em usar os cotovelos pontudos para obter o que achava que merecia: o banco da frente, a última bolacha do pacote, a última palavra em uma discussão.

No tribunal, na sala de aula, nas entrevistas para programas de rádio e TV, quando sinto a onda de indignação crescendo, me esforço ao máximo para não perder a linha. Tenho medo de parecer estridente – ou pior, uma histérica. Quando consigo, sinto como se estivesse traindo meus princípios feministas. Mas, quando provas práticas e eventuais sugerem que essa abordagem trará um resultado mais favorável – para o cliente ou para mim mesma –, não a adotar parece errado. Ao buscar realizar minha ambição, me esforcei para ser uma das mulheres "tranquilas e ambiciosas" que homens poderosos como John Harris, fundador e editor do site *Politico*, elogiam e recompensam.

Sou uma excelente advogada. Sou uma excelente professora de Direito. Sou muito, muito boa nos vários aspectos de meu trabalho: escrever, falar em público, angariar fundos, ensinar e, o mais importante, tirar as pessoas da prisão. Não deveria ser difícil escrever estas frases, mas é. As mulheres não devem dizer "Sou talentosa". Espera-se que minimizemos nossas realizações dizendo "Tive sorte" ou "Tive a sorte de ter a oportunidade e um mentor maravilhoso". Sorte e mentores desempenham um grande papel. Assim como habilidade, motivação e pura ambição. Quando você consegue um empate no júri, ou uma absolvição no tribunal federal – e já consegui essas façanhas várias vezes –, isso significa que venceu o governo mais poderoso da face da Terra. Quando você arrecada 250 mil dólares em três meses para dobrar a equipe de seu escritório de advocacia, ou quando sugere a criação de uma comissão para absolver prisioneiros condenados de forma injusta e o promotor transforma sua ideia em realidade e ainda por cima a coloca no comando, isso não é sorte e não tem nada a ver com seu mentor.

A modéstia e a discrição não são de fato uma estratégia vencedora – pelo menos não se você quiser ter um papel de destaque e estar no comando. Os homens ficam muito felizes em cooptar e levar crédito pelas ideias das mulheres, incorporando-as sem a menor cerimônia às conquistas deles. A não ser que as mulheres tenham iniciativa e assumam a responsabilidade pelo trabalho que fazem, não serão reconhecidas por ele nem terão as oportunidades que merecem. Já passou da hora de admitir que encorajar as mulheres a "ir com tudo" apenas se o fizerem de maneira modesta e "feminina" cria obstáculos no caminho do sucesso profissional. Os desafios de andar nessa corda bamba – ser atraente, mas sem exageros; ser dedicada ao trabalho, mas não de uma forma que "chame a atenção"; ser assertiva, mas sem parecer ameaçadora – terminarão, é claro, em uma queda. Manter-se fiel ao protótipo não apenas é impossível como imprudente, porque recomenda que as mulheres absorvam, em vez de rejeitar, os contratempos que variam de comentários depreciativos de gênero a assédios, além de situações em que são preteridas para cargos privilegiados e promoções.

Ann Marie Sheehy, 46 anos, fez um bacharelado em Stanford e depois cursou Medicina na Mayo Medical School, em Rochester, Minnesota. Nos anos seguintes, se divorciou, criou duas filhas e fez carreira na Faculdade de Medicina e Saúde Pública da Universidade de Wisconsin, onde assumiu a chefia da divisão de medicina hospitalar. Hoje, suas funções incluem supervisionar um departamento com sessenta funcionários e representar os interesses dos estudantes atletas na Big Ten Conference, o que em 2020 envolveu a difícil decisão sobre permitir ou não a realização de atividades esportivas em meio ao surto de Covid-19. Apesar desse histórico, ela respondeu a meu pedido de entrevista insistindo para que, em vez dela, eu falasse com Amanda Renteria, sua colega de quarto de Stanford. "Ela é que é de fato ambiciosa", insistiu. Minha resposta foi entrevistar as duas.

"Acho que parte disso é cultural", afirmou Ann Marie sobre sua vontade instintiva de se retrair quando ouve a palavra "ambição" aplicada a si mesma. Parte dessa reação ela atribui à síndrome do impostor. "Estou sempre me perguntando: 'Será que sou boa o suficiente? Será que sou a pessoa certa?'." Esse sentimento é reforçado quando, mesmo depois de duas décadas de constantes promoções, seus próprios colegas de trabalho não conseguem entender bem a posição poderosa que ocupa. "Agora que tenho que usar equipamento de proteção individual, jaleco e luvas no trabalho, aumentou muito o número de pessoas que acham que sou uma enfermeira." É muito fácil se sentir uma impostora quando as pessoas no próprio local de trabalho não a reconhecem pelo que você é.

Quando Ashton Clemmons chegou à assembleia legislativa estadual da Carolina do Norte em seu primeiro dia de mandato, encontrou apenas quatro outras mulheres com filhos em idade escolar entre 120 constituintes. Ela relatou desde "comentários depreciativos frequentes – alguns intencionais, outros não" e ser chamada de "querida" pelos colegas brancos mais velhos até receber a visita de vários deles em seu gabinete perguntando "Onde está o deputado Clemmons?" e ficando desconcertados quando ouvem: "Está falando com ela".

Ashton estava determinada a ser o mais efetiva possível para as pessoas de seu distrito e estado. Para realizar seu objetivo, fez questão de trabalhar com os deputados de outros partidos, apresentou projetos e, acima de tudo, não se deixou afetar pelo sexismo e preconceito existentes. Chamar atenção para o problema só serviria para afastar as pessoas que ela precisava para ter um lugar à mesa. Funcionou. Como deputada novata, Ashton foi nomeada vice-presidente do COVID Education Working Group, uma das primeiras vezes que um membro do Partido Democrata era nomeado para dividir o comando de qualquer comitê. "Todo mundo me chama de 'Sra. Presidente'. Ninguém diz 'Sra. Presidenta'. E me pego pensando: 'Isso devia ser o título de um livro'. É uma coisa maluca, mas cá estou eu negociando orçamentos em um grupo formado quase que apenas por homens brancos idosos. Eu e um funcionário da assembleia somos os únicos negros na sala. Por isso, falo um décimo do que gostaria porque sei que, se falar demais ou discordar muito, eles não me deixam entrar de novo na sala."

Sheila, 36 anos,[33] nasceu no centro-oeste e foi criada em uma pequena cidade do norte da Flórida. Perguntei, "Pequena como?". "Se você for ao Walmart, todo mundo sabe sua lista de compras antes de você chegar em casa", disse. A mãe de Sheila, que engravidou aos 17 anos e nunca completou o ensino médio, tinha a expectativa de que ela seria "a pessoa bem-sucedida da família". Igreja e escola eram primordiais. Depois de se formar em uma faculdade estadual, Sheila decidiu cursar Direito – embora não conhecesse nenhum advogado, a profissão a atraía. Apesar de tímida, ela brilhava quando lhe pediam para falar na igreja, por isso achou que poderia se dar bem em um tribunal. O que fazia lembrava os poéticos monólogos feitos pelos advogados em uma de suas séries favoritas na TV, *Law & Order*. O primeiro emprego dela foi no gabinete do procurador distrital local. Começou cheia de energia, pegou a princípio os casos de menor importância, mas aos poucos começou a lidar com processos envolvendo delitos graves, com foco em crimes sexuais.

Sheila trabalhava muito além do expediente normal. Chegava sempre às 9 horas, mas era raro sair antes das 20 horas, e, às vezes, ficava até alta madrugada. Sua ética de trabalho era resultado da dedicação aos casos, mas não se pode ignorar que, como mulher negra, sentia uma necessidade adicional de se provar. Os advogados de defesa que ela enfrentou eram com frequência homens brancos mais velhos. Eles se sentiam mais à vontade, disse ela, interagindo com advogados que eram como eles. Às vezes, alguns pareciam questionar a autoridade dela, preferindo negociar com o supervisor do sexo masculino, em vez de negociar apenas com ela os acordos que achavam ser muito severos.

Em 2018, um juiz do tribunal local se aposentou, abrindo uma vaga. A lei estadual exigia que o governador nomeasse de forma provisória o substituto indicado por uma comissão. Sheila decidiu se candidatar, sabendo que tinha poucas chances. "Cheguei a me perguntar se me dariam a vaga por ser uma mulher negra, mas naquela época eu tinha apenas 33 anos." Ela achou que esses fatos não a favoreciam e que o comitê de seleção poderia criar obstáculos a essa pretensão.

Depois de várias rodadas de entrevistas, Sheila recebeu uma ligação do gabinete do governador avisando que ela fora escolhida. O mandato começou em 2019 e no ano seguinte nasceu o primeiro filho dela. O seu sucesso – depois ela se candidatou ao mesmo cargo e ganhou –, Sheila credita a Deus e também à própria persistência discreta e à profunda compreensão da comunidade em que atua. Mas ela sabe que é um ponto fora da curva. Sua capacidade de se relacionar com pessoas brancas do sexo masculino e de manter uma imagem de competência não ameaçadora provou ser uma habilidade profissional fundamental.

Em 2013, mesmo com seu segundo filho com apenas 8 meses, Amanda Renteria decidiu deixar o emprego como chefe de gabinete da senadora Debbie Stabenow, em Washington, D.C., para voltar à sua cidade natal, no Vale Central da Califórnia, e concorrer a uma vaga no Congresso contra o titular republicano, David Valadao. A campanha foi cansativa. Amanda arrecadou quase 2 milhões de dólares em todo o estado para financiar sua campanha. Ela perdeu muitos jantares de família, mas o marido e os filhos participavam dos eventos de campanha locais. "As crianças adoravam", disse.

Convencer os outros que era uma candidata viável foi sem dúvida uma façanha. O distrito era republicano e conservador. Amanda era uma jovem mãe latina filiada ao Partido Democrata. "As dinâmicas raciais são muito difíceis por lá. Por ser uma pessoa não branca que veio do campo, ouvi coisas do tipo: 'Gosto de você, Amanda, mas não deveria estar concorrendo'." O fato de ser mulher e ter filhos pequenos também provocou alguns questionamentos. Quando o marido dela, Pat, entrou em cena para levar e buscar os filhos em várias atividades, a reação de outros pais – em sua maioria esmagadora, mães – foi: "Lamentamos muito que você tenha que fazer isso". Segundo Amanda, o marido recebia elogios e, de certa forma, recriminações, porque o pensamento era: "Onde está sua esposa?". Amanda sabia que seria difícil conquistar votos no próprio distrito: "Era frustrante para mim, mas não havia nada que pudesse dizer ou fazer para mudar essa mentalidade".

Amanda perdeu para Valadao, mas logo em seguida recebeu uma ligação da campanha presidencial de Hillary Clinton. Por acaso, ela aceitaria ser a diretora da campanha nacional? Com certeza. Em fevereiro de 2015, Amanda e a família se mudaram para o Brooklyn para ela embarcar mais uma vez em um ritmo vertiginoso de campanha, viajando pelo país e passando várias semanas sem ver o marido e os filhos. "Tinha que estar atenta o tempo todo. Ficava tão exausta que, quando chegava em casa, não conseguia nem falar uma frase inteira", contou. No entanto, Amanda estava orgulhosa de fazer parte do círculo interno da campanha, elaborando estratégias e conseguindo apoios que ajudassem a impulsionar a eleição da primeira mulher à presidência.

Amanda e eu conversamos sobre o segundo debate presidencial, quando Donald Trump perseguiu Hillary Clinton no palco, às vezes chegando a centímetros dela. Hillary contou o episódio no seu livro de memórias pós-eleição, *What Happened* [O que aconteceu]: "Foi um daqueles momentos em que você gostaria de poder apertar a tecla pausar e perguntar a todos a que estavam assistindo: 'Bem, o que *você* faria?'. Você fica calma, continua sorrindo e finge que ele não está invadindo diversas vezes seu espaço? Ou se vira, olha bem nos olhos dele e diz em voz alta e clara: 'Afaste-se, seu canalha, fique longe de mim'?".

Hillary escolheu o caminho que muitas mulheres escolhem, "mordendo a língua, cravando as unhas no punho cerrado e sorrindo o tempo todo, determinada a apresentar ao mundo a imagem de alguém que está no controle".

Perguntei a Amanda o que passava na cabeça de Hillary naquele momento, já que tinha acabado de perder a campanha em parte porque os eleitores conservadores não conseguiam vê-la além do gênero nem validavam a ambição que a motivou a se candidatar. "Se eu queria que ela gritasse com ele?" Amanda deixou a pergunta no ar sem resposta. "O sentimento era de que ela não podia perder a credibilidade. Havia uma enorme insegurança sobre como definir de maneira aceitável a primeira líder mulher do mundo livre. Hillary estava em uma situação difícil. As pessoas cobram um padrão diferente para as mulheres."

Caso Joe Biden decida não se candidatar a um segundo mandato, há a possibilidade de Kamala Harris concorrer à presidência. Se fizer isso, com certeza enfrentará a retomada da retórica de que é "muito ambiciosa". Em vez de se esquivar do rótulo, talvez devesse aceitá-lo. O que me leva de novo a Reese Witherspoon. Depois de ganhar o Oscar de melhor atriz em 2005, pelo papel de June Carter Cash em *Johnny & June*, sua vida profissional e pessoal mudou para pior. Um ano depois, ela e o ator Ryan Phillippe, com quem teve dois filhos, se separaram, em um episódio que Reese definiu como "humilhante e de grande isolamento social". A separação coincidiu com uma crise profissional que parecia indicar o fim enfrentado por tantas ex-ingênuas quando entram na casa dos 30 e tantos anos.

Em 2012, Reese Witherspoon decidiu que precisava fazer uma mudança radical. Em vez de aceitar os cada vez mais escassos papéis ofcrccidos a cla (aos 36 anos), criou a própria empresa de produção de audiovisual com o objetivo de desenvolver projetos com mulheres protagonistas fortes. Essa necessidade ficou premente depois de uma série de reuniões com figurões de estúdios que haviam trabalhado com ela no passado. As reuniões, ela relatou, eram todas iguais: perguntas sobre seus filhos e comentários sobre quanto tempo se passara desde que ganhara o Oscar, uma implicação nada sutil de que a carreira dela estava em declínio. Quando Reese perguntava sobre testes para papéis de protagonistas fortes, contou que "lidava com o vazio, os olhares sem expressão, os olhos piscando sem parar e um clima diferente e constrangedor".

Reese criou a empresa de produção, Pacific Standard Films, em torno da seguinte central: fazer filmes com mulheres poderosas, imperfeitas e independentes, apostando que havia um público significativo para elas. Tinha razão. Nos últimos oito anos, Reese produziu (e em alguns casos estrelou) um sucesso após o outro, todos baseados em livros escritos por mulheres: *Livre*, uma adaptação da biografia best-seller de Cheryl Strayed; *Garota exemplar*, que Gillian Flynn escreveu para o cinema baseado no seu thriller best-seller; *Big Little Lies*, série dramática baseada no livro de Liane Moriarty; e *Little Fires Everywhere* [*Pequenos incêndios por toda a parte*], com base no aclamado romance de Celeste Ng.

Reese Witherspoon está agora em uma posição mais poderosa que nunca. Graças à sua ambição, acredita. Em 2015, a revista *Glamour* nomeou-a uma das mulheres do ano por suas conquistas. Ao receber o prêmio, ela teve a coragem de dizer com orgulho que era movida pela ambição desde os 14 anos. "Vamos falar sobre ambição", disse ela, reconhecendo que "as pessoas têm opiniões preconceituosas sobre as mulheres que conquistam as coisas, a ponto de sentir aversão". Ela então exortou o público a discordar, com veemência, usando as próprias experiências como exemplo. E finalizou o discurso dizendo: "Para mim, ambição não é uma palavra feia, significa acreditar em si mesma e em suas capacidades. Imagine o que aconteceria se tivéssemos a coragem de ser um pouco mais ambiciosas? Acho que o mundo mudaria".[34]

Claro, Reese Witherspoon é uma celebridade branca, cisgênero e multimilionária. (E também já disse várias vezes que a maternidade é sua maior conquista.) A história dela não é a mesma da maioria das mães trabalhadoras. Mas seu exemplo aponta para um caminho que todas nós faríamos bem em trilhar. Toda mãe ambiciosa e orgulhosa cria um vácuo, algo parecido com o ciclista que está na liderança de uma corrida. Aqueles que o seguem de perto enfrentam menos ventos contrários. À medida que mais mulheres assumem ambições, uma comunidade cada vez maior se materializará, fornecendo não apenas apoio individual, mas também poder coletivo. A normalização da ambição para mulheres de diferentes raças, idades, orientações sexuais e em todas as esferas profissionais é um marco vital na longa marcha para a igualdade de gênero, em particular para as mães que trabalham fora.

São milhões de mães ambiciosas que votam e pagam impostos. O trabalho delas contribui com bilhões de dólares para a economia. Se essas mães se unirem em torno de causas em comum podem exercer a pressão exata para promulgar políticas há muito necessárias nos níveis municipal, estadual e federal, de modo a tornar os locais de trabalho e a vida doméstica mais igualitários. Mas, primeiro, elas têm que assumir para si mesmas e para o mundo sua motivação e seu mérito. Só quando "ambição" deixar de ser um rótulo que as mulheres deveriam encarar como algo negativo é que seremos livres para sonhar alto e ser quem somos de verdade – imperfeitas, intensas, fantásticas.

CAPÍTULO CINCO

ESTOU APAIXONADA... PELO MEU TRABALHO

Quando as mulheres trabalhadoras se tornam mães, enfrentam escolhas complicadas e julgamentos duros. A maioria não pode se dar ao luxo de ficar em casa nos primeiros meses de vida dos filhos, quanto mais nos primeiros anos. Mas a verdade é que muitas mulheres não escolheriam fazer isso. Elas são apaixonadas pelo trabalho porque lhes dá identidade, propósito e dinheiro no banco. A paixão e a necessidade não desaparecem como mágica com a chegada de um bebê.

Veja a Dra. Laurie Green. Ela tirou cinco semanas de licença quando teve o filho, Ross, e três semanas de licença quando teve a filha, Monica, dezoito meses depois. Isso foi em 1988, bem na época em que Laurie estava prestes a inaugurar um consultório particular com outra obstetra mulher. Havia poucas mulheres ginecologistas-obstetras naquele tempo, menos ainda com consultórios próprios, mas Laurie e a sócia dela, Joanne Hom, estavam determinadas a fazer isso depois de estabelecer uma boa reputação em uma especialidade dominada por homens mais velhos. "Nossa carreira foi um sucesso. Começamos a superar nossos colegas homens em ganhos e pacientes, mas o salário não estava acompanhando."

O objetivo de Laurie era exercer a Medicina de maneira diferente dos médicos homens. "A medicina era muito patriarcal, e eu gostava de tomar decisões compartilhadas. Queria que minhas pacientes fizessem as próprias escolhas. 'Doutor' significa 'professor', não 'ditador'. Mas as coisas não eram assim naquela época." Ela e Joanne abriram o consultório com base na teoria de que havia um número significativo de pacientes que queriam um tipo diferente de experiência, em particular no tocante a decisões íntimas, cruciais e vitais em relação à gravidez e ao parto.

Laurie se dedicou à administração do negócio e delegou os cuidados dos filhos a uma babá e ao pai da filha, Tim. "Nunca troquei uma fralda da Monica pela manhã e nunca a coloquei para arrotar. Fiz o que pude para facilitar a rotina", disse Laurie, que sempre dava uma mamadeira depois de amamentar para que a bebê dormisse mais um pouco. "Fazia isso para não perder tempo. Tinha que sair de casa às 7 da manhã."

Obstetrícia e ginecologia foram algumas das especialidades médicas rejeitadas por minha mãe. Para ser justa, não era a área de que ela mais gostava, mas o que pesou foi o fato de o parto poder acontecer a qualquer hora do dia ou da noite, algo incompatível com seu casamento e as necessidades da família. Minha mãe era ocupada, mas nunca saía de casa às 7 da manhã, e meu pai não era como Tim. Contávamos com ela para manter a geladeira abastecida com as guloseimas que cada uma de nós gostava (sempre havia, no mínimo, seis tipos diferentes de cereais matinais), preparar jantares caseiros todas as noites (sim, às vezes ela preparava a comida no fim de semana e congelava, mas ainda assim era uma comida feita em casa) e estar em casa todos os fins de semana para nos levar aos eventos esportivos e à casa das amigas. Imaginei minhas irmãs e eu vivendo sob o esquema de Laurie e aos poucos nos transformando em animais selvagens. Imaginei o que os filhos de Laurie pensariam. (Minha entrevista com o filho dela, Ross, está no capítulo oito.)

Minha mãe também tirou licenças-maternidade curtas. No nascimento das duas primeiras filhas – Emily, nascida durante o período de estágio de minha mãe, e eu, nascida durante a residência –, ela conseguiu ficar em casa seis semanas, juntando a licença e as férias. Nas duas últimas filhas – Jill e Dana –, ela trabalhava meio período na faculdade Bryn Mawr e teve apenas quatro semanas; o consultório particular ficou às moscas e ela teve que recomeçar do zero duas vezes. Cada vez, confessou, "estava infeliz por voltar", mas achava que não tinha escolha. Se exigisse mais tempo para ficar com as filhas, atrasaria a fase de treinamento e a carreira por meses ou anos. E, quando estava em Bryn Mawr, poderia perder o emprego. Ela fazia questão de almoçar em casa todos os dias durante nosso primeiro ano de vida para continuar amamentando.

Quando perguntei se ela cogitou em tirar o leite com a bombinha e armazenar, ela me disse que os modelos disponíveis na época eram versões menores das máquinas usadas para ordenhar vacas. Não precisou dizer mais nada. Quando perguntei se meu pai tirou alguns dias de folga, ela observou que a licença-paternidade ainda não existia. Só na década de 1990, com a aprovação da Lei de Licença Médica e Familiar, que os pais foram autorizados a tirar uma licença após o nascimento dos filhos. Mesmo assim, não era uma licença remunerada e muitos homens desaprovavam a medida. "A expectativa era que você continuasse a trabalhar. Você tinha que voltar ao trabalho se quisesse manter o emprego", explicou.

Três décadas depois, quando me tornei mãe, havia mais opções. A lei e as expectativas da sociedade haviam mudado, e eu não era estagiária de Medicina. Mesmo assim, pensei nas palavras de minha mãe: "A expectativa era que você continuasse a trabalhar". Mas agora a expectativa tinha sido criada por mim. Pensei nos e-mails de trabalho que fiz questão de responder enquanto ainda estava na cama do hospital, me recuperando do parto de minha filha. Achava que tinha que provar que a maternidade não tinha me mudado e tinha medo de ser cúmplice de meu próprio apagamento profissional. Olhando em retrospecto, posso ver que esse medo era exagerado, mas na época me preocupava que, por ser uma mãe de primeira viagem, o mundo me percebesse como menos capaz de fazer meu trabalho, o que, por sua vez, levaria a menos oportunidades. E eu continuava querendo essas oportunidades tanto quanto antes de me tornar mãe.

Eu me identifiquei com uma coisa que Laurie Green disse: "É importante ter uma identidade diferente, além de ser mãe ou cônjuge de alguém". Quem eu seria se não fosse advogada, escritora e professora de Direito em ascensão? Ninguém que eu reconheça ou queira ser. "Quando você tem uma profissão com um propósito, nunca precisa se perguntar por que se levanta pela manhã", afirmou Laurie. "Você lê esses livros sobre a felicidade e chega à conclusão que – seja qual for o gênero – as pessoas felizes têm um propósito e uma vida plena, aberta para o mundo."

A maioria das mulheres tira mais tempo de licença que Laurie e minha mãe após o nascimento de um bebê. A Lei de Licença Médica e Familiar garante doze semanas de licença não remunerada, e alguns empregadores e estados fornecem subsídios parciais.[1] Mas é raro que a empresa ou a entidade governamental continue pagando o subsídio após o tempo determinado.[2] Para algumas mulheres, doze semanas parecem insignificantes e insuficientes; o corpo não está totalmente recuperado e às vezes o bebê teve complicações no nascimento. Mesmo nos casos de partos "fáceis" de bebês saudáveis, algumas mães de primeira viagem acham desconcertante e traumático ter de interromper de repente a rotina conquistada a duras penas com o bebê.

Outras mulheres, no entanto, se sentem aptas a voltar ao trabalho. Aproveitaram a licença para criar vínculos e se recuperar, mas estão ansiosas para retomar a vida profissional. Muitas vezes essas mães são levadas a se sentir mal por tomar essa decisão e pelos sentimentos em relação a essa decisão. Ter um bebê é um evento transformador, não apenas para o corpo da mulher, mas para sua química cerebral. As mudanças podem ser profundas, transformando a paixão e o desejo de trabalhar em uma paixão e desejo de cuidar. Embora isso seja válido para algumas mulheres, não é a realidade de outras. As mães que não experimentam essa transformação mágica são levadas a sentir que algo nelas não é natural. A dedicação de uma mulher ao sucesso profissional – um desejo proibido que representa uma ameaça existencial para a família – torna o trabalho uma espécie de amante. A ambição inabalável de uma mãe na esfera profissional pode custar o próprio casamento; se a parceria sobreviver, pode exigir uma mudança profunda no relacionamento, em particular se o parceiro for um homem que também tem uma carreira.

Neste jogo em que a vitória de um representa a derrota do outro, uma boa mãe não pode ter prioridades diferentes. Não se admite nem a verdade básica que amar o próprio filho não é incompatível com a busca – e a necessidade – de prazer e satisfação no trabalho fora de casa. Em seu livro *Get to Work: A Manifesto for Women of the World* [Mãos à obra: um manifesto para as mulheres de todo o mundo], a autora e historiadora cultural Linda Hirshman falou sobre as inúmeras jovens que se formaram na faculdade: "A sociedade 'moderna' coloca obstáculo após obstáculo no caminho das mulheres. Elas precisam focar 100% em seu objetivo para alcançar as ambições de uma vida plena, inclusive recorrer ao amor que não ousa falar seu nome: o amor ao trabalho".[3] O livro de Hirshman saiu em 2006, mas suas palavras ainda ressoam hoje.

Depois, há o problema de enquadramento. O debate sobre os méritos da mãe dona de casa versus a mãe que volta a trabalhar com frequência é retratado como uma escolha pessoal da mulher – como se as opções estivessem disponíveis sob demanda e se resumissem apenas a uma questão de gosto pessoal, não mais controversa que a decisão por um sorvete de morango em vez do de chocolate com menta. Na verdade, a maioria das mulheres não pode escolher, elas têm que trabalhar para sustentar a família. O enquadramento da "escolha" reflete a imagem da pequena parcela de mulheres presentes no topo da pirâmide financeira. "'Escolha', aliás, é uma palavra ambígua, mas legítima para as mulheres que se consideram liberais, porque foi adotada pelo movimento feminista",[4] escreveu Hirshman, salientando que ao buscar a inclusão, o movimento feminista perdeu a força. "Um movimento que representa tudo acaba representando nada."[5]

Quando as mães com bebês pequenos voltam ao trabalho, são levadas a sentir que estão prejudicando os filhos e perdem na comparação com a imagem da supermãe que se sacrifica e coloca as crianças em primeiro lugar. A mensagem é que o foco principal deve ser a maternidade porque ela é vital para o bem-estar físico e desenvolvimento moral dos filhos. Vamos tirar de cena o enquadramento da escolha por um momento. A teoria em si é falha porque parte da premissa de que certo tipo de maternidade universal – a *maternidade intensiva*, se usarmos o termo cunhado pela professora de sociologia Sharon Hays no livro *The Cultural Contradictions of Motherhood* [As contradições culturais da maternidade] – é essencial para o desenvolvimento saudável de uma criança, algo exclusivo das mulheres, como o leite materno.[6]

É curioso que não existe uma teoria paralela de "paternidade intensiva" à qual os homens devem resistir quando voltam a trabalhar, em geral poucas semanas após o nascimento de um filho. Nem deveria haver. A ideia de que um dos pais – um único indivíduo – tem o papel exclusivo de cuidador anula a realidade de que as crianças se beneficiam e muito do amor e cuidado do pai e da mãe, bem como de avós, avôs, babás, professores e outros membros da família. "Não acho bom para qualquer ser humano ter a vida focada em uma única relação, seja ela matrimonial, seja ela profissional ou parental", afirmou a jornalista e feminista Jill Filipovic. "Os seres humanos precisam de muitos recursos. Precisamos de amor e conexão com várias pessoas, além de encontrar propósito em vários lugares."

Testei a teoria de Jill Filipovic em 2012, quando meu filho tinha 3 anos e minha filha, 1 ano. Recebi a proposta de emprego de meus sonhos: dirigir um pequeno projeto sobre pessoas inocentes condenadas de forma injusta, na Faculdade de Direito Loyola.

Mas a oferta tinha um porém. O trabalho era em Los Angeles e nós vivíamos em São Francisco, e Matt não queria deixar o emprego ou se mudar. A posição de Matt fazia sentido. O salário que a Loyola me oferecia, apesar de ser o dobro do que ganhava como bolsista na Hastings, ainda era metade do que ele ganhava. Além de ele ser o principal provedor da família, seus pais viviam nas proximidades e eram avós amorosos e participativos. Não tínhamos família em Los Angeles e Matt não tinha perspectivas imediatas de emprego por lá. Mas eu não estava disposta a desistir da oportunidade única na vida de ajudar pessoas condenadas de forma injusta que estavam definhando na prisão. Por isso, aceitei o convite e a jornada para ir trabalhar a 617 quilômetros de distância. Foi uma decisão que marcou um momento importante em minha vida profissional e pessoal.

Nos três anos seguintes, passei três noites por semana longe de minha família. Nas manhãs de segunda-feira, eu atravessava a ponte entre São Francisco e Oakland, pegava um voo para Burbank e de lá pegava o volante de um carro alugado e ia até a faculdade, no centro de Los Angeles. No final da tarde de quinta-feira, fazia o caminho contrário. De porta a porta era uma viagem de quatro horas e meia, durante a qual eu aproveitava para trabalhar, redigindo as peças processuais no avião e fazendo ligações de trabalho enquanto dirigia. Conforme as semanas se transformaram em meses, depois em anos, passei a conhecer pelo nome os comissários de bordo e as pessoas por trás do balcão de aluguel de carros.

Repeti a vida que meu pai teve quando eu e minhas irmãs éramos pequenas – já que fiz a mesma escolha. Assim como ele, aproveitei uma oportunidade profissional que me tornou uma mãe de certa forma ausente. Não pedi a bênção ou conselhos dele porque na época não percebi a conexão. Só quando comecei a escrever este livro é que notei essa coincidência peculiar.

Matt e eu contratamos Celeste, uma babá em tempo integral para cuidar da bebê Ella e levar e buscar nosso filho na pré-escola. Celeste era amorosa e dedicada com as crianças. Preparava o jantar e colocava a roupa para lavar. Matt se desdobrava para passar mais tempo com eles, assim como os pais dele. Deixei de lado a ideia de que deveria estar presente em todos os momentos especiais da vida de meus filhos ou mesmo que tinha que estar em casa para o jantar.

Quase ninguém concordava com o que eu estava fazendo. Algumas pessoas foram sinceras e disseram que aquilo prejudicaria minha família. Como é que duas crianças se adaptam a ter a mãe "meio período"? Pense em tudo o que eu perderia: jantares em família, hora do banho, hora de dormir. Quando meus filhos relembram muitas situações, eu não faço parte. Depois, havia os aspectos práticos. Como é que meu marido conseguiria conciliar as longas horas de trabalho no escritório de advocacia e ser um pai em tempo integral três dias de cada semana sem ficar ressentido e questionar todo dia minhas prioridades?

Em muitos aspectos, eu estava em negação. "Vamos fazer dar certo. Estamos fazendo dar certo", insistia, teimosa, a qualquer um que perguntasse, mas no fundo sentia culpa e vergonha. Quando os lindos rostinhos de Carter e Ella apareciam na tela do telefone na hora de dar boa-noite, meu coração doía. Às vezes chorava sozinha no quarto que alugava na casa de amigos queridos. Na prática, convivia com os filhos deles tanto quanto com os meus. Meu casamento estava em crise, mas eu acreditava com afinco na importância do trabalho que estava realizando.

Não quero diminuir minha responsabilidade. Uma mãe com filhos pequenos com ambições profissionais não precisa de um cliente preso de modo injusto para justificar suas decisões. Pensar no que fiz e por que fiz é doloroso, não por acreditar ter feito as escolhas erradas, mas por não ter sido sincera comigo mesma ou com meu marido sobre o que estava por trás dessas escolhas. Por conta de minha criação, decidi que a vida que eu queria era a de meu pai, não a de minha mãe. Não estava disposta a fazer os sacrifícios que ela fez. Queria a ambição dele, não as restrições dela. A negação sobre o que eu de fato queria parece óbvia, mas, olhando em retrospectiva, tem a ver com o medo de assumir que o que eu desejava não era apenas uma atitude desnaturada, mas algo que me tornaria uma Mãe Ruim. Daí eu não admitir a realidade – nem para mim mesma.

Em 2012, pouco antes de morrer aos 83 anos, o famoso autor de livros infantis Maurice Sendak deu uma entrevista para Terry Gross no programa *Fresh Air*, da NPR, no qual falou sobre a própria infância e a importância de seu irmão, Jack, que o inspirou a rejeitar a pressão dos pais para viver uma "vida comum". Segundo Maurice, Jack "se dedicou a me ensinar a desenhar, ler e viver uma vida fantástica" – ele também era um artista e escritor. Eles tinham uma irmã, "mas ela era menina", acrescenta. "Tudo o que se esperava dela era que crescesse, fosse bonita e se casasse com um homem decente. Por isso, teve que focar no que os pais esperavam dela.

E ela não tinha a ousadia criativa que meu irmão e eu tínhamos para escapar desse tipo de vida. Quem me dera ela tivesse."

Sendak falou com evidente dor e tristeza sobre as pessoas que havia perdido – o companheiro de vida e os amigos mais próximos. Ele estava tranquilo, apenas melancólico. "Por Deus, há muitas coisas bonitas no mundo que terei que deixar quando morrer, mas estou pronto." Ele descreveu a carreira como um período profícuo, durante o qual pode se dedicar a ver, ouvir, pensar e criar. Sua trajetória profissional, no entanto, foi a "dor mais profunda e a sensação mais maravilhosa de ter o trabalho reconhecido", disse ele a Terry Gross, encerrando a entrevista com as seguintes palavras motivacionais: "Viva sua vida, viva sua vida, viva sua vida".

Lembro de quando escutei a entrevista, em 2011, durante minha corrida diária no Parque Golden Gate, seis meses antes de começar a trabalhar na Faculdade de Direito Loyola. As palavras de Sendak me emocionaram a ponto de eu interromper a corrida. Há pouco, ouvi de novo a entrevista e, mais uma vez, chorei. Em minha mente, avancei quatro décadas e me imaginei idosa como Sendak, frágil, perto do fim. Será que poderia dizer que vivi minha vida? Se não tivesse tido a oportunidade de fazer o trabalho que queria – escrever, advogar e ensinar –, a resposta seria não. Se essas partes vitais tivessem sido sufocadas, eu morreria tendo vivido uma meia-vida. Entre as dezenas de mães com profissões diferentes que entrevistei, todas disseram que sentiam o mesmo. Cada vez que uma delas descrevia uma situação em que o trabalho teve prioridade, ou a alegria que sentiu ao ser competente em seu trabalho, eu me arrepiava por me reconhecer nas histórias e ao mesmo tempo me sentia aliviada. No fim das contas, eu não era anormal nem estava sozinha.

No fim de 2012, assumi o caso mais importante de minha vida: lutar pela libertação de um homem inocente com o nome improvável de Kash Register, que havia sido condenado a 34 anos de prisão por um assassinato que não cometera. Kash estava preso desde abril de 1979, quando os detetives do Departamento de Polícia de Los

Angeles o levaram do pequeno apartamento onde morava com a mãe, Wilma. Cristã devota, ela desde então reza para o filho voltar para casa. Quando a Faculdade de Direito Loyola assumiu o caso, ela disse que acreditava ser uma intervenção divina, pois, depois de mais de três décadas implorando para que alguém, qualquer pessoa, ouvisse seu filho, ele agora tinha um pequeno, mas poderoso, exército lutando por ele. Mas a promotoria de Los Angeles estava contra-atacando com todos os recursos disponíveis.

Não há pressão como a luta para libertar um cliente inocente. Ao longo de um ano, o caso de Kash Register tomou conta de minha vida. Era a última coisa que eu pensava ao ir dormir e a primeira coisa que me vinha à cabeça ao acordar na manhã seguinte. É curioso, porém, que o rosto que eu via com mais frequência quando estava deitada na cama era o de Wilma. O que aconteceu ao filho dela foi um sequestro autorizado pela lei. Cada vez que pensava na angústia que ela sentia, sentia não apenas uma dor visceral, mas também a determinação renovada de trazer o filho dela para casa. Manter Wilma em minha mente me deixava mais lúcida e determinada.

Bons advogados criminalistas pensam como os cirurgiões. São racionais, meticulosos, precisos. Para desmontar o processo contra Kash, não era preciso recorrer a nada drástico, bastava expor e remover os tumores cancerígenos com incisões cuidadosas e planejadas. A pessoa mais sensata na sala em geral sai vencedora, é o que digo aos alunos. Por isso, me propus a ser essa pessoa. Durante minha corrida diária de 12 quilômetros, debaixo do chuveiro quente ou na fila do supermercado, eu pensava e repensava como contar a história do caso de um jeito que o júri nunca ouvira antes.

Não havia muito que eu pudesse racionalizar, e havia também um limite para minha capacidade de controlar a indignação, o medo e o estresse. Um cliente inocente é um incêndio mental. Ele agita e consome. Às vezes, não conseguia prestar muita atenção ao que meus filhos ou meu marido estavam fazendo ou dizendo. Era difícil focar em outra coisa, incluindo os três – as pessoas mais importantes de minha vida.

"Mãe, você parece distante", meu filho me disse uma vez no jantar, me arrancando, em um sobressalto, de mais um pensamento relacionado ao caso de Kash. Ele tinha até uma frase para definir minha desatenção: "A mamãe vai embora". A questão é que ele falava isso mesmo quando eu estava em casa, ao lado dele. Pelo menos, meu corpo estava.

Em julho de 2013, a juíza do Tribunal Superior de Los Angeles, Katherine Mader, concedeu a Kash uma audiência de instrução, que é o equivalente a um novo julgamento, só que ocorre diante de um juiz, não de um júri. A batalha legal começou no outubro seguinte e eu, como principal advogada, fiz a abertura, o encerramento, apresentei minhas testemunhas decisivas e interroguei a maior parte das testemunhas apresentadas pelo Estado. Quando perguntei a Kash sobre a série de eventos terríveis que o levaram à prisão e o que havia perdido nas décadas em que ficara preso, a dor e a perda relatadas foram tão pungentes que quase chorei.

Cada minuto do novo julgamento me absorvia por completo, de corpo e alma. Era como se toda a minha vida profissional tivesse levado até aquele momento. Eu tinha uma missão e estava em meu ambiente. Amo estar no tribunal da mesma maneira que as outras pessoas amam drogas, sexo ou dinheiro – a descarga de adrenalina, a montanha-russa de emoções, a sensação de que qualquer coisa pode acontecer provoca um misto de terror e euforia, a noção de estar plena e presente naquele momento.

No auge de minha preparação para a batalha no tribunal, fiquei bastante ausente de casa. Um mês antes do início do novo julgamento, aluguei um pequeno apartamento perto do tribunal e usei as últimas quatro semanas para me preparar e apresentar todas as testemunhas e provas. De vez em quando, pegava um avião e ia ver Matt e as crianças, mas apenas por alguns dias. Sentia falta deles, mas não fiquei pensando na falta que eles faziam em minha vida nem na falta que eu fazia na vida deles. Havia um único e arrebatador objetivo: tirar Kash da prisão e devolvê-lo para os braços de Wilma.

Meu filho, na época com 4 anos, fazia muitas perguntas: "Por que você fica tanto tempo fora?", "Por que está sempre falando no telefone sobre o cara com o nome engraçado?". Como ele estava na fase dos super-heróis, corria pela casa usando camisetas com as fotos do Super-Homem, Batman ou Homem de Ferro e uma capa vermelha presa aos ombros com velcro. Nas noites em que eu estava em casa, lia para ele histórias das aventuras dos super-heróis. Ao falar sobre meu trabalho, usei a linguagem dessas histórias. Contei dos super-heróis envolvidos no caso – Kash, Wilma, os estudantes de Direito obstinados – e descrevi os vilões – os promotores e a polícia, que mentiram e trapacearam para roubar a vida de Kash. Lançando o caso como a batalha final do bem contra o mal, expliquei a meu filho que eu precisava estar longe para poder levar Kash de volta para a casa da mãe, que estava esperando por ele.

Kash está em casa com Wilma. Eles vivem em uma bela residência no oeste de Los Angeles. Após o veredito, Kash processou a cidade e o condado de Los Angeles e fechou um acordo de 16,9 milhões de dólares, o maior da história local. A absolvição de Kash Register foi um esforço coletivo que envolveu meus alunos, meus colegas e o próprio Kash. Mas, no fundo, Kash está em casa porque lutei muito. Ele está em casa porque eu fui a advogada dele.

Não sou uma pessoa religiosa como Wilma, mas, se fosse, diria que a luta pela liberdade de Kash foi obra de Deus e que usei toda a energia e as habilidades que possuía para corrigir o pior tipo de erro. Esperava que meu marido compreendesse e que, no final, substituísse o ressentimento, ou pelo menos o atenuasse, pelo reconhecimento do quanto eu amava o que fazia e de como era importante aquele trabalho. Envolvida como estava, não consegui perceber que pedia muito – ou que meu casamento se aproximava de forma rápida do ponto de ruptura.

Sete anos depois, em dezembro de 2020, fui convidada para participar do programa de entrevistas *The Tamron Hall Show*, ganhador de um Emmy, para defender esse conjunto específico de decisões e outras que se seguiram. O tema era a maternidade moderna. Tamron Hall, de 50 anos, que estreou o programa logo após dar à luz o filho Moses, começou dizendo para o público: "A conversa sobre mulheres que trabalham dentro de casa versus mulheres que trabalham fora é polêmica e às vezes difícil, mas, no final das contas, algumas dessas mulheres são iguais a você".

Tamron me fez algumas perguntas difíceis. Depois de citar um artigo do *New York Times* que escrevera um ano antes, no qual admiti que havia perdido eventos de aniversário e escola, ela perguntou: "Por que você optou por ter filhos se não pretendia estar presente?". Minha primeira reação foi ficar na defensiva, mas decidi responder. "O que você tem que entender é o que eu estava fazendo em vez disso", respondi, citando o caso de Kash, o que estava em jogo e a necessidade de libertá-lo. "O legado para meus filhos é este, o fato de eu estar fazendo algo bastante importante quando estou longe deles", continuei. "Isso não significa que não fiquem tristes ou magoados, ou que não fiquem ressentidos comigo às vezes, mas eles sabem que a mãe está tentando tornar o mundo um lugar melhor." A plateia, inteira feminina, aplaudiu.

Mas não há como negar que meus filhos demonstram frustração com minha desatenção e indisponibilidade sempre que podem; é inegável que a separação dos pais teve um impacto psicológico nos dois. Meu casamento não sobreviveu e, apesar de Matt e eu continuarmos amigos e nos esforçarmos ao máximo para compartilhar a criação de nossos filhos, o divórcio é difícil para as crianças. Admiti tudo isso, pois achei importante contar a história toda. Quando Tamron Hall me perguntou, em um tom meio de brincadeira, se meus filhos estariam marcados para sempre, tive vontade de responder "Claro que não!". Em vez disso, fui sincera: "Com o tempo, saberemos". Como mães fazemos escolhas, algumas instintivas, outras pensadas e umas tantas equivocadas. Umas têm mais consequências que outras. No calor do momento, fica difícil saber quais decisões se encaixarão em qual categoria. A verdade é que quando se trata de crianças só o tempo nos mostrará o resultado.

Algumas mulheres são mais prudentes que eu. Antes de assumir um compromisso definitivo com o parceiro romântico, elas analisam se o que querem para si mesmas em termos profissionais é essencial para sua identidade e se ceder em nome de um relacionamento será desastroso. Uma jovem disse que tinha terminado o noivado porque não conseguiu alinhar as próprias ambições com o relacionamento. Segundo ela, o noivo só concordaria em ter filhos se ela aceitasse "diminuir suas ambições". Ela não estava disposta a fazer isso.[7]

Há quem consiga negociar com os parceiros e dar uma sobrevida à relação. Diana Luong – a vietnamita que emigrou para os Estados Unidos quando era adolescente – me disse que em 2016, quando o filho e a filha tinham 10 e 12 anos, seu trabalho no salão de beleza se tornou insustentável. A ambição de ter o próprio negócio começou a parecer não apenas plausível, mas necessária, tanto para o bem-estar financeiro de sua família quanto para sua saúde emocional. Diana era esteticista, mas a dona do salão tinha acrescentado a função de recepcionista em dois dias por semana, bem como a obrigação de abrir e fechar o salão. Por esses trabalhos adicionais, que significavam mais horas fora de casa e menos clientes, Diana receberia um extra de apenas 40 dólares por semana. A chefe passou também a reduzir o valor das gorjetas de Diana, que eram a principal fonte de renda. Ela trabalhava entre nove e dez horas por dia, com um intervalo de apenas trinta minutos para o almoço e ganhava menos que um ano antes. Ela era o único salário fixo da família e a renda cada vez menor significava que ela mal conseguia pagar as contas e colocar comida na mesa. "Todos os dias chegava em casa morta de cansaço e pensava 'Tenho que encontrar uma saída, não podia ficar presa desse jeito e aguentar essa situação'. Minha energia interior para dar um basta se fortaleceu."

No ano seguinte, Diana voltou a estudar para tirar o diploma em extensões de cílios e microtranças. O curso tinha duração de três meses e era bastante caro, mas Diana usou o dinheiro da gorjeta que havia economizado ao longo dos anos para pagá-lo, pois o encarava como um investimento no futuro. Nessa fase, estudava um dia por semana e trabalhava os outros seis. "Achei que, se tivesse uma formação melhor, teria melhores chances. Depois que terminei os cursos, comecei a procurar outro emprego." O objetivo dela era cumprir todas as etapas para ter o próprio negócio na área de estética.

Surgiu uma oportunidade em meados de 2018. Uma das clientes de Diana tinha um salão de beleza a um quarteirão de distância. Ela comentou com Diana que a esteticista que alugava a sala dos fundos se aposentara depois de dezoito anos trabalhando com ela. O espaço estava vazio e a mulher estava pensando no que fazer com ele. Diana, ciente de que seus colegas de trabalho podiam ouvir a conversa, se abaixou e sussurrou em seu ouvido: "Posso ir lá e dar uma olhada?".

No mesmo dia, no curto intervalo para o almoço, Diana correu até lá. "Todos foram muito simpáticos, sabiam quem eu era e estavam à minha espera. Senti uma energia muito acolhedora. É conveniente para minhas clientes e o espaço era bonito."

Diana chegou em casa do trabalho naquela noite explodindo de entusiasmo. O aluguel que a dona do salão estava pedindo, de 200 dólares por semana, parecia razoável. "Sabia que era a minha oportunidade e tinha certeza de que as clientes seriam leais e me acompanhariam." Mas seu marido só enxergava riscos e não parava de repetir: "E se der errado?" Ela respondeu: "Estou confiante, sinto que posso dar esse passo". Ele insistia que Diana devia tentar negociar melhores condições com a atual chefe. "Eu sabia que não ia dar certo, eu a conhecia, e de qualquer maneira já não aguentava mais." Eles discutiram e, em um determinado momento, Diana pensou: "Chega, vou fazer isso e não vou te avisar porque você está sendo covarde e não está me apoiando".

Diana sentiu que depois de anos fazendo concessões e reduzindo o tamanho de seus sonhos, era hora de fazer uma mudança radical. "Talvez apenas dessa vez eu me arrisque", pensou, apesar de o marido continuar a desencorajá-la. Diana se manteve firme, imaginando que, se só contasse a ele depois de pedir demissão e montar seu estúdio, seria tarde demais para impedi-la. No final, porém, ela ganhou a parada. "Alguns dias depois ele disse que tinha pensado melhor: 'Quer saber? Se isso te faz feliz, vai em frente'. E respondi: 'Puxa, obrigada'."

Breegan Jane também se viu em um momento decisivo quando tinha 20 anos e percebeu que havia se contentado com muito pouco por muito tempo. A carreira de Breegan começou quando ela estava com 2 anos de idade, como prova sua carteira profissional do Screen Actors Guild. A mãe possuía uma loja de roupas infantis em

Hermosa Beach, na Califórnia, e adorava tirar fotos da encantadora filha vestindo as roupas à venda e fazer pôsteres para decorar as paredes da loja. Breegan se comportava de maneira natural na frente da câmera, sempre com um sorriso travesso que transmitia alegria. Todas as roupas que usava nas fotos eram vendidas com facilidade. Trabalhos como modelo profissional para grifes famosas vieram na sequência. OshKosh, The Limited, Talbots e até Clorox contrataram Breegan, que voou por todo o país na companhia da mãe para as sessões de fotos das campanhas publicitárias. "A tendência do marketing naquela época era uma menina branca, uma menina negra e uma menina asiática", explicou, cujo pai biológico é negro (ela foi adotada quando bebê). "Eu tinha o visual que eles queriam."

Breegan trabalhou como modelo até os 15 anos. "Adorei cada minuto", disse, em especial acompanhar o trabalho dos estilistas na produção do ensaio fotográfico – desde um cenário de montanhas cobertas de neve atrás dela à cor da presilha em seu cabelo –, tudo pensado para evocar uma experiência de vida que se completava com a compra do produto. Os pais de Breegan depositaram os cachês ganhos em uma poupança, com o objetivo de pagar a faculdade dela, mas, quando chegou a hora, Breegan optou por não entrar em uma universidade. Em vez disso, aos 18 anos, usou o dinheiro para abrir a própria loja de roupas. Entretanto, um acontecimento traumático ocorrido nos dois primeiros anos da loja provocou uma reviravolta em sua vida.

Breegan fechou a loja e se mudou de Hermosa Beach para Los Angeles. "Eu só pensava em festas e fui autodestrutiva." Aos poucos, ela recuperou o equilíbrio emocional e virou assistente-executiva de homens mais velhos poderosos, como do presidente de uma empresa de construção de iates e, depois, do chefe de um estúdio de produção de filmes. Nessa função, Breegan assumiu cada vez mais responsabilidades. Com o primeiro, ela reformulou a marca do iate, virou diretora de marketing da empresa e desenvolveu as campanhas publicitárias. No segundo emprego, supervisionou a reforma das propriedades do executivo do estúdio nos mínimos detalhes, escolhendo de azulejos a tecidos de decoração.

Quando tinha 27 anos, Breegan começou a namorar um amigo e batizou o namoro de *Harry e Sally: Feitos um para o outro*, como no filme. Eles se casaram e, depois de engravidar, ela deixou o emprego de assistente do executivo do estúdio cinematográfico. A ideia era ajudar o marido a ter sucesso financeiro e profissional, então abriram juntos um restaurante. "Achei que o trabalho de apoio a grandes executivos influenciaria minha vida como mãe. Vou ajudar meu marido a ser mais bem-sucedido, mas não preciso ficar em evidência. Afirmei para mim mesma que ficaria à vontade nos tradicionais papéis de gênero."

Breegan teve uma participação muito ativa no restaurante. Ela definiu a decoração e arregaçou as mangas, esfregando o chão quando necessário, enquanto o bebê cochilava no carrinho. Nesse momento, ela engravidou de novo. A família morava em uma casa que seus pais lhe deram de presente. No entanto, o marido não reconheceu o trabalho árduo de Breegan nem a contribuição dos pais dela – muito pelo contrário. Dizia aos amigos que havia comprado a casa com o próprio dinheiro e insinuou que Breegan era "uma esposa mimada" e que ele era "o cérebro por trás dos negócios". Segundo Breegan, o marido criou essa falsa imagem nos encontros com os amigos porque "seu ego masculino não conseguia lidar com as coisas" – nem com a ajuda da família nem com o papel ativo dela no restaurante. O negócio começou a não dar certo, assim como seu casamento. Menos de três anos depois de ter se casado, Breegan pediu o divórcio.

Como mãe solo de dois filhos, Breegan decidiu que estava na hora de seguir o próprio caminho. Abriu uma empresa de design e começou a reformar casas. "Compro a casa mais feia do mundo e a vendo como a mais bonita. O trabalho é duro, e é claro que estou sempre aprendendo algo novo, mas tenho facilidade para visualizar o que precisa ser mudado ao entrar pela primeira vez em um lugar." Breegan começou a diversificar, expandindo os negócios como designer, guru de estilo de vida e empreendedora. Seus clientes queriam uma mudança – na casa, nos negócios ou neles mesmos – e queriam que ela lhes desse uma orientação.

Depois que seu casamento acabou, Breegan percebeu que não queria continuar a usar seus talentos para ajudar homem nenhum. Ela queria ser a cabeça do negócio. Para promover a própria empresa, criou um blog que misturava assuntos pessoais, como o divórcio e a nova família, e temas profissionais, nos quais mostrava fotos lindas das casas que havia reformado. A mistura da vida pessoal e profissional deu certo; as reformas das casas às vezes eram apresentadas com fotos da própria Breegan tomando um copo de vinho na sala nova, ou abraçando os filhos e dando uma gostosa gargalhada. O tráfego no site dela aumentou e, em 2019, foi convidada por uma produtora para fazer um teste como apresentadora do programa *Extreme Makeover: Reconstrução Total*. Depois de várias rodadas de testes, ela conseguiu o emprego. Quando recebeu a notícia em julho de 2019, Breegan ficou eufórica. "Fiquei animada por ser uma mulher negra em um espaço tão caucasiano e masculino e poder, com isso, inspirar outras pessoas."

Os dez episódios do programa foram filmados ao longo de dez semanas, entre julho e outubro, em locações espalhadas pela Califórnia e Utah, o que levou Breegan a ficar semanas longe dos filhos. Na frente e atrás das câmeras, ela e os coanfitriões supervisionaram a demolição e reconstrução de casas para famílias necessitadas, incluindo três irmãos que fugiram de Uganda depois que os pais e a irmã menor foram assassinados na frente deles.

"Meus pais são uma ajuda incrível", disse ela, salientando que os filhos ficaram com os pais dela no período das gravações. Antes de cada viagem, Breegan faz questão de explicar a importância do trabalho dela aos filhos de 3 e 5 anos. "Eles já sabem que construo casas e foi incrível poder dizer a eles que a mamãe estava ajudando pessoas que não têm um lugar para morar." Não foi a primeira vez que ela ficou um tempo longe dos filhos: "Fiquei dez dias no Quênia para fazer um trabalho filantrópico quando eles tinham 2 e 4 anos. Na época, expliquei que 'a mamãe ia ajudar outras pessoas'. Enquanto eu empacotava a montanha de material escolar que tinha encomendado para levar, meu filho correu até o quarto dele e apareceu com três brinquedos: 'Não preciso deles, mamãe, pode dar para outra pessoa'. Foi quando percebi que ele tinha entendido".

Na opinião de Hely Harris, gerente do restaurante Cookshop, "as mães que trabalham merecem ser homenageadas". Sua carreira no ramo de restaurantes, que ela ama, exige jornadas de trabalho de dez horas por dia, cinco dias por semana. Ao mesmo tempo, ela diz que ser mãe também é muito importante. Hely aproveita ao máximo as manhãs com o filho, Jack; todo dia, prepara o café da manhã enquanto ele lê em voz alta para ela. Antes da pandemia, ela o levava na escola, que fica no bairro do Queens, e de lá pegava o metrô para Manhattan. "Sinto um pouco de culpa por trabalhar tanto, mas vejo o homenzinho que ele está se tornando e sei que estou fazendo um bom trabalho."

Hely, cuja mãe emigrou da Indonésia e passou pela Holanda, aprendeu desde cedo a importância do trabalho como segurança financeira. A mãe tinha um diploma de ensino técnico e trabalhava como analista de empréstimos bancários; o pai era motorista de caminhão e não terminou o ensino médio. Juntando as duas rendas, a família conseguia ter uma vida de classe média, mas quando Hely tinha 7 anos e a irmã tinha 4 anos, seus pais se divorciaram. Depois disso, ela acompanhou a luta da mãe como única provedora; o pai, segundo ela, "às vezes pagava a pensão alimentícia, mas era inconstante, e eu nunca quis isso para mim". A mãe se casou de novo quando Hely tinha 15 anos, o que levou a família a se mudar para Orlando, na Flórida, pois o padrasto trabalhava em uma fábrica de gerenciamento de resíduo. Com duas rendas, a família mais uma vez conseguiu estabilizar as finanças.

Hely também fez um curso técnico em uma faculdade comunitária e não quis seguir para uma graduação. "O mundo estava me ensinando mais coisas que a escola", garantiu. Ela adorava a rotina dos restaurantes – os clientes regulares, os clientes novos e o ritmo acelerado do trabalho. Hely trabalhou ao longo dos anos como garçonete e bartender em vários restaurantes, desde filiais de uma grande rede em Atlanta até a churrascaria Crooked Bayou, de propriedade de mulheres, em Orlando.

Em 2005, Hely se mudou para Nova York por causa do namorado. No início, foi difícil entrar no setor de restaurantes, mas enfim conseguiu um emprego de garçonete no Salt, um pequeno bistrô da moda no SoHo. Dois meses depois, o gerente-geral saiu e o proprietário convidou Hely a assumir o posto. Ela aceitou e virou uma faz-tudo: garçonete, *maître* e recepcionista quando necessário, sem contar o controle de estoque, a folha de pagamento e as finanças. O namoro de Hely não durou, mas vários anos depois ela conheceu em uma filial do Salt o homem que se tornaria seu marido, Tim. Em 2012, Hely foi contratada pelo Grupo Bowery, onde passou três anos e meio como gerente-geral de um restaurante antes de assumir o mesmo papel no Cookshop, o principal empreendimento do grupo. Hely, que ganha um salário de pouco mais de seis dígitos por ano, está a caminho de se tornar diretora de operações e espera se tornar sócia um dia. Ela ganha mais que o marido, que trabalha como diretor de bebidas do Cookshop. Eles dividem os cuidados infantis e as tarefas meio a meio.

Não é preciso dizer que as histórias de Diana, Breegan, Hely e de muitas outras mulheres que conto neste livro não representam todas as mulheres. Há muitas – milhões – delas que preferem ficar em casa,[8] como é o caso de Lillian, que também participou do mesmo programa de Tamron Hall sobre maternidade moderna e foi entrevistada logo depois de mim. Acompanhei a entrevista dela com o público e assisti aos vídeos que mostram Lillian segurando seu bebê, ajudando a filha mais velha a estudar, lavando roupas e aspirando as escadas acarpetadas de uma casa elegante, tudo isso sorrindo e sem um fio do longo cabelo escuro fora do lugar. Com orgulho, se autodenomina uma #TradMom (uma contração de "mãe tradicional") e costuma divulgar vídeos sobre a vida como dona de casa e educadora domiciliar dos três filhos pequenos. "Em geral, dou três horas de aula formal pela manhã e, à tarde, as aulas são de chinês, espanhol, piano e violino", disse ela a Tamron. Senti um aperto no coração ao pensar que meus filhos nunca pegaram em um instrumento musical e talvez nunca sejam trilíngues.

Quando Lillian conheceu o marido, Felipe, os dois estavam no doutorado – o de Lilian era em Canto Coral e Educação Musical.

O plano de Lillian era conseguir o grau de doutora em artes musicais e se tornar professora universitária. Quando o trabalho de Felipe o transferiu para Baltimore, Lillian suspendeu esse plano por tempo indeterminado e passou a dar aulas em escolas públicas. Depois de engravidar da primeira filha, optou por deixar o emprego e ficar em casa. A princípio, ela teve dúvidas sobre a decisão, até mesmo um início de crise existencial: "O que estou fazendo de minha vida?". Mas depois entendeu que aquele "não era o raciocínio correto". Se diminuíssem as despesas, ela e Felipe poderiam viver da renda dele. "Há sem dúvida um sacrifício", disse, lembrando do propósito maior, que é "o dever sagrado das mães de criarem seus filhos".[9]

Nossos filhos, ela disse à apresentadora do programa, "podem ver que a mamãe está em casa, que respeito a autoridade de meu marido e que o consulto para tomar as principais decisões em nossa família. Sim, me dedico a cuidar da casa, da alimentação, da limpeza e da educação domiciliar. Meu marido é quem está voltado para o externo, então ele cuida do quintal e sai para trabalhar e colocar o pão na mesa". Uma das regras do casamento de Lillian é que ela deve pedir permissão para qualquer despesa acima de 100 dólares. "Ele é o CEO do casamento e da criação dos filhos?", Tamron perguntou. "Com certeza", Lilian respondeu, sorrindo. "Nós o chamamos de diretor de nossa escola domiciliar, e eu sou a professora. É dele a palavra final sobre o que as crianças aprendem e é ele quem faz a supervisão e se certifica de que estou fazendo um bom trabalho com as crianças."

Enquanto ouvia o depoimento de Lillian, percebi que a estava julgando e depois me julgando. Tudo o que ela dizia soava como uma condenação de minha própria vida. Eu nunca seria "submissa" a Matt – só o uso dessa palavra no contexto do casamento me deixa possessa –, mas será que poderia ao menos ter sido mais conciliadora? Talvez, se tivesse sido, meus filhos não se revezariam entre a casa dos pais, sem chance de falar três idiomas ou tocar um concerto de Beethoven no violino. Minhas tentativas de educar Carter e Ella em casa durante a pandemia se resumiram a dar um alô duas vezes por dia enquanto eles assistiam às aulas online com os colegas e os professores. Fato é que metade do tempo eles ficavam trocando mensagens de texto com os amigos e jogando. Tomei alguma atitude diante disso? Não. Estava feliz por eles estarem ocupados, o que me permitia trabalhar – tarefa nada fácil, já que também passava meus dias online –, dando aulas, escrevendo, participando de reuniões, tudo isso sentada em um banco da cozinha do apartamento de 111 metros quadrados onde morávamos.

Depois do programa, assisti a alguns vídeos de Lillian, na esperança de reunir evidências para desacreditá-la, algo que revelasse que suas escolhas estavam erradas (ou pelo menos eram problemáticas o suficiente para que as minhas parecessem menos constrangedoras). Em um vídeo, Lillian e Felipe aparecem sentados no sofá da sala de estar conversando com bastante franqueza. Felipe afirma que uma das razões pelas quais as mulheres são motivadas a seguir uma carreira é "para terem uma rede de segurança quando o divórcio acontecer". Lillian acrescenta: "É por isso que as pessoas sempre nos aconselham a ter contas bancárias separadas. Nós decidimos juntar nosso dinheiro no mesmo lugar". Felipe completa: "Evitamos todos os conselhos que as pessoas nos dão para manter algum tipo de independência, para criar um estado de separação no casamento 'só como precaução'".

Parecia que eles estavam falando mesmo comigo. Quando Matt e eu nos casamos, mantivemos as contas bancárias separadas. Fizemos isso por mútuo acordo, mas na época eu tinha muito mais dinheiro que Matt. É que, apesar de termos a mesma idade, quando nos conhecemos eu já advogava havia cinco anos e ele era um estudante de Direito endividado que tinha passado a juventude trabalhando como carpinteiro. Meses antes do casamento, investi o dinheiro que recebi do fundo de pensão de meu período como defensora pública federal em uma espécie de poupança para a aposentadoria. Como fiquei sete anos no cargo, era uma quantia significativa. Por que Matt teria direito a usufruir dela? Durante o casamento, também recebi uma parte da herança deixada por minha avó e a depositei em um fundo patrimonial ao qual Matt não tinha acesso.

Felipe estava falando sem rodeios sobre questões íntimas do casamento. Sim, essas decisões criaram "um estado de separação no casamento" e, sim, tomei essas decisões "só como precaução". Teria sido um planejamento cuidadoso ou uma profecia autorrealizável? O fim de meu casamento foi inevitável porque eu era muito egoísta e reticente para apostar todas as fichas em uma conta conjunta? Será que a recusa em compartilhar a vida financeira foi uma decisão prudente ou um reflexo de minha falta de confiança?

Nesse momento, lembrei do conselho de minha mãe: "Nunca deixe suas finanças à mercê de ninguém. Descubra um trabalho de que você goste. Ajude as outras pessoas. Seja a melhor". Não, ela não optou por educar as filhas em casa e, não, ela não estava em casa quando eu chegava da escola. Mas eu tinha muito orgulho dela, da carreira atribulada, do diploma de Medicina e do título de "Dra." que precedia seu nome. Quando um vizinho idoso, Roy Popper, desmaiou uma manhã e sua mulher nos ligou em pânico, mamãe correu até a casa deles e aplicou os primeiros socorros até a ambulância chegar. Ele sobreviveu. Quando eu estava estudando em Cambridge, na Inglaterra, conheci uma jovem no laboratório de informática no primeiro ano da faculdade. Como ela estava usando uma camiseta da Bryn Mawr, mencionei que minha mãe tinha se formado lá e que era a chefe da psiquiatria do centro médico da universidade. A jovem olhou para mim com os olhos arregalados. "Sua mãe é a Dra. Bazelon?", perguntou. Confirmei com a cabeça. Ela me contou a história de uma amiga que tinha tendências suicidas: "Sua mãe salvou a vida dela".

A independência financeira que minha mãe estimulava parecia algo importante. E se Felipe deixasse Lillian? E se ele morresse de repente, de forma trágica, como aconteceu com meu avô? Embora as chances fossem baixas, as mortes causadas pela Covid-19 colocaram a mortalidade em foco para todos nós. A vida é imprevisível, nunca se sabe o que vai acontecer. Não é melhor estar preparada para o pior cenário? Para mim, a confiança de Lillian em seu casamento equivalia a comprar uma casa de praia na costa de Jersey sem seguro contra furacões. Pode dar certo. É provável que ela não tenha problemas. Mas e se acontecer outro furacão Sandy?

Lillian fez essas mesmas ponderações. Levou em consideração esses riscos e escolheu seguir o caminho que a faria mais feliz. Ela não se encaixava no molde da "mãe ambiciosa"; na verdade, sua vida era um desafio à minha tese. O que não significava que ela estava errada. Foi um alerta pontual de que, ao escrever este livro, eu não deveria ter a pretensão de falar em nome de todas as mães.[10]

Entrevistei outras mulheres da Geração X e Millennials, cujas escolhas não eram tão drásticas quanto as de Lillian, mas que optaram por desacelerar a carreira e trabalhar meio período ou mesmo parar de trabalhar por uma série de fatores. Entre elas, a síndrome de Burnout (doença mental que surge após situações de trabalho desgastantes), o custo absurdo de creches e babás, o desejo de mais independência e horários mais flexíveis enquanto os filhos fossem pequenos e a necessidade de tempo para refletir antes de dar o próximo passo na carreira. Muitas encaravam essa fase em casa como temporária. Ouvindo a história delas, percebi que tinham um tipo diferente de ambição: não linear e intuitiva. Tinham certeza de que novas e diferentes oportunidades profissionais surgiriam após aquele período em casa. A ambição é como a água – ela tem diferentes temperaturas, níveis de pressão e caminhos à medida que contorna os objetos sólidos, no caso o cônjuge, a família, os amigos e os filhos.

Elea, uma dona de casa com 30 e poucos anos, me recebeu na casa ensolarada em que mora com o marido, Josh, e a filha de 2 anos, Leona, no sopé das montanhas Blue Ridge em Clayton, Geórgia, uma cidade de pouco mais de 2 mil habitantes. Elea se mudou para lá no final de 2020, após a pandemia tornar inviável a vida em um pequeno apartamento no Brooklyn. A empresa de Josh, que tem um escritório em Atlanta, aceitou que ele trabalhasse no sistema remoto. Elea, que trabalhava em tempo integral como professora do ensino fundamental, terminou o semestre de aulas virtuais e pediu demissão. Desde então, tem trabalhado como tutora freelancer e professora de ioga online, além de receber o seguro-desemprego proporcionado pela Lei CARES, uma lei de ajuda, alívio e segurança econômica contra o coronavírus.

A mudança de um apartamento de 65 metros quadrados em uma cidade com alta densidade populacional para uma casa espaçosa de três quartos em uma pequena cidade rural a poucos minutos da

Trilha dos Apalaches deixou Elea mais próxima da família dela e dos sogros. Também foi um bom negócio em termos financeiros, além de atrair pelo lado aventureiro. Afinal, a mãe de Elea tinha sido piloto de helicóptero no Exército dos Estados Unidos e suas alocações fizeram a família viajar pelo mundo inteiro. Até os 10 anos, Elea morou em bases militares no Alabama, na Alemanha e na Coreia do Sul. "Estou acostumada a mudar de casa, é o tipo de coisa que me deixa animada", explica.

Mas Elea também desejava estabilidade emocional e financeira, além da oportunidade de passar mais tempo com a filha. Apesar de se dizer "muito próxima" da mãe – e de "consultá-la para tudo" –, ela admite que as repetidas incursões da mãe em zonas de guerra deixaram sua marca. Pouco depois do 11 de Setembro, quando Elea tinha 13 anos, a mãe foi enviada para o Afeganistão e o Kuwait, onde passou os dois anos seguintes, voltando apenas para visitas rápidas depois de ficar meses, até um ano, distante. Na época, quem olhava de fora achava a vida de Elea perfeita: ótima aluna, participava das aulas extracurriculares para alunos que tiravam as melhores notas e da equipe de líderes de torcida da faculdade. Mas ela bebia, fumava maconha e tinha "outros comportamentos imprudentes". De certa forma estava se rebelando contra o pai, que descreveu como rigoroso e autoritário, temperamento que atribuía ao fato de ele "ter ciúmes da mãe". Segundo Elea, "era muito difícil não ter alguém para lhe dar amor, orientação e apoio em casa".

Elea conheceu Josh na Universidade da Geórgia. Após a formatura, foi aceita no competitivo programa Teach for America e indicada para uma escola independente no bairro Bedford-Stuyvesant, no Brooklyn, em Nova York. Mudou-se para lá em 2010; depois de anos se relacionando a distância, Josh foi morar com ela.

Elea adorava o trabalho. Depois de dois anos dando aulas para o segundo ano e fazendo mestrado em Educação à noite, ela criou um programa de artes cênicas para crianças do jardim de infância até o quinto ano, para o qual definiu o currículo, e deu aulas de dança, ioga e teatro. Ela e Josh se casaram em 2016, ambos aos 28 anos. Três anos depois, em agosto de 2019, Elea deu à luz a Leona.

Após doze semanas de licença-maternidade, Elea começou em um novo emprego, em uma escola secundária só para meninas. Foi uma fase terrível. "O ensino médio é intenso", afirma, lembrando que as alunas eram cruéis umas com os outras, inclusive com ela mesma, que virou alvo de zombarias por não ter perdido o peso extra que ganhou na gravidez, entre outras coisas. Os comentários sobre seu corpo eram maldosos; Elea sempre teve uma excelente forma física, mas ainda estava se recuperando da cesariana e se sentia cansada, além de estar sem dinheiro para se exercitar. "Que tempo ou recursos eu tinha para ir a uma aula de pilates que custa 40 dólares por hora?", comentou, desanimada.

A tensão financeira e o apartamento pequeno pareciam sufocá-la. Como Josh trabalhava em horário integral em uma agência de marketing esportivo, eles dividiam uma babá com os vizinhos de cima. O trabalho de Elea mal dava para o valor de 550 dólares por semana. O apartamento deles parecia encolher de tamanho a cada dia. Quando a Covid-19 estourou, Elea de certa forma ficou aliviada, pois com os dois trabalhando de modo remoto foi possível se mudar, primeiro para a casa da mãe dela, que se casara de novo e agora morava em Kentucky, e depois para a casa dos pais de Josh, em Atlanta. Por alguns meses, Elea trabalhou como autônoma e foi tutora de um grupo de cinco alunos do segundo ano, ganhando mais dinheiro que em seus tempos de professora em Nova York.

Após esse período na casa da mãe e dos sogros, Elea percebeu o quanto estava solitária e isolada. "As mães não têm apoio nas empresas em que trabalham e ninguém fala sobre isso", disse. A vida dela em Nova York "parecia impossível". Uma árvore que faz parte de uma floresta maior tem raízes que se conectam com outras árvores, disse ela, mas uma muda solitária não tem como obter esse tipo de nutrição solidária. "Os humanos são assim. Quando estamos sozinhos, não conseguimos o que precisamos."

A decisão de comprar uma casa no interior da Geórgia surgiu da vontade de ter uma vida mais tranquila e próxima à natureza, de diminuir as despesas e de estar próxima da família (Atlanta está a duas horas de carro). Elea descreve a própria decisão de parar de trabalhar em meados de 2020 como uma forma de repensar a vida e aprender novas habilidades. A parcela da hipoteca da casa era menor que o aluguel em Nova York. O valor mensal da creche por meio período para Leona era menor do que eles pagavam por semana pela babá compartilhada. Com o alívio financeiro, Elea tinha tempo para aprender compostagem e paisagismo e, depois de tentativas e erros, criou uma horta onde passou a cultivar pepino, manjericão, tomilho, tomate, pimentão, brócolis, alface, morango e melão. O trabalho ao ar livre, no sol, mexendo com a terra, quase sempre ao lado da filha – que adora minhocas –, não rende dinheiro, mas respeita seu ritmo. "Como professora de uma escola de alto desempenho, eu era condicionada a ser uma pessoa do tipo A, quer queira ou não. Trabalhava tanto que meus braços ficavam dormentes. Não preciso dar 110% de mim. Não tenho que mostrar meu valor por meio de uma produção constante."

Elea descreve os meses em casa como "um grande desafio" que também renovou a fé em si mesma. Ela planeja voltar ao mercado de trabalho daqui a seis meses ou um ano e está segura de que surgirão oportunidades; se não, as criará ela mesma. "Como um dos clientes de meu marido é o LinkedIn, sei quais empresas estão fazendo mudanças e quais não estão, então vou mirar nas que oferecem flexibilidade em relação ao local de trabalho. Essas coisas vão pesar quando decidir voltar. A confiança que você está vendo mostra que não vou me acomodar."

Ao comparar Elea com Lillian, me ocorreu que as mães que optam por ficar em casa são tão variadas quanto as que trabalham fora. Há também muita sobreposição, pois as mulheres transitam entre uma fase e outra ao longo da vida. Tendemos a simplificar essas duas categorias de mulheres, mesmo quando as confrontamos – como aconteceu comigo e com Lillian no programa de Tamron Hall. Da mesma forma, temos a tendência de dizer às mulheres que a opção de parar de trabalhar fora, mesmo que por um pequeno período, será um desastre profissional quando, na verdade, para mulheres como Elea, isso faz sentido em termos financeiro, emocional e profissional porque prové o espaço para descobrir qual será o próximo passo em relação ao trabalho. Estamos sempre perguntando qual é a fórmula certa para exercer a maternidade e educar os filhos, como se houvesse uma única resposta correta, e as mulheres que não descobrem a fórmula mágica fossem dignas de censura.

Durante muitos anos, Elea foi apaixonada pelo trabalho como professora, assumindo cada vez mais responsabilidades, graças à sua iniciativa e criatividade. De repente, aquilo já não a satisfazia. A decisão de se afastar, no entanto, não era uma desistência, e sim um reposicionamento para que pudesse se interessar por algo diferente – um trabalho para o qual ela precisava de tempo para pensar e se preparar. Quando perguntei se Elea se descreveria como ambiciosa, ela não hesitou: "Sim, minha ambição existe; apenas se expressa de formas diferentes em vários momentos de minha vida".

CAPÍTULO SEIS

A CONQUISTA DA LIBERDADE

Este é um capítulo sobre a liberdade – sobre ser livre para reimaginar relacionamentos ou sair deles; livre para repensar o que significa ser uma "boa mãe", de modo que a definição inclua a possibilidade de trabalhar com dedicação e ambição fora de casa; livre para reconhecer que mães felizes são mães melhores e que o autossacrifício e a abnegação constante não levam a lugar nenhum.

Os casamentos podem sofrer tensões e até mesmo acabar quando as mulheres insistem em realizar suas ambições profissionais depois de se tornarem mães. Essa escolha desafia normas de gênero centenárias e revela preconceitos inconscientes arraigados. Algumas relações não sobrevivem. Mas outras seguem firmes – quando há o reconhecimento de que os ultrapassados protótipos conjugais podem ser substituídos por algo diferente. O processo de reconstrução começa quando os homens aceitam que suas ambiciosas esposas são boas mães por causa da, e não apesar de, sua dedicação ao emprego. Esse reconhecimento faz as mulheres não se sentirem egoístas e inadequadas. Essa mudança também permite que o casal mude a dinâmica do relacionamento para que possa acomodar as necessidades e os desejos profissionais da mulher.

Vejo essa reformulação como uma maneira de jogar o mesmo jogo, só que com uma estratégia diferente que produz melhores resultados. Veja, por exemplo, o Parole, um jogo em que dados com letras pousam de modo aleatório em um tabuleiro com uma grade de quatro por quatro e os jogadores devem montar o máximo de palavras possível antes que a areia da ampulheta escorra. As letras podem ser ligadas na horizontal, vertical ou diagonal. O objetivo é encontrar mais palavras que os outros jogadores. Em minha infância, eu e minhas irmãs jogávamos Parole com nossos pais; hoje em dia, jogo com meu melhor amigo – e ele ganha sempre.

Há um momento quando se está jogando Parole em que as únicas palavras que você consegue ver são as que já anotou. Sua mente traça as mesmas rotas, chegando ao mesmo resultado. É enlouquecedor, mas se mudarmos a posição do tabuleiro, as mesmas letras ganham uma perspectiva diferente e aí acontece uma coisa incrível: você encontra novas palavras. O mesmo acontece com os relacionamentos reconfigurados, com as pessoas e as instituições que ditam o que é financeiramente possível e socialmente aceitável.

A falta de apoio governamental aos pais trabalhadores é um problema recorrente e um obstáculo para que importantes mudanças interpessoais e sistêmicas aconteçam. Os Estados Unidos são o único país industrializado que não tem políticas econômicas de apoio aos pais que trabalham, em especial pré-escola gratuita e subsídios para atender às necessidades infantis. Como as mulheres costumam ganhar menos que os homens e são as principais cuidadoras dos filhos, essa falta de assistência impede que muitas mães trabalhem fora. A participação da força de trabalho feminina atingiu o pico em 1999, permaneceu estagnada nos dez anos seguintes e depois começou a cair, de acordo com um relatório do Departamento de Estatísticas do Trabalho dos Estados Unidos. "Os índices de participação de mulheres na faixa etária de 25 a 54 anos vêm diminuindo desde 2000", diz o relatório.[1] Essas mulheres, que talvez tenham filhos pequenos, representavam quase 73% das mulheres trabalhadoras em 2000. Em 2015, o índice caiu para 63,8%.[2]

O que explica esse decréscimo? Há muitos fatores, entre eles a recessão de 2008 e a queda da taxa de natalidade entre 1965 e 1975.[3] Mas um fator crucial, de acordo com especialistas, é o preço absurdo de creches e babás.[4] "Em 28 estados e no Distrito de Columbia, o preço cobrado pelas creches infantis supera o custo médio das mensalidades das faculdades", escreveu a jornalista Kerri Anne Renzulli em 2019, citando dados coletados pela Child Care Aware of America, uma organização sem fins lucrativos. Desde 2010, o preço médio cobrado pelas creches é de 10 mil dólares por ano, enquanto o serviço de babá chega a 30 mil dólares por ano. Enquanto isso, os salários permaneceram estagnados.[5]

Os custos são tão proibitivos que impedem as mulheres pobres de entrar no mercado de trabalho. Para as que têm uma situação financeira melhor, o preço da creche come uma parte significativa do salário bruto, mal sobrando para as necessidades básicas, o que as impede de fazer uma poupança para um dia subir para uma faixa econômica mais alta. Mesmo as famílias com posses têm dificuldade em arranjar serviços de qualidade para cuidar dos filhos.[6] Como ao longo da história são as mulheres que se encarregam de cuidar das crianças – em tese por terem a biologia para isso, elas são as responsáveis por esse trabalho ou por terceirizá-lo –, cabe a elas resolver essa equação desalentadora.[7]

O governo federal e a maioria dos governos estaduais oferecem pouca ajuda – sim, a ajuda é tão pouca que chega a ser vergonhosa em comparação com outras nações industrializadas.[8] Em 2017, e de novo em 2019, a senadora Patty Murray apresentou a Lei de Assistência à Criança para Famílias Trabalhadoras,[9] que visava ajudar as famílias de classe média e baixa a pagar por creches, limitando o custo total a 7% de renda delas. A lei também aumentava o pagamento dos prestadores de serviços infantis, que muitas vezes trabalham por uma remuneração miserável. Os autores do projeto estimavam que essa lei recolocaria no mercado de trabalho de 1 a 2 milhões de mães com filhos menores de 13 anos, tirando muitas famílias da pobreza. Além disso, os investimentos em creches e educação infantil criariam 700 mil empregos.[10] O Senado dos Estados Unidos, na época liderado pelos republicanos, nunca colocou o projeto de lei em pauta para ser votado.

Depois veio a Covid-19. Um dos efeitos devastadores do vírus foi expulsar as mães do mercado de trabalho. As mulheres são mais presentes em funções de colarinho rosa, ou seja, do setor de serviços de varejo e hospitalidade, um dos mais afetados pela pandemia. Para as que tinham funções na chamada linha de frente, continuar trabalhando se tornou impossível porque não tinham mais onde deixar as crianças durante o expediente – as creches e as escolas estavam fechadas e os avós e os parentes mais velhos não podiam arriscar se expor por conta do risco de contaminação. Na pandemia, a segunda jornada de trabalho se multiplicou e passou a exercer tanta pressão que não sobrava espaço para mais nada. De acordo com um relatório de 2020 do Brookings Institution, "entre fevereiro e agosto, mães de crianças de 12 anos ou menos perderam 2,2 milhões de empregos em comparação com 870 mil empregos perdidos pelos pais".[11] Um quarto dessas mulheres citou a falta de creches como a razão.[12] Mulheres não brancas sofreram muito mais, em especial aquelas sem diploma universitário.[13]

Em parte por causa do impacto das distorções de gênero e dos efeitos deletérios da pandemia na economia, há agora a possibilidade real de mudanças institucionais – embora a legislação federal baseada em projetos de lei, como os apresentados pela senadora Murray, permaneça indefinida. Enquanto a sociedade norte-americana permanecer atrasada no apoio às mães trabalhadoras, muitas mulheres permanecerão presas a relacionamentos tóxicos e a outras "escolhas" que levam à miséria. Sem a ajuda do governo, os casais – em especial os que não contam com ajuda familiar – têm de encontrar sozinhos uma saída para a complicada equação casamento-filhos-trabalho. Em geral, essa equação não favorece as mães trabalhadoras, daí a necessidade de reconfigurar os relacionamentos. As mães que trabalham fora e que têm parceiros que não estejam dispostos a fazer essa mudança na perspectiva e na alocação de tempo têm uma escolha difícil a fazer: ou comprometem de forma radical quem são e o que desejam para permanecerem casadas, ou se separam.

Durante o ano que culminou com a libertação de Kash da prisão, meu casamento desmoronou. Houve muitas razões para nossa breve união fracassar, mas o principal ponto eram as diferentes visões que tínhamos sobre qual deveria ser meu papel em nossa família.

Aceitar o emprego em Los Angeles e deixar de lado filhos e marido durante o tempo que levou até o julgamento foram os exemplos mais gritantes em uma sequência de decisões que colocaram minha carreira em primeiro lugar. Matt não foi irracional em querer que eu mudasse depois do nascimento das crianças – não se tratava de desistir de trabalhar, mas de parar de perseguir projetos maiores e mais difíceis para poder estar mais presente. "Você não está presente" foi uma frase que ouvi muito. Às vezes, era literal – longe por longos períodos, eu não estava de corpo presente; às vezes, era metafórica – com a mente consumida por um caso ou por um artigo, me retirava para um mundo interior que tornava difícil focar nas pessoas que estavam à minha frente. Nem sempre, mas o suficiente para criar muito ressentimento.

Paguei caro por ter aceitado o caso de Kash. Meus filhos também. Mas eu tinha esperança de que eles conseguiriam absorver os sacrifícios e entender por que fiz o que fiz. No fundo, sabia que meu marido nunca entenderia, mas não me arrependo de minhas escolhas. Para mim, a advocacia é uma espécie de sacerdócio. Não sei ser uma boa advogada sem a obstinação e dedicação que alguns casos às vezes exigem, e não sei como viver uma vida cheia de propósito sem fazer minha parte, ainda que modesta, para corrigir as inacreditáveis injustiças que estão ao meu redor. Desde então, agi da mesma forma com outros clientes que precisaram de mim em momentos cruciais, mais até do que meus filhos jamais precisaram. Algumas vezes esses clientes receberam mais de mim – muito mais que minha família.

Tomei essas decisões sabendo que sempre voltaria para casa, para meus filhos. Tão importante quanto a fúria e o ressentimento que sentia em relação às viagens mensais de meu pai era o prazer que sentia quando ele voltava para casa. Os momentos que passávamos juntos eram tão importantes quanto as ausências. Nunca duvidei de que ele me amava, que tinha adoração por mim. Ao tomar as mesmas decisões, esperava que meus filhos se sentissem da mesma maneira. Esperava que eles compreendessem, como compreendi em relação a meu pai, o quanto era importante para mim ter uma identidade profissional forte. Imaginava que, com essa compreensão, meus filhos aceitariam o fato de que às vezes – não sempre, mas às vezes – meu trabalho viria em primeiro lugar. Afinal, eu tinha aprendido essa lição na infância, com o exemplo de meus pais. Longe de infligir danos permanentes à minha psique, isso me tornou uma pessoa determinada, resiliente e ambiciosa.

Matt tinha uma visão diferente do tipo de mãe que eu seria. Mas tentar me obrigar a ser o tipo de mãe que coloca suas ambições profissionais em segundo lugar seria uma tortura. Seria como arrancar uma parte vital de mim. Minha alma ficaria devastada. A compreensão visceral que eu tinha dessa verdade estava em conflito direto com o desejo fervoroso de salvar meu casamento e dar aos meus filhos uma família completa. Apesar de todos os nossos problemas, eu ainda era apaixonada por Matt. Cheguei a hesitar nos meses finais da relação, depois de mais uma discussão ou uma semana de silêncio gelado.

Se pedisse demissão e encontrasse um emprego em São Francisco, mesmo que fosse um trabalho não muito inspirador, talvez Matt e eu pudéssemos ter seguido juntos. Eu poderia trabalhar meio período, quem sabe entrar para a Associação de Pais e Mestres da escola de Carter e começar a preparar o jantar de novo. Poderia me imaginar no futuro sentada ao lado de Matt no casamento de nossa filha. Bem-intencionado, um dos convidados faria um brinde ao nosso casamento feliz – que bom exemplo a noiva estava seguindo! E lá estaria eu, magra e chique em meu vestido azul-mãe-de-noiva, o sorriso congelado escondendo anos de ressentimento, o terceiro drinque de vodca com tônica na mão. Nossa filha saberia a verdade – saberia que não tinha sido um casamento feliz. Ela saberia, assim como meu filho. Eles saberiam, porque as crianças sempre sabem, em um nível intuitivo, o que seus pais estão pensando e sentindo.[14]

O fracasso de um casamento não é só uma coisa desoladora, é o fim de um projeto de vida. Nunca sonhei com uma casinha com cerca branca, mas imaginei uma família de quatro pessoas. Imaginei, para o bem ou para o mal, anos de bom sexo e intimidade, depois envelhecer juntos – talvez nas montanhas de Serra Nevada ou algum lugar com vista para o Pacífico –, depois que nossos descendentes tomassem o próprio rumo. A avalanche de coisas negativas ameaçou me dominar. Optei por virar o rosto para poder seguir em frente.

Nesse longo período – nossas últimas semanas juntos, seguidas por dezoito meses "criando um ambiente seguro e confortável" para as crianças, o que significava que Matt e eu nos revezávamos em casa até ele se mudar por definitivo e finalizarmos o divórcio –, o trabalho me salvou. Toda segunda-feira, quando me levantava para começar minha viagem até o trabalho, vestia minhas lindas roupas sob medida – compradas pela minha mãe, é claro –, me maquiava com cuidado e tocava a vida, a aliança de casamento ainda no dedo. Contei a pouquíssimas pessoas fora de meu círculo familiar o que estava acontecendo. No trabalho, exibia meu lado focado, competente, muito capaz. O trabalho dava estrutura e propósito à minha vida e foi uma distração bem-vinda para aliviar meu sofrimento pessoal. Também proporcionou a necessária independência.

Ao longo desse período difícil, me senti reconfortada por ter seguido o conselho de minha mãe. Passei a vida trabalhando para não deixar as finanças à mercê de ninguém e consegui. Meu dinheiro estava separado. Tinha economias e poderia usar parte de uma herança para comprar a cota de Matt no apartamento. Por mais dolorosa que fosse a decisão de divórcio, ela não era afetada pelas questões econômicas. Pensão alimentícia e assistência para as crianças nem entraram em discussão. Eu não precisava da ajuda financeira de Matt. Podia me sustentar sozinha.

Não estou defendendo o divórcio, muito menos escrevendo um manual de instruções. Também não estou dizendo que todas as mães ambiciosas devem sacrificar seu casamento, mas é importante reconhecer que, na raiz de algumas parcerias heterossexuais infelizes, está um descompasso nas expectativas de como as mulheres "lidam" com a maternidade – o que quer dizer que ainda há muita pressão em nossa cultura para considerar como Boa Mãe a mulher que interrompe a carreira para cuidar dos filhos. A natureza de gênero desse descompasso e sua premissa equivocada devem ser abordadas com honestidade pelos parceiros, de preferência antes da chegada dos bebês. Essas conversas são importantes, dada a falta de políticas públicas para apoiar os pais que trabalham. Às vezes, os casais só podem contar com um ao outro, em especial aqueles que não moram perto da família estendida.

Para reinventar radicalmente o casamento a fim de que seja de fato baseado na igualdade no que se refere a trabalho e família, os parceiros precisam aceitar as seguintes verdades: (1) as mães que trabalham fora podem ser essenciais para o bem-estar econômico da família; (2) a felicidade das mães que trabalham fora deriva de se sentirem apoiadas nessa escolha; (3) quando as mães que trabalham fora têm apoio e são mais felizes, elas são mães melhores; (4) as crianças se beneficiam ao ver as mães terem sucesso fora de casa; e (5) toda a família se beneficia quando as tarefas domésticas não recaem apenas nos ombros das mulheres porque as crianças aprendem lições importantes sobre responsabilidade compartilhada ao mesmo tempo que as mães não ficam sobrecarregadas e ressentidas.

O objetivo deste livro não é julgar as mães que decidem parar de trabalhar fora porque desejam ser a cuidadora primária dos filhos. O objetivo deste livro é incentivar e apoiar as mães que querem continuar trabalhando. É possível ser mãe e profissional e não afundar em culpas, vergonhas e autorrecriminações. É possível ser mãe e profissional plena de orgulho, satisfação e amor-próprio. Para chegar lá, temos que desistir do impossível – a ilusão do equilíbrio entre vida pessoal e vida profissional – e aceitar o fato de que, quando estamos felizes e realizadas, nossos filhos se beneficiam, mesmo que de certa forma isso implique desequilíbrio. Parte dessa jornada pode envolver o fim de um casamento ou ser uma mudança radical na relação a dois. O importante é reconhecer que, quando as mães que trabalham fora são fortes e autossuficientes, as famílias se beneficiam. Nossos filhos se sentem inspirados pelo nosso sucesso.

Nas relações heterossexuais, uma abordagem da criação dos filhos não baseada em gênero dá liberdade às mães de repensar o papel delas sem medo de julgamento ou recriminação por parte de seus parceiros masculinos. Mashal, cujo filho está fazendo 2 anos, disse: "Sou diferente, pois não sou a típica mãe protetora e prudente". Hely, cujo filho tem 9 anos, admite sentir um pouco de culpa por trabalhar tanto, "mas vejo o homenzinho que ele está se tornando e sei que estou fazendo um bom trabalho". Elas pareciam contentes em todas as suas facetas: com as constantes promoções na carreira, com a quantidade de tempo que passam com os filhos e com a divisão do trabalho em casa. O marido de Mashal e o de Hely não apenas aceitam a forma que elas exercem a maternidade, como sentem orgulho e admiração.

Para algumas mulheres, há uma curva de aprendizagem com os divórcios, pois têm a chance de escolher novos parceiros com uma noção mais clara do que precisam para se sentirem apoiadas como mães e como profissionais. Leah Nelson, de 39 anos, se casou pela primeira vez com um cineasta quando ambos tinham 20 e poucos anos e moravam em Nova York. Em 2009, aos 28 anos, ela se mudou do Brooklyn para Los Angeles para acompanhar a carreira do marido. Leah era formada em Jornalismo pela Universidade Columbia, mas teve dificuldade em encontrar trabalho no setor, que estava em crise. Depois de seis meses, período no qual ela se sentia cada vez mais infeliz e isolada, ela decidiu se separar. Leah voltou para Nova York e "enviou bilhões de pedidos de emprego". Acabou recebendo uma proposta da Southern Poverty Law Center, em Montgomery, Alabama, para trabalhar como pesquisadora especializada em rastrear grupos de ódio. Ela aceitou.

Por um tempo, Leah encarou a mudança como temporária, na esperança de se reconciliar com o marido e persuadi-lo a voltar para a Costa Leste. Mas ele estava indo bem, tendo sucesso, "e a carreira dele estava em Los Angeles". Leah levou um tempo para aceitar que o casamento havia acabado. Mas, assim que aceitou, começou a "abrir a mente", pois sempre se interessara pelo Sul profundo, onde seus pais fizeram a pós-graduação. Leah considerava o trabalho que fazia na Southern Poverty Law Center "tão interessante quanto achava que seria".

Cerca de um ano depois da mudança para Montgomery, um amigo convenceu Leah a ir a um show da banda Wilco com ele e a mulher. Um cara sentado ao lado perguntou se Leah gostava da banda. "Bem, eu estava em um concerto ao vivo do Wilco, mas não era assim tão fã." O nome do cara era James e, quando ele pediu seu telefone, Leah preferiu dar o e-mail – com certa desconfiança. "Fui muito paquerada por ser vista como uma curiosidade. Uma judia vinda de Nova York para trabalhar na Southern Poverty Law Center. Eu tinha muitos atrativos." James, um sulista de família católica que tinha se formado na Universidade do Alabama, parecia uma possibilidade romântica improvável.

"Pensei nas expectativas dele desde o início", disse Leah, que decidiu ser franca, explicando que era ateia e que não sabia se queria filhos. Sua ambivalência resultava da falta de interesse nas atribulações diárias da educação dos filhos que, em sua experiência, recaíam de maneira inevitável sobre as mães. Além disso, quando criança, Leah odiava participar das excursões do colégio e assistir aos esportes em equipe, muito menos praticá-los. "Não conseguia me imaginar fazendo nada disso, sendo a mãe que leva as crianças para o futebol ou que serve de monitora para a turma. James teria que assumir o comando daquelas coisas. Esperava que ele entendesse que o pai tem o privilégio de não fazer o trabalho logístico." Ela continuou: "Queria trabalhar e sabia que, se me casasse com um advogado, não ganharia tanto quanto ele, mas o fato de ele ganhar mais dinheiro não dá direito da carreira dele ter prioridade". Para a surpresa de Leah, James concordava com as ideias dela. "Fui conquistada por ele não rejeitar cada um dos sinais que enviei mostrando que seria um par inadequado."

Pouco menos de um ano e meio depois de se conhecerem, Leah e James se casaram. Tiveram dois filhos e ela, que trabalhava como assistente jurídica, tirou três meses de licença-maternidade remunerada no nascimento de cada criança. Para poder voltar a trabalhar, colocou os filhos na creche das 8h30 às 17h30. Ao longo dos anos, Leah e James em geral dividiam a tarefa de levar e buscar. Em 2017, pouco depois do mais novo completar 1 ano, Leah recebeu uma proposta para se tornar diretora de pesquisa da Alabama Appleseed Center for Law and Justice, uma pequena organização sem fins lucrativos que tem como objetivo reduzir a pobreza e as taxas de encarceramento no estado. "Basicamente, faço os longos relatórios que integram a pesquisa histórica e a pesquisa qualitativa sobre justiça econômica no que diz respeito à justiça criminal", explicou. Leah imaginava que seria um trabalho exigente, e de fato é. Ela tem uma carga horária de mais de cinquenta horas por semana, mas adora o que faz e tem a confiança da chefe, que também é mãe.

No essencial, James cumpriu sua promessa de ser um parceiro igualitário que apoia a carreira de Leah. Ainda assim, ela às vezes fica irritada "com o tanto de planejamento que precisa fazer", em especial conforme as crianças foram ficando mais velhas. Há pouco, ela e James tiveram uma conversa acalorada depois de ela ter se queixado disso. James reagiu em tom de pilhéria: "Acho que meu cromossomo Y não percebe essas coisas". Leah ficou aborrecida. "Mesmo de brincadeira, essa frase reflete o pensamento ultrapassado de que isso é 'trabalho de mulher', mas não, isso não é genético. Ele é que optou por não prestar atenção."

Segundo Leah, o que faz o casamento deles dar certo é o hábito de terem conversas francas, mesmo que difíceis, nas quais ela sente que tem a atenção de James e a vontade dele de ser mais atento e observador. Sem contar que ele apoia de forma incondicional as aspirações profissionais dela. Para Leah, a importância dessas qualidades em um parceiro foi uma lição conquistada da maneira mais dura possível. "Com meu primeiro marido, abri tanto espaço para as ambições dele que nunca pensei no que deixei de lado ao longo do caminho", disse ela. "Dessa vez, fui direta e disse a James: 'Quero ser capaz de fazer um trabalho gratificante. Quero alcançar um nível de especialização que me permita ser convidada para viajar e dar minha opinião, e você tem que ficar feliz por mim'. Não tinha certeza se conseguiria ter sucesso a ponto de receber esses convites, mas queria tentar. Precisava que ele aceitasse isso, e ele aceitou."

Valerie, 37 anos,[15] disse que foi uma vida inteira de dedicação e trabalho árduo que lhe permitiu sair de uma relação doentia sem ter problemas financeiros e com força para se recuperar do ponto de vista emocional. Nascida e criada na Costa Leste por uma mãe dona de casa e um pai professor de Química no ensino médio,

Valerie começou a trabalhar ainda adolescente. Ela usou o dinheiro que ganhava como gerente de uma franquia de fast-food para pagar as mensalidades de uma escola particular. Depois, continuou a trabalhar enquanto cursava a faculdade comunitária e, em seguida, a universidade estadual. Depois de se formar, Valerie conseguiu um emprego em uma empresa de software de médio porte.

Para crescer na profissão, Valerie disse que "trabalhou duro com homens antiquados, tradicionais e conservadores, e precisou se esforçar muito para abrir espaço". Ela lembra que o pai sempre a aconselhou a dedicar 80% da energia para o trabalho e manter uma reserva de 20%, "mas não consigo fazer nada que não seja 100%, e talvez seja por isso que cheguei até aqui". Oito anos depois, Valerie passou a membro da equipe executiva.

Nessa trajetória profissional bem-sucedida, Valerie conheceu Dale, seu futuro marido. Tinha acabado de fazer 30 anos. Dale era policial, ex-fuzileiro naval. Foram morar juntos depois de dois meses de namoro. Olhando em retrospecto, Valerie admite: "Houve sinais que preferi ignorar. Era como se dissesse para mim mesma: 'O tempo está passando, você precisa ter filhos, o relógio biológico não espera'". O primeiro filho nasceu com necessidades especiais, e o segundo veio dois anos depois. Enquanto isso, Valerie continuou a subir na hierarquia da empresa, supervisionando uma divisão cuja equipe passou de cinco para cinquenta pessoas. Ela chegava no escritório todos os dias às 9 da manhã e às 17h30 já estava em casa para dar o jantar dos filhos, fazer os exercícios de fonoaudiologia com o mais velho e colocar os dois na cama antes de voltar a trabalhar online com seu time.

O casamento de Valerie, entretanto, estava indo na direção oposta. Para lidar com o estresse do trabalho, Dale saía à noite para beber, agredia Valeria verbalmente e a criticava o tempo todo, apontando as inseguranças dela. Perguntei se o ex-marido se sentia ameaçado pelo seu sucesso profissional. "Sim, mas essa era a história de todos os relacionamentos em que já estive", respondeu. O divórcio, segundo ela, foi "horrendo", mas o dinheiro que ganhou com o trabalho lhe permitiu ter "um plano de emergência". Ela explicou:

"Ele era uma pessoa que não tinha nada a perder, e eu tinha tudo a perder, então precisava garantir que meus filhos ficariam bem". Ela conseguiu pagar a dívida do crédito estudantil, a dívida da conta conjunta com o marido e o financiamento do carro. "Quando paguei a última conta, me sentei e escrevi nosso acordo de separação em vinte minutos."

Quando oficializaram o divórcio, os meninos tinham 4 e 2 anos. Valerie assumiu a guarda unilateral das crianças e foi morar com os pais para economizar dinheiro. Depois, ela se mudou com os filhos para um pequeno apartamento no que chamou de "bairro de segunda categoria". Era a única mãe divorciada na turma do jardim de infância do filho mais velho. "Foi duro, perdi muitos amigos. É como um luto – as pessoas estão lá quando você dá a notícia da morte, mas depois desaparecem", relembra Valerie, que continuou trabalhando e economizando. Três anos depois, em 2019, conseguiu se mudar para uma casa maior em um bairro mais agradável, com escolas melhores.

Nesse mesmo ano, a empresa de Valerie foi comprada por uma grande corporação e ela foi convidada a criar uma divisão com mais de mil funcionários, responsável por atender clientes que faziam parte da lista da Fortune 500. Ela aceitou com alegria, pois se tratava de uma oportunidade de ganhar mais e ter mais responsabilidades. "Meus filhos sabem que sou ocupada, mas também sabem que meu trabalho faz parte de minha identidade e é o que me deixa satisfeita. Adoro o que faço. Sou totalmente apaixonada."

Suas palavras me emocionaram e, de acordo com as pesquisas, muitas outras mães também se sentiriam representadas. Os professores Jayita e Murali Poduval publicaram um artigo em 2009 que reuniu vários estudos sobre esse tema. Eles reconhecem a pressão que as mães que trabalham sofrem ao lidar com prioridades concorrentes e com o julgamento dos outros: "As recompensas são muitas, incluindo benefícios pessoais, segurança financeira e uma vida familiar melhor".[16]

Quando os relacionamentos entram em colapso, as mães que abriram mão da carreira para ficar em casa têm mais dificuldades.

Como explicou um advogado especializado em divórcio ao jornal *The Guardian*, "o dinheiro que essas mulheres poderiam ter ganhado – e a chance de economizar para as próprias necessidades futuras, incluindo a aposentadoria – fica comprometido".[17] Há ainda o problema de tentar voltar a um mercado de trabalho competitivo depois de anos fora, o que significa competências desatualizadas e a disputa por espaço com profissionais jovens, cujos currículos não têm pausas nem "bagagem" (leia-se: filhos e a atenção necessária a seus cuidados).[18] Há também o "preconceito da cuidadora", uma inferência negativa que muitos empregadores fazem sobre a escolha de renunciar à carreira para ficar em casa: "Optar por não trabalhar para cuidar dos filhos é uma violação direta da expectativa generalizada de que os funcionários devem priorizar o trabalho acima de tudo".[19]

Uma entrevistada me disse: "Me arrependi de ter ficado em casa por tantos anos – agora estou me divorciando e o caminho de volta ao mercado de trabalho não é apenas difícil, é impossível. Não consigo sustentar meus filhos e, pior, não consigo me sustentar. Isso significa que meu futuro financeiro depende dos outros e que estou começando do zero na meia-idade".[20] Essa experiência é muito comum após o fim de um casamento. As mulheres com menos educação formal e situação econômica mais frágil são as mais vulneráveis, mas as mulheres de classe média que não conseguem se sustentar também enfrentam riscos econômicos. Mais de setenta anos depois, a experiência de minha avó em 1948 – que voltou a morar com os pais depois de ficar viúva – ainda é uma realidade comum para as mulheres que cuidam sozinhas dos filhos, como Valerie.[21]

Dimitri Mortelmans, professor de Sociologia da Universidade de Antuérpia, analisou décadas de estudos sobre o assunto nos Estados Unidos e na Europa Oriental e Ocidental, incluindo Noruega, Suécia e Holanda. "Está provado que mães solo têm um risco de pobreza maior que o restante da população", escreveu ele, concluindo que "depois de uma separação, as mulheres ficam em uma situação econômica pior do que a dos homens. A bibliografia mostra que essa conclusão simples, mas abrangente, se repete não importa a época, o recorte geográfico ou a metodologia usada."[22]

A analista financeira Stacy Francis criou a empresa Francis Financial há duas décadas, especializada em ajudar mulheres a recuperar a estabilidade financeira após um divórcio ou a morte do cônjuge. "Muita gente corre vários riscos financeiros ao longo da vida, mas, para as mulheres, o casamento pode ser o maior risco financeiro de todos", escreveu ela em um artigo publicado na CNBC em 2019.[23] Um padrão comum que ela vê nas clientes é o foco nos cuidados com os filhos e a decisão de deixar o marido tomar conta da vida financeira – ganhos, gastos e investimentos. Esse repasse de responsabilidade deixa as mulheres mais vulneráveis. "O resultado disso é que um número grande de mulheres permanece em relações nada saudáveis, algumas quase disfuncionais", escreveu ela. A avó de Stacy está nesse grupo, pois foi compelida pela necessidade econômica a manter um "casamento doentio, tóxico e abusivo".[24]

Para a maioria das mães, trabalhar não é uma escolha ou uma ocupação de meio período, mas um meio de subsistência fundamental. O dinheiro que ganham ajuda a alimentar a economia da nação e a sustentar a própria família. Segundo o Center for American Progress, "em todo os Estados Unidos – não importa a região, os diversos tipos de família, grupos raciais e étnicos ou a idade das crianças –, as mães são forças motrizes da economia".[25] Em 1975, um ano depois de eu ter nascido, apenas 39% das mulheres com filhos na pré-escola trabalhavam fora. Em 2018, essa porcentagem passou para 65% e chegou a 71,5% para mães com filhos mais velhos – um total de 23,5 milhões de mulheres.[26] Quase 85% das mães negras e mais de 60% das mães latinas têm empregos em horário integral; quando todas as raças e etnias são tabuladas, "64% das mães são as principais provedoras ou coprovedoras do lar".[27]

Para muitas, depender de uma única renda significa sair da classe média. Em algumas parcerias heterossexuais, as mulheres são as que têm o maior salário. Karyn Ward, de 64 anos, disse que o trabalho dela como assistente-executiva da vice-presidência da Ashforth, uma empresa imobiliária familiar, tem sido uma fonte de alegria e apoio financeiro nos últimos 27 anos. Depois de se formar na Universidade de Georgetown em 1979, Karyn se mudou para Nova York para ser gerente de uma empresa de títulos municipais. Em 1984, a empresa contratou um novo auditor, Joe, para ser chefe de Karyn. Os dois começaram a namorar dois anos depois e se casaram em 1991, quando Karyn tinha 34 anos e Joe, 44 anos. Vários anos depois, eles se mudaram para Stamford, um subúrbio de Connecticut, pois Joe queria ter um jardim onde pudesse tomar um copo de vinho com tranquilidade na varanda dos fundos. Os dois viajavam todos os dias para ir trabalhar em Manhattan, mas um ano depois Karyn conseguiu o emprego na imobiliária Ashforth, em Stamford, que ela descreve como "uma segunda família".

Joe e Karyn demoraram a ter um filho. Fizeram até um tratamento para fertilização *in vitro*. Anthony nasceu em 1997, quando Karyn tinha 40 anos. Apesar de sempre ter apoiado a carreira dela e a renda que ela proporcionava, Joe "esperava que me tornasse uma mãe dos anos 1950, e disse a ele que isso jamais aconteceria. Muitas mulheres param de trabalhar depois que se casam e têm filhos, mas eu sabia que não faria isso". O casamento deles passou por uma série de ajustes. Karyn aprendeu a valorizar as contribuições domésticas de Joe ("Ele era ótimo na faxina, adorava cozinhar e cuidar do jardim") e a aceitar que, quando se tratava do filho, a responsabilidade era toda dela ("Era eu que ia ao pediatra e às reuniões na escola").

Karyn nunca parou de trabalhar. Quando Anthony estava na pré-escola, ela conseguiu reduzir a carga horária para trinta horas semanais, mas na fase do jardim de infância ela voltou ao horário integral. Quando ele estava no ensino fundamental, as responsabilidades dela no trabalho tinham aumentado a ponto de algumas noites por semana ela jantar com a família e depois voltar para o escritório, e era comum trabalhar nos fins de semana.

Em 2008, quando Anthony tinha 11 anos, as circunstâncias econômicas da família mudaram. Joe, então com 62 anos, havia saído de um emprego e estava tendo dificuldades para encontrar outro. Acabou ficando sem trabalhar por anos, o que deixou Karyn como a única pessoa da família com salário fixo e benefícios, inclusive seguro-saúde. "O trabalho era meu refúgio financeiro, com certeza."

E o lugar onde ela se sentia amada e respeitada. Alguns dos melhores amigos dela eram colegas de trabalho.

Joe acabou conseguindo alguns trabalhos, mas duravam pouco e ele gostava do que estava fazendo. Durante todo esse período, o trabalho de Karyn na Ashforth é que sustentou a família. Perguntei sobre a reação do Joe à mudança na dinâmica do poder econômico. Karyn disse que ele já tinha aceitado a ideia de que ela não seria a típica mãe dona de casa quando sofreu os contratempos profissionais dele, e isso fez ele mudar de perspectiva. "Joe não se sentiu ameaçado, o que foi interessante, considerando a idade e a geração dele", contou. Ela se lembra de um dia ele ter comentado: "Nunca entendi por que os homens têm medo de mulheres fortes".

Em 2014, último ano do ensino médio de Anthony, a família recebeu a notícia devastadora de que Joe estava com câncer de cólon. Alguns meses depois, Anthony recebeu o diagnóstico da Doença de Addison e Tireoidite de Hashimoto e ficou internado por duas semanas. Na sequência, Joe foi operado e começou a quimioterapia. "Esse primeiro ano foi um borrão, mas segui em frente nem sei como", disse Karyn. Em 2015, Joe piorou e Karyn teve de fazer uma histerectomia e remover a vesícula biliar. "Meu chefe era membro do conselho do hospital Stamford e me ajudava quando precisava marcar um exame ou uma consulta." Essa ajuda se mostrou muito importante quando a seguradora se recusou a pagar determinados exames e tratamentos, forçando Karyn a passar horas no telefone discutindo com o setor de atendimento ao cliente ou ouvindo aquela musiquinha enlouquecedora enquanto esperava. Mesmo assim, Karyn era grata. Sem o emprego e o seguro-saúde que a empresa oferecia, sua família teria ido à bancarrota.

Joe morreu no dia 1º de junho de 2018. "Ele estava em casa porque queria estar ao meu lado e de Anthony", disse ela. Anthony, então um estudante universitário da Universidade de Boston, voltou para a faculdade e Karyn voltou a trabalhar. Antes da pandemia de Covid-19, ela chegava ao escritório às 9h, trabalhava até as 20h e pelo menos outras quatro horas extras no fim de semana. Anthony se formou em junho de 2019 e foi demitido em dezembro do mesmo ano; por conta da pandemia, não conseguiu se recolocar até fevereiro de 2021. Nesse meio-tempo, voltou a morar com Karyn, o que foi bom para os dois. Mais uma vez, o salário e o bônus anual de Karyn ajudaram a família a passar por momentos difíceis. "Graças a Deus eu trabalho para essas pessoas. Foi meu trabalho que nos permitiu sobreviver."

Apesar do progresso feito, temos um longo caminho a percorrer. As estatísticas mostram a mensagem incontestável de que mães trabalhadoras como Karyn não só contribuem para o bem-estar econômico da família, como podem ser totalmente responsáveis por ele. "Mesmo assim, a visão idealizada da feminilidade dos anos 1950 ainda permeia nossa política", escreveu Jill Filipovic em seu livro *The H-Spot: The Feminist Pursuit of Happiness* [O ponto H: a busca feminista pela felicidade]. Ela argumentou que a incapacidade de oferecer "ideais feministas robustos" para contrapor o protótipo da mãe tradicional dos antigos seriados de TV ajuda a perpetuar estereótipos desatualizados ao mesmo tempo que enche de vergonha um número cada vez maior de mães que não se encaixam nesse modelo.

Mulheres como Leah e Karyn exigem parcerias conjugais que reconheçam que seu trabalho não beneficia apenas a si mesmas e à família, mas também melhora as perspectivas de outras mães trabalhadoras. Ao normalizar o conceito de mães que trabalham em tempo integral, elas estimulam os maridos a apoiarem as mães que são suas colegas de trabalho.[28] Filipovic cita um estudo[29] feito com 718 homens casados e publicado em 2012 para destacar a situação inversa: "Os homens cuja esposa fica em casa são mais inclinados a penalizar as colegas de trabalho, negando-lhes promoções e vendo-as de modo desfavorável, do que os homens com esposas que trabalham fora".[30]

As mulheres que se separam dos parceiros que não apoiam sua escolha profissional também se livram dos julgamentos constantes sobre como cuidar dos próprios filhos. Com isso, se sentem mais à vontade para discordar da opinião externa. As mães trabalhadoras que se divorciam relatam estar mais felizes,[31] pois se sentem aliviadas da pressão para deixar o trabalho em segundo plano e da desaprovação avassaladora quando não o fazem. Elas se sentem livres para rejeitar o padrão segundo o qual uma boa mãe sempre se sacrifica pelos filhos e está sempre "presente" tanto de modo físico quanto emocional.[32]

Uma reitora associada da Universidade de Chicago, que é divorciada e tem a custódia integral do filho com deficiência de aprendizagem, encontra forças no trabalho: "Digo a meu filho que a educação abre portas para que as pessoas que não têm as vantagens que nós temos possam fazer escolhas melhores; que meu trabalho ajuda a tornar a vida mais justa. Nele, passo o dia tentando descobrir soluções impossíveis, e de noite, em casa, ajudo meu filho a resolver problemas de frações e equações com duas variáveis. Perco a paciência, não sou uma pessoa calma, mas todo dia é uma oportunidade de fazer melhor algo que acho importante".[33]

Para mulheres como eu, cujos casamentos não sobreviveram, mas que têm a sorte de ter um ex-parceiro amoroso e participativo, a reformulação da família traz benefícios inesperados, em especial se o ex-casal conseguir manter uma relação cordial. Matt e eu conseguimos reconstruir nossa relação, apesar dos contratempos eventuais, e concordamos com a guarda compartilhada. Assim que parei de me julgar e de ser afetada pela opinião dos outros, percebi que o arranjo funcionou bem.

Como nossos filhos eram pequenos – 5 e 3 anos – quando nos separamos, eles não têm memórias de nós quatro vivendo sob o mesmo teto. Acho ótimo que não lembrem. Nossa vida familiar era tensa e infeliz; se Matt e eu tivéssemos ficado juntos, não tenho dúvidas de que o ambiente insalubre teria envenenado a infância de nossos filhos e azedaria a imagem do casamento para eles. Apesar do autoengano em que vivem os pais infelizes, as crianças percebem. Elas percebem tudo. Tivemos de remover a camada despedaçada de nossa família nuclear antes que os cacos ferissem as duas pessoinhas aninhadas em seu interior.

Foi raro, se é que alguma vez aconteceu, Matt e eu permitirmos que nossa raiva e nossa decepção um com o outro atrapalhassem a relação com nossos filhos. Até saímos de férias como família "separada" e, ao contrário das férias do tempo em que estávamos juntos, foram viagens felizes. Minhas melhores memórias com Matt e nossos filhos são do período pós-divórcio: nadar com eles em uma piscina ao ar livre na costa norte da Califórnia, completar um quebra-cabeça de mil peças ou visitar o aquário da baía de Monterey. Como escrevi na coluna Modern Love, do *New York Times*, as famílias felizes não são todas iguais: "Algumas estão fraturadas e parecem desajeitadas. Para entendê-las, é preciso ajustar sua perspectiva e seu nível de expectativa. Elas têm remendos e cicatrizes, mas são belas em sua estranha imperfeição".[34]

Valorizo o tempo que passamos em família, o tempo que fico sozinha com meus filhos e o tempo que tenho para mim. Nos dias em que fico sozinha, crio momentos em que posso ser produtiva e colocar os alunos, os clientes e a minha escrita em primeiro lugar. Acima de tudo, eu me coloco em primeiro lugar. Nunca isso foi tão importante quanto depois do advento da pandemia. "Temos sorte", afirmou Matt mais de uma vez, observando que a possibilidade de ficar sozinho a cada poucos dias nos proporcionava pausas de recuperação da sensação de claustrofobia e do estresse que era tentar trabalhar e controlar uma dupla de crianças inquietas e cada vez mais dependentes da tela. Durante os dezoito intermináveis meses do período de isolamento social, o divórcio trouxe um dom precioso: a sanidade.

Não é preciso se divorciar para ficar sozinha. Casais se revezam em suas rotinas na tarefa de cuidar dos filhos, e a maioria depende de algum tipo de creche. As mães que entrevistei, casadas ou divorciadas, representam de maneira geral as diferentes maneiras de cuidar das crianças, pois já experimentaram várias opções ao longo do tempo para dar conta do recado. Aquelas que podiam pagar, recorriam a babás, mas outras optaram por creches que variavam de muito boas a razoáveis. Há ainda as que têm sorte de ter familiares por perto – como pais ou sogros – dispostos a ajudar. Outras têm maridos que ficam em casa, como Diana, a esteticista que possui o próprio negócio. Nicole DeVon, que voltou para a faculdade quando sua filha era criança, contou em parte com uma comunidade de outras mães solo que se revezavam nos cuidados com as crianças. Várias mulheres recorreram a todas essas opções em algum momento ao longo dos anos.

A pandemia de Covid-19 destruiu muitos desses ecossistemas mais frágeis. Algumas mães de crianças pequenas descreveram seu cotidiano durante esse tempo como enervante e interminável. Além do emprego oficial, grande parte do dia era tomada por tarefas não remuneradas, como babá, faxineira, cozinheira e professora dos filhos. (As mulheres mais velhas que entrevistei se saíram melhor pela simples razão de que seus filhos eram crescidos. Mesmo que alguns desses filhos voltassem para casa – e muitos voltaram –, eram adultos e podiam se virar sozinhos.)

Esperamos que a pandemia tenha sido uma catástrofe única na nossa vida. Mas, como observaram as autoras do estudo realizado pela Brookings Institution, a falta de apoio às mães trabalhadoras "era uma condição preexistente" que a pandemia apenas intensificou: "Nossa economia já prestava um desserviço para milhões de mulheres trabalhadoras antes de a pandemia acontecer".[35] Antes e depois do coronavírus, o custo das creches pode fazer alguns empregos de salários mais baixos serem questionáveis do ponto de vista financeiro, mesmo que sejam gratificantes para o emocional e essenciais para se conseguir empregos com salários melhores no futuro.

A bolsa de estudos que eu recebia em Hastings era tão pequena que mal cobria o custo da creche de meus filhos. Aceitei em parte porque acreditava que aquela oportunidade me levaria a um emprego estável e à realização de minha "Aposta de cinco milhões de dólares". Desnecessário dizer que meu plano era ambicioso, talvez ambicioso demais, e sem nenhuma garantia de sucesso. Posso entender que outras jovens mães que estejam na situação que estive – ou seja, casadas com parceiros que ganham bem e cheias de culpa por deixar os filhos em nome de um trabalho que ocupa o dia inteiro – tomariam uma decisão diferente.[36] Espero que o Congresso adote por fim uma legislação que permita que os Estados Unidos se juntem ao resto do mundo industrializado na oferta de uma fundamental infraestrutura de creches para as mães trabalhadoras: pré-escola gratuita e universal e creches subsidiadas e de alta qualidade.[37] Em meados de 2021, a Câmara aprovou uma lei que incluiu essa importante legislação, mas o Senado parece incapaz de promulgar uma versão semelhante.

Isso é exasperante porque a lei do subsídio de 1,9 trilhão de dólares aprovada pelo Congresso em março de 2021 foi um passo na direção certa, pois, graças a ela, famílias com crianças pequenas que se enquadravam para receber a ajuda passaram a receber cheques mensais de 300 dólares. A reportagem do *New York Times* sobre o tema entrevistou uma mãe de dois meninos que foi obrigada a parar de trabalhar durante a pandemia porque os valores da creche passaram a não caber em seu orçamento. Se o subsídio estivesse disponível, ela disse que "com certeza teria ficado no emprego porque cobriria o custo da creche".[38] Mas esse benefício tão necessário expirou. Sem um subsídio oficial permanente, algumas mães terão de parar de trabalhar para tomar conta das crianças.

Há dois anos, Valerie, a executiva da empresa de software, se apaixonou de novo, dessa vez por um amigo de longa data e colega de trabalho. "Ele se separou mais ou menos na mesma época que me divorciei. Ele é o oposto de mim de várias formas, mas é meu melhor amigo." Como Valerie, ele tem dois filhos. Os dois têm vidas ocupadas e exigências concorrentes, mas ele a faz sentir que é uma prioridade. "Sempre que nos encontramos, nos divertimos muito." Em essência, e diferente de qualquer relacionamento que já teve, ela diz que "ele me vê como uma igual".

Depois de anos de isolamento, Valerie conheceu mulheres que ela chama de "meu círculo de amigas – todas mães focadas na carreira". O grupo promove encontros regulares que começam com algum tipo de exercício físico – caminhada, ciclismo ou natação – e termina com alguns drinques. As conversas englobam política, cultura pop, problemas profissionais, namorados ou paqueras. Há uma única regra, segundo Valerie: "Não falar sobre os filhos".

Grupos de amigas como o descrito por Valerie são importantes, pois promovem uma camaradagem e servem de exemplo para as mulheres mais jovens. Essas "mães focadas na carreira" não só normalizam a ambição como a celebram e incentivam umas às outras. Esse tipo de irmandade inclusiva, que se reforça de forma mútua, parece ser a solução para estimular a garra que muitas mães trabalhadoras acham que têm de camuflar ou minimizar.

Moro em São Francisco há mais de uma década e fiz algumas amigas queridas que são mães que trabalham fora, nada como o círculo de amigas de Valerie. Mas não parei de procurar. Ainda tenho esperança de encontrá-las.

CAPÍTULO SETE
ACEITANDO O DESEQUILÍBRIO

Este livro fala sobre reformular um debate que se tornou ultrapassado e sufocante. Trata de um feminismo que dispensa a falsa premissa de que as mulheres podem viver a vida em perfeito equilíbrio se se esforçarem o suficiente. Na vida real, o pêndulo vai e vem sem controle. Em um lado estão as mães que sempre fazem dos filhos o foco principal; no outro, as mães que nunca permitem que os filhos sejam o foco principal. Só que a maioria das mulheres leva uma vida bem mais complicada do que isso: desequilibrada sim, mas não instável. Não é uma questão de "sempre", "nunca" ou de uma "trajetória linear". Está mais para "às vezes" e "desta vez", não "o tempo todo". São as idas e vindas de um caminho cheio de altos e baixos.

É controversa a ideia de que ter a ambição de investir em uma carreira seja a solução para ser uma boa mãe. Conversei com filhos de mães ambiciosas que se sentiram abandonados, ou oprimidos, pelas conquistas delas. Não tenho dúvida de que todas as mães ambiciosas que trabalham fora fazem um trabalho fantástico. Estou escrevendo este livro sabendo que meus próprios filhos são meu júri. Mas defendo a ideia – fundamentada nos dados que coletei – de que os desfechos tristes são a exceção.

Hoje, com 40 e tantos anos, sou mais feliz do que jamais fui. Como trabalhei duro e me recusei a desistir de minha ambição, consegui o que é mais importante para mim: duas crianças lindas e um emprego como professora de Direito. Meu caminho não foi fácil ou incontestável, e tive muitas perdas ao longo dele. Acho importante contar essa parte da história e normalizar a jornada não linear de tantas mulheres. Não consegui alcançar o equilíbrio. Nunca conseguirei. Mas agora sei que ninguém consegue.

No final de 2014, compreendi que tinha que deixar meu emprego na Faculdade de Direito Loyola. A distância e o estresse do divórcio estavam me deixando doente. De verdade. Uma sinusite leve nunca curada tomou conta do resto de meu corpo. Durante meses, tive uma febre baixa e, às vezes, ficava enjoada no meio da refeição e não conseguia terminar de comer. O pior foi a tosse persistente que me dobrava ao meio. Tossia até perder o fôlego ou me engasgar. Nenhum xarope adiantava. Fui ao médico várias vezes e recebi receitas de diferentes remédios. Nada funcionava.

Os dias se transformaram em semanas. Perdi peso. Não tinha mais energia ou capacidade de fazer o que gostava – correr e ler para meus filhos. Até parei de beber vinho, um prazer reservado para as noites. Sentia que estava à beira de um colapso físico e emocional. A sensação piorava quando entrava na última etapa da viagem de volta para casa, ao deixar o aeroporto de Oakland e enfrentar o trânsito da ponte sobre a baía. Já com meus filhos, enquanto preparava os cachorros-quentes ou o frango para o jantar, contava os minutos até a hora de dormir. Ia para a cama com eles às 19h30 em ponto. Me sentia tão cansada que nem fazia o ritual noturno de arrumar as cobertas com as crianças já deitadas. Em vez disso, nos empilhávamos em minha cama. Deitada entre elas, recostada em seus corpos quentes, adormecia sentindo neles o cheiro do xampu que não fora enxaguado direito.

A farsa que eu estava vivendo sem dúvida contribuía para minha exaustão: exceto para minha família e alguns amigos próximos, continuava fingindo que tudo estava bem, ou que ficaria tudo bem se conseguisse acabar com esse vírus irritante, ou o que quer que fosse. Isso valia em especial para o ambiente de trabalho; se minha chefe soubesse a tensão emocional que eu estava vivendo, temia que ela pensasse que eu não era mais competente para fazer meu trabalho e poderia hesitar em me recomendar para outro caso.

A pessoa que desvendou essa charada com mais clareza foi a mãe de Kash, Wilma. Toda vez que a encontrava, ela cruzava os braços e olhava para mim com desaprovação. "Você está muito magra", dizia. Quando eu tossia a ponto de me curvar, ela reforçava: "Você está trabalhando demais, precisa cuidar melhor de si mesma". Ela então me dava aquele olhar interrogativo, algo que minha própria mãe faria se não morasse a 5 mil quilômetros de distância: "Está tudo bem mesmo?", insistia. Eu garantia que sim.

Mas não estava tudo bem. "Isso não vai me destruir", disse à minha mãe quando ela ligou para saber como estavam as coisas. Mas quase destruiu. Uma vez, quando Matt chegou para assumir a casa, eu caí em prantos no antigo escritório, deitada de terninho e salto alto no sofá. "Não consigo entrar no avião", soluçava diante de meu ex-marido. "Não consigo mais fazer isso." Minha tosse recomeçou, o que me fez chorar mais, e por sua vez me fez tossir mais.

"Então não faz", disse ele. "Diga a eles que não vai."

A questão é que não fui criada para dizer não a ninguém, em especial a mim mesma. Fui criada para seguir em frente e nunca, nunca, desistir. De qualquer forma, não tinha mais para onde ir – era a vez de Matt ficar com as crianças. Então, balancei a cabeça e continuei tossindo e chorando, o que acabou atraindo as crianças para a porta fechada. Matt se levantou e abriu a porta. "Mamãe está doente", ele explicou. Era a minha deixa para garantir aos meus filhos que estava tudo bem, mas não consegui reunir as palavras. Se vissem meu rosto – vermelho molhado de lágrimas, rímel manchado e escorrendo –, ficariam assustados. Mantive a cabeça enterrada na almofada do sofá.

No fim das contas, lá fui eu pegar o avião, como tinha feito todas as semanas ao longo de três anos. Mas sabia que não dava mais.

No fim de 2015, deixei o cargo de diretora do Projeto Inocentes da Faculdade de Direito Loyola sem ter destino certo. Estava com mais de 30 anos. Meu casamento tinha acabado. Meu trabalho tinha acabado. Meu projeto de vida estava em frangalhos. Mas eu tinha meus filhos, minha ambição e não tinha desistido da "Aposta de cinco milhões de dólares". Mesmo em meus momentos mais sombrios, foi meu amor por meus filhos e por minha carreira – e minha determinação em ser a única provedora e trabalhar no que amava – que me deu a resiliência para continuar. Mas tive de percorrer um caminho tortuoso.

Decidi escrever um livro na esperança de me diferenciar de outros candidatos em uma futura procura de emprego acadêmico. Também esperava que fosse terapêutico. Sempre que me aprofundo em qualquer tema que me assusta, confunde, fascina e enfurece, acabo me sentindo mais calma; enervada, mas em um estado de espírito meditativo. A pesquisa me obriga a questionar minhas hipóteses. Quando entrevisto pessoas com visões diferentes de um problema que sempre vi em preto e branco, isso pacifica as garras afiadas de minha raiva e presunção. O ato de escrever faz o tabuleiro de Parole girar um quarto de volta, permitindo a fuga de um beco sem saída ideológico e emocional. Decidi que aquele livro seria meu novo propósito profissional, uma credencial importante e um modo de desbravar um emaranhado de emoções conflitantes sobre crime, justiça, amor, trabalho e família – questões que dominavam minha consciência desde que me entendo por gente.

Escrevi sobre justiça restaurativa, que entende o crime e a punição como reparação de danos através da visão de todos os envolvidos: ofensor, vítima, familiares e comunidade. O desfecho do caso de Kash me deixou ansiosa por esse reenquadramento. A maioria das pessoas presume com base na cobertura da mídia – os abraços eufóricos e as lágrimas de alegria – que os presos inocentados vivem "felizes para sempre" em um cenário emoldurado por um pôr de sol inspirador. Kash teve mais sorte que a maioria, pois podia contar com Wilma, mas mesmo para ele todos os dias eram repletos de ajustes árduos e dolorosos.

A absolvição de Kash foi mais um terremoto que um final feliz. Em meio aos escombros estavam os familiares da vítima do crime, incluindo sua filha, que mais de três décadas antes havia sido informada de que "o homem que matou seu pai estava preso", mas teve que assistir ao circo de mentiras ser exposto dia após dia, de maneira atroz, no tribunal. Qual era o caminho da reparação para ela?

A justiça restaurativa, uma técnica secular praticada a princípio pelo indígenas norte-americanos e outros povos originários, se baseia na cura e na reparação, não na culpa e na punição.[1] Ela reúne a pessoa que foi prejudicada por um crime e o ofensor para entender por que aquilo aconteceu. Juntos, eles analisam em detalhes os fatos para que possam reconstruir a vida e, ao fazer isso em conjunto, formam uma espécie de família. Como alguém nascida e criada no sistema acusatório, achei estranho o conceito de um universo que não é dividido entre o bem e o mal, o certo e o errado. Isso era verdade para minha vida profissional e se tornou cada vez mais verdadeiro para minha vida pessoal. Anos de pensamento binário criaram distorções.

Em janeiro de 2016, consegui emplacar minha proposta de livro em uma pequena editora independente. Como o adiantamento era uma ninharia, procurei outras maneiras de sustento para mim e meus filhos. Escrevi artigos como autônoma e comecei a aceitar casos por meio de indicações. Mas o saldo de minha conta bancária só diminuía, mês a mês. Fiz a inscrição no seguro-saúde oferecido pelo estado da Califórnia para que meus filhos e eu tivéssemos assistência médica. E passei a procurar emprego nos escritórios de advocacia, sabendo que não gostaria do trabalho, muito menos de receber ordens de sócios seniores após tantos anos de autonomia. Mas não havia empregos acadêmicos no horizonte e eu não tinha outra maneira de ganhar dinheiro.

Em março, recebi uma ligação de Kash. O acordo de seu processo contra a cidade e o condado de Los Angeles havia sido depositado: 16,7 milhões de dólares.[2] "Quero lhe dar algum dinheiro", disse ele. Apertando o celular no ouvido, balancei a cabeça com vigor, mesmo que ele não pudesse me ver. "Você não me deve nada", respondi. Ele insistiu. Recusei de novo: "Não posso aceitar seu dinheiro". "Pode sim", retrucou ele. "Você está precisando."

Kash me deu 50 mil dólares. Essa quantia, junto ao meu trabalho autônomo, minhas economias e meus investimentos, me sustentou pelos vinte meses seguintes. Foi o suficiente para concentrar minha energia profissional em pesquisar e escrever o livro, e permitiu que redirecionasse meu desequilíbrio na vida pessoal e profissional na tão necessária direção contrária. Pela primeira vez em anos, não precisava entrar em um avião para trabalhar. Apenas caminhava pelo corredor até meu escritório em casa. Nos dias em que ficava com as crianças, ia levá-las e buscá-las no colégio e lia para elas à noite – todos os livros de Laura Ingalls Wilder e toda a série Harry Potter. Fizemos vários passeios ao zoológico, ao museu Exploratorium e ao parque infantil Koret e ao Parque Golden Gate, onde descemos o escorregador de concreto gigante sentados em pedaços de papelão.

Durante esses vinte meses, minha vida mudou de forma radical. Por anos, eu corri de uma tarefa para a outra – às vezes arrastando a mala de rodinhas a toda velocidade pelo aeroporto – e aplicava a abordagem de resposta rápida para cada demanda de trabalho. Sem mais nem menos, tudo mudou. Acordei na escuridão da madrugada com a perspectiva de horas silenciosas e sem obrigações se estendendo à minha frente. Nos dias em que ficava sem meus filhos, o silêncio era tão pesado que parecia que tinha sido enterrada viva sob um monte de neve – lembrei muitas vezes de Pa Ingalls, o pai de Laura Ingalls Wilder, quando ele foi apanhado por uma nevasca a poucos metros de sua casa em Plum Creek.

O ato de escrever é solitário e silencioso. Até porque as distrações eram raras, pois havia poucos e-mails, mensagens ou ligações para retornar. Não havia aulas para dar, nenhum aluno para supervisionar, nenhum cliente com necessidades imediatas. Não havia aviões para entrar nem carros alugados para devolver. Eu passava a maior parte dos dias sozinha na frente do laptop, quase sempre em agonia, à espera de as palavras brotarem. Em alguns dias, elas não apareciam de jeito nenhum.

O medo – de não terminar a tempo, de desperdiçar o dinheiro de Kash, de não entregar o que tinha prometido ao editor – me manteve focada na tarefa. De vez em quando a ansiedade aumentava e me pegava imaginando o que aconteceria depois que terminasse o livro. Eu estava em um vácuo profissional e torcia para que a combinação de coragem, determinação e sorte impedisse minha queda livre. Mas e se eu nunca conseguisse alcançar terra firme? E se a minha "Aposta de cinco milhões de dólares" fracassasse?

A ansiedade nunca abrandou, mas foi amenizada por duas coisas: a confiança em minha capacidade de recuperação e a percepção de que precisava do silêncio e da quietude para começar a cuidar de mim e de minha família. Um divórcio é sempre traumático. Sim, meus filhos eram muito novos, mas isso não significa que não tenham sido afetados. Meus dias de choro convulsivo no sofá tinham acabado, pois os dois precisavam que me levantasse e os colocasse como prioridade. Portanto, eu tinha que botar a cabeça no lugar.

Escrever o livro me ajudou. As pesquisas me levaram a passar horas com homens e mulheres que se dedicam ao necessário trabalho de abrir seu coração para alcançar uma compreensão mais completa e complexa de um evento impactante. Observá-los me inspirou a aplicar em mim mesma as práticas para resolver um trauma menor, se comparado ao deles. Adotar uma mentalidade restauradora trouxe uma série de entendimentos. Durante anos, contei a mim mesma uma história em que eu era a vítima do casamento e a culpa era toda de Matt, uma narrativa cheia de meias-verdades que por conveniência me absolvia da responsabilidade. Na verdade, eu tinha tanta responsabilidade pelo fracasso do casamento quanto ele, e com certeza era responsável perante meus filhos, não só pela cisão de nossa família como pela capacidade de eles superarem essa situação.

Durante aqueles vinte meses, fui aos poucos deixando de lado a raiva, a amargura e a decepção. Me livrei do vício da vitimização e da vingança. Com o tempo, Matt e eu nos tornamos algo que nunca tínhamos sido durante o namoro e o casamento: amigos. Continuei trabalhando muito, como sempre, mas passei a trabalhar de uma forma diferente, organizando meu tempo em torno dos horários de meus filhos. Quando parei de me sentir doente, passei a valorizar minha saúde, em vez de achar que era algo com o qual não precisava me preocupar. Comecei a cuidar melhor de mim mesma, sabendo que, se estivesse descansada e em boa forma física, teria a resistência física e emocional de que precisava para ser uma mãe solo.

Senti como se estivesse aprendendo a fazer um *macaron* francês depois de uma vida inteira comendo suspiros de padaria. Será que eu estava seguindo a receita na mesma medida que me permitia uma certa dose de improviso? Será que as claras em neve ficariam firmes?

Lembro-me em detalhes do dia em que Matt e eu fomos chamados para uma reunião com a professora de Carter. Para mim, parecia o Dia do Juízo Final. Eu respeitava muito a Sra. Diane, a professora de Carter, até a temia um pouco. Ela era gentil, porém nada simpática com os pais, e tinha padrões elevados, era bastante rigorosa. Ao me sentar ao lado de Matt em uma cadeira miniatura, senti um aperto no estômago. Durante a meia hora seguinte, ouvimos a Sra. Diane descrever nosso filho como um menino diligente, gentil, curioso, inteligente. Carter estava se desenvolvendo e, em algumas áreas, superando as expectativas. Eu continuava esperando o "mas" – *Mas ele precisa trabalhar mais nisso... Mas ele poderia melhorar naquilo...* Não houve "mas". Na saída, Matt e eu permanecemos em silêncio, perdidos em nossos pensamentos.

Antes de entrar em sua caminhonete, Matt se virou para mim e estendeu os braços. "Bom trabalho, Mamãe", disse.

Seu elogio foi muito importante para mim porque foi conquistado com muito esforço e bastante merecido. Caí em prantos.

No outono de 2016, um amigo me falou sobre uma vaga de emprego. Um professor tinha acabado de se aposentar na Universidade de São Francisco e a Faculdade de Direito estava contratando um substituto. Era um emprego estável para administrar dois escritórios na faculdade, um focado em defesa criminal e outro em justiça racial. Eles estavam à procura de um candidato com um histórico de bolsa de estudos, ensino e compromisso com a formação de estudantes para serem advogados de interesse público.

Eu me encaixava em todos os requisitos. Ainda por cima, a faculdade ficava na rua principal do belo *campus*, bem perto de minha casa. *Este é o meu emprego*, pensei. *Agora tenho que ir conquistá-lo.*

Há muitas mulheres de sucesso, celebridades em particular, que gostam de dizer que a oportunidade lhes "caiu no colo". Elas são "gratas", "sortudas" e, sempre, "humildes". Hillary Clinton se sentiu compelida a dizer que votar em si mesma para presidente foi uma "experiência de humildade".[3] Na época, a jornalista Cara Chocano escreveu: "Essa é a resposta de uma política, embora também seja possível ouvi-la como a de uma mulher". Depois, há a eterna *trending topic* #luckygirl, que a jornalista Kaitlin Menza bem descreveu como "distanciadora de um jeito estranho, irritante na recusa em aceitar qualquer crédito".[4] De acordo com um estudo feito em 2015, quando alguém usa no Twitter a palavra "sortuda" para se descrever, há uma chance de 67% de que a pessoa seja mulher.[5] A razão para as mulheres adotarem esse discurso é inteiramente baseada no gênero: o medo justificado de que se forem ambiciosas e bem-sucedidas serão consideradas arrogantes e antipáticas. De acordo com o Center for Creative Leadership, "pesquisas mostram que há vários fatores tipo 'dois-pesos-duas-medidas' que impedem o sucesso feminino, ao mesmo tempo que promovem o dos homens. Não tem saída: ou a mulher é vista como competente ou como simpática – nunca as duas coisas".[6]

Entendo. Mas a única maneira de mudar o paradigma é combatê-lo. Então, por favor, mulheres bem-intencionadas e abnegadas: parem com isso. Essas frases – verdadeiros cacoetes verbais – são uma maneira de sublimar a ambição que nos levou ao lugar onde a oportunidade não apenas estava disponível, mas alcançável. Há sem dúvida um elemento de casualidade em qualquer história profissional, mas para as mulheres ambiciosas o ingrediente vital é a motivação.

Compare as famosas palavras de Júlio César "Vim, vi, venci" com o que às vezes ouvimos de mulheres bem-sucedidas: "Eu estava lá por acaso, não estava procurando nada, tive sorte". Muitas vezes, as mulheres se dissociam de suas realizações para não parecerem arrogantes. Os homens, entretanto, assumem com orgulho sua ambição e seu sucesso. Portanto, deixe-me assumir minha ambição: eu estava em busca de um cargo como professora de Direito e passei anos investindo na qualificação de meu currículo. Quando a vaga apareceu, corri como se fosse uma velocista dos 100 metros rasos, determinada a ser a primeira pessoa a cruzar a linha de chegada. Acabei mais parecida com a última pessoa de pé no final de uma maratona; o processo de seleção foi longo, competitivo e estressante. Não fui a primeira nem a segunda escolha. Sobrevivi a meses de rodadas de entrevistas, me mantendo no jogo e, no final, consegui o emprego. Por uma série de razões, incluindo o fato de ser bastante qualificada. A oportunidade não caiu do céu enquanto eu estava deitada em um campo de margaridas olhando o horizonte. Foi algo em que mirei como se fosse um míssil guiado por calor.

As mulheres precisam assumir seus instintos, ambições e sucessos. Reconhecer a importância do trabalho, a capacidade de fazê-lo bem e a gratificação que ele proporciona pode ajudar as mulheres a descartar essa ideia absurda de que a própria ambição é algo que vai ter um custo para seus filhos. O sucesso no trabalho e na maternidade não são excludentes. São forças que se complementam e que se consolidam juntas, ao mesmo tempo. Infelizmente, como a escritora Jill Filipovic bem destacou, o movimento feminista fracassou em dizer essa importante verdade. Esse silêncio, além da insistência de que trabalhar é uma "escolha" e não um imperativo econômico e psicológico, ajudam a explicar por que tão pouco progresso foi feito na promulgação de uma legislação que apoie as mulheres trabalhadoras e os filhos delas. "Que as feministas foram incapazes ou relutantes em dizer que trabalhar fora de casa não é apenas uma necessidade, mas algo bom para as mulheres – e, como consequência, para as mães –, talvez seja uma das razões pelas quais não tivemos as condições políticas necessárias para aprovar as políticas trabalhistas de que precisamos tanto", afirmou Filipovic.

Há muito que se faz necessário o reconhecimento, por parte do movimento feminista, de que ter uma carreira faz das mulheres mães melhores, e não piores. Esse reconhecimento é necessário para que as mulheres possam celebrar as escolhas que as levaram até onde estão, em vez de viverem em uma espiral de vergonha. Às vezes, não é errado tomar a decisão de priorizar o trabalho, e não as crianças, quando compreendemos que o pêndulo inevitavelmente oscilará na outra direção. A expressão "às vezes" é muito importante nessa frase. Afinal, não se trata de "sempre" ou "nunca". É mesmo "às vezes", pois indica o reconhecimento de que o trabalho e a vida funcionam em conjunto, não em equilíbrio. Como o símbolo do infinito, um lado sobe enquanto o outro lado desce para formar duas elipses interligadas para sempre. O equilíbrio entre vida pessoal e profissional é um mito. Já o *des*equilíbrio entre vida pessoal e profissional é uma realidade – confusa e complicada, mas também bonita e verdadeira.

Comecei a trabalhar na Faculdade de Direito da Universidade de São Francisco no dia 1º de junho de 2017. Um mês depois, entreguei o manuscrito de meu livro. Fechei o ciclo de vinte meses de trabalho em casa e em torno dos horários de meus filhos. Conseguir o emprego significava segurança econômica para eles e para mim. Significava poder passar o resto de minha carreira fazendo um trabalho que amava, livre para pegar os casos que eu achava importantes e dar minha opinião sobre quase qualquer tópico. Estabilidade era o que vinha buscando desde que aceitei aquela bolsa de estudos mal remunerada em Hastings tantos anos antes.

Essa foi a "Aposta de cinco milhões de dólares". Eu sabia que para conseguir um emprego estável era preciso dizer sim a tudo: tarefas indesejadas e cansativas do comitê, dar cursos extras, aceitar todos os convites para fazer palestras – em St. Louis, Chapel Hill, Newark, Duluth –, qualquer lugar onde pudesse promover meu livro e a universidade. Tive que me destacar produzindo conhecimento, obtendo pontuações quase perfeitas em minhas avaliações de ensino (de alunos e do comitê de professores que avaliaram minha candidatura) e mantendo um comportamento alegre, competente e proativo. Mas sabia que esse esforço seria por um tempo. A universidade computou o tempo em que trabalhei na Faculdade de Direito Loyola, o que diminuiu meu período probatório para dois anos, em vez de cinco.

Eu tinha de novo uma renda estável, assim como Matt, que trabalhava em um pequeno escritório de advocacia criminal. Contratamos uma babá para buscar as crianças na escola. Nos dias em que eu ficava com as crianças, em geral chegava em casa às 18h30. Nos dias sem eles, ficava no escritório até mais tarde e trabalhava nos fins de semana. Trabalhei muito nesses primeiros dois anos. Às vezes, meus filhos reclamavam. Matt se esforçava para me cobrir quando eu ficava sobrecarregada – pegando as crianças até quando não era a vez dele –, mas, mesmo sendo compreensivo, nem sempre achava graça. Mas a distância que o divórcio nos proporcionou, os dias de descanso que ele sabia que teria mais para a frente e, acima de tudo, seu compromisso em ser um bom pai o fizeram aceitar a desigualdade em nossas responsabilidades parentais durante aquele tempo.

A votação pela estabilidade do cargo aconteceu na primavera de 2019. O semestre foi muito cansativo: eu estava dando um curso extra – o que no jargão acadêmico significava uma sobrecarga – e lutando para enviar no prazo todos os materiais para o comitê que estava avaliando meu desempenho. Quando entrei na sala do comitê após a votação, meus colegas me aplaudiram. Foi unânime. Nesses dois anos não tive muito tempo para ficar com meus filhos. Mas o que ganhei – em habilidade, confiança e capacidade de nos sustentar – valeu o sacrifício.

Entrevistei outras mães trabalhadoras que tomaram decisões semelhantes, algumas envolvendo sacrifícios muito maiores do que meus filhos e eu tivemos que fazer. No início de 2020, a Força Aérea ofereceu a Daphne LaSalle Jackson uma oportunidade que a deixou tão surpresa quanto animada: uma missão de seis meses na base de Bagram, no Afeganistão – uma zona de guerra –, onde ela supervisionaria a equipe jurídica e lidaria com questões que iriam desde impactos ambientais a processos criminais, passando pela aprovação de contratos e assessoria a homens e mulheres alistados em uma série de questões civis, incluindo como fazer um divórcio no exterior. O cargo, um misto de advogada e juíza do destacamento, seria uma espécie de "promotora pública para a base", explicou ela.

Daphne estava honrada com o convite, que era também um reconhecimento de suas conquistas ao longo dos anos. Um bom desempenho no cargo traria reconhecimento e prestígio. As novas responsabilidades a deixaram animada, mas seus filhos tinham 6 anos, 4 anos e 1 ano. "Ser transferida para o Oriente Médio em apoio a uma operação de combate era algo que nunca tinha feito. É um nível de serviço diferente e eu queria ter essa experiência, mas é um sacrifício para nossa família." Depois de conversar com o marido, Jared, ela aceitou.

A princípio, a missão ao exterior começaria em novembro de 2020 e duraria seis meses, mas a Covid-19 provocou uma mudança de planos. Por causa da quarentena, a partir de agosto, Daphne ficou semanas em isolamento em Fort Dix, em Nova Jersey. Os seis meses iniciais viraram oito. Para complicar ainda mais a situação, ela já havia concordado com uma nova missão na base da Força Aérea de Eglin, na Flórida. Em vez de levar a família do Alabama para a Flórida tão perto de sua partida para o Afeganistão, ela decidiu ficar indo e voltando todas as semanas. Na Flórida, ela ficava na casa de uma amiga e passava os fins de semana em casa, no Alabama. Uma semana antes da data de partida, Daphne tirou uma licença para passar um tempo maior com a família. "Fizemos uma pequena festa de aniversário improvisada para minha menina porque não estaria presente no segundo aniversário dela."

Nas semanas que antecederam sua partida, ela disse: "Eu era a Daphne planejadora. A Daphne sentimental ficou de lado. Meu foco era transformar a casa no lar de um pai solo". Ela repassou para Jared as tarefas que eram de sua responsabilidade: consultas médicas, planejamento de refeições, brincadeiras. E ficou muito aliviada quando a mãe de Jared, com quem tinha uma relação próxima, se ofereceu para morar com os netos e o filho nesse período, pois sabia que ela seria uma fonte vital de apoio. "Meu foco era proteger minha família da incerteza, do medo e da solidão."

Na última semana em casa, Daphne disse que a partida iminente começou a afetá-la. "Eu estava um caos. A sensação vinha em ondas e eu ficava supertriste. Então, comecei a me questionar:

Por quê? Talvez porque tenha dedicado muito tempo e esforço para organizar uma festa de aniversário temática, com saquinhos de brindes individuais – e talvez minha filha não precisasse de tudo isso. Todas as coisas que fazemos como mães talvez sejam para nós, não para nossos filhos. Será que minha filha vai se lembrar de sua festa de aniversário com tema de sereia? Não, não vai."

"Talvez tenha a ver com meus medos", acrescentou ela. "Se é tão fácil me tirar de cena por oito meses, então o que é que estou fazendo de fato? O que é a maternidade para mim?" Depois de ser transferida para o Catar – para onde foi depois que o então presidente Trump ordenou a retirada de tropas no Afeganistão –, Daphne conversava com os filhos todos os dias. Por conta do fuso horário, ela acordava às 4 horas da manhã para lhes dar boa-noite e ler para eles por meio de videoconferência, para que pudessem vê-la virando as páginas.

Os dias de Daphne eram lotados de reuniões sobre assuntos que variavam de prorrogações de contratos a investigações de assédio sexual. Ela passava o dia emitindo pareceres sobre ética e políticas públicas relacionadas à pandemia, mas no fim do expediente tinha uma recompensa – tempo para si mesma. "Temos a tendência de perder nossa individualidade e deixar que nossos filhos nos definam", disse quando já estava na metade da missão. "Sem ter essa preocupação, usei o tempo extra para focar em mim e no que gosto de fazer. Melhorei muito na ioga e comecei a pintar, duas atividades que não consigo fazer nos Estados Unidos sem me sentir culpada. Lá, todo mundo compete por meu tempo e minha atenção, então tento atender a todos. Aqui não, digo logo quando não quero fazer alguma coisa e uso meu tempo para as coisas que só eu posso resolver, ou para algo que me traga alegria."

Em 2028, Daphne completará duas décadas na Força Aérea. Seu plano é entrar para a reserva, sabendo que a família terá a segurança financeira da pensão e dos benefícios adquiridos. Seus filhos estarão com 14, 12 e 9 anos. "A vida inteira eles me viram levantar todos os dias e vestir um uniforme. Eles conhecem a força de uma mulher. Conhecem a força da mãe. Veem meu sacrifício e minha dedicação ao país. Daqui a seis anos eles verão o outro lado. Sem o uniforme e dando total atenção à família." Daphne, 46 anos, pretende seguir uma nova carreira. Após o estresse e o medo que viveu com os três filhos nascidos prematuros, que precisaram de internação prolongada, ela quer entrar na faculdade de enfermagem para cuidar de bebês em uma UTI neonatal.

A dedicação de Daphne ao planejamento da festa de aniversário da filha me fez pensar em minhas deficiências nesse quesito. Rituais cultuados como esses podem revelar a controversa decisão de algumas mães de não comparecer a esses eventos marcantes por causa da pressão do trabalho. Em fevereiro de 2018, eu e meus alunos assumimos um caso no condado de Humboldt, seis horas distante de São Francisco, o que implicava muitos sacrifícios a todos. Mais de uma vez tive que ligar para Matt e implorar para que ele ficasse com nossos filhos uma noite a mais porque não conseguiria voltar para casa a tempo. No início de maio, ficou claro que teríamos um julgamento – rápido, porém decisivo. Em uma teleconferência no dia 14 de maio, o juiz sugeriu uma data naquela mesma semana: quinta-feira, 17 de maio. O advogado da oposição, que era novo no caso, pediu mais tempo. Depois de três meses, meus alunos e eu conhecíamos a realidade dos fatos. O caso era muito complexo para ser entendido em poucos dias e, portanto, não havia como nossos adversários se prepararem de modo adequado em tão pouco tempo. Eu não estava disposta a perder essa vantagem crucial.

Com a data do julgamento confirmada, liguei para Matt para reorganizar o cronograma dos dias de guarda compartilhada. Eu precisava sair no dia 16 de maio, expliquei, para dirigir até Humboldt e me preparar para o tribunal no dia seguinte.

Silêncio do outro lado da chamada.

"O que foi?", perguntei, depois de um tempo.

"Que dia é 16 de maio?", ele retrucou.

Fiz uma pausa, tentando lembrar. "Quarta-feira", respondi.

"É o aniversário de 7 anos de nossa filha."

Meu coração sentiu o golpe. Não só por causa do conflito de datas, mas porque eu sequer percebi que existia um.

"Volte atrás e diga ao juiz que você concorda com o adiamento", ele disse.

"Não", reagi. Um silêncio cheio de palavras não ditas se instalou na conversa. Eu sabia que o que estava fazendo parecia terrível – egoísta, insensível, até cruel. Lá estava eu, mais uma vez priorizando o trabalho. Essa escolha e a reprovação de Matt foram o motivo – mais que qualquer outro motivo – pelo qual não estávamos mais juntos.

Ao mesmo tempo, nunca duvidei de minha decisão, nem mesmo quando Ella caiu em prantos e tive que morder com força o interior da bochecha para não chorar junto. Minha filha teria outros aniversários. Meu cliente tinha uma única chance de vencer esse caso. Era meu dever como advogada garantir que ele tivesse a melhor chance. Portanto, depois de fazer uma panqueca de chocolate para Ella na manhã do aniversário dela, levei-a para a escola e fui trabalhar. Quando minha filha apagou as velas do bolo, eu estava a quase quinhentos quilômetros de distância, em um hotel, com meus estudantes de direito amontoados ao redor de uma pilha de documentos, definindo nosso plano de defesa final.

Depois que o *New York Times* publicou o artigo no qual conto essa história, dezenas de mulheres me escreveram para dizer que estava contando a história delas também. Uma consultora financeira veterana, cujos filhos agora têm 34 e 29 anos, relatou que teve de priorizar a carreira em certos momentos para subir no mundo corporativo e "virar diretora administrativa de uma grande empresa de gestão de fortunas, apesar de todos os contras". Ela se preocupava em ser injusta com os dois filhos: "Depois de refletir, entendi que não faria nada diferente". Victoria Mulhern, diretora-executiva de desenvolvimento profissional na Faculdade de Medicina Perelman, da Universidade da Pensilvânia, escreveu: "Estou em cargos de liderança há muitos anos e me senti muito melhor depois de ler seu artigo". E continuou: "Sempre amei meu trabalho, não necessariamente as oitenta horas de trabalho semanais que ele exige, e não concordo com o termo equilíbrio entre vida pessoal e profissional, pois de alguma forma desmerece o trabalho e celebra a vida. Sempre me senti culpada por, às vezes, ter investido mais em meu trabalho que em meus filhos, mas nunca, nem por um momento, duvidei de minha devoção e amor por eles. Eles são jovens maravilhosos, realizados e dedicados e têm o trabalho e a vida deles".

Stacy Francis, a analista financeira cuja experiência cito no capítulo seis, admitiu que foi muito ausente nos primeiros anos de vida dos filhos porque se dedicou à criação da própria empresa financeira, a Francis Financial. Acompanhar o sofrimento da avó em um casamento infeliz despertou em Stacy o desejo de dedicar a vida a ajudar a administrar as finanças das mulheres, fazendo investimentos e planejando a aposentadoria delas. Setenta por cento das clientes dela são mulheres que delegaram ao marido as decisões financeiras importantes e se sentem perdidas após o divórcio ou a morte do cônjuge. "Quando os dois participam das decisões, o casamento fica mais saudável e a parceria mais igualitária", constata ela.

Como muitas meninas, Stacy achava que não era boa em matemática – idiomas eram seu dom, não números – até começar a ter aulas de economia na faculdade. "Bastou entender como as finanças podem prender alguém em um relacionamento tóxico para superar meu medo de não ser boa o suficiente. Percebi que a independência financeira era a diferença entre a vida e a morte, e que, se eu não entendesse o mundo do dinheiro e me forçasse a aprender, poderia acabar do mesmo jeito." Quanto à matemática, ela sorriu e disse: "Acontece que sou muito boa nisso".

Depois que a avó de Stacy morreu em 2005 devido à violência doméstica, ela criou uma instituição de caridade chamada Savvy Ladies, que virou sua paixão. "Atendemos 20 mil mulheres necessitadas sem cobrar nada. Muitas das que estão em relacionamentos abusivos se parecem conosco: são mães casadas, mães solo, mulheres incríveis que lutam com a falta de segurança financeira", afirmou Stacy, que usa o lucro da Francis Financial para manter a Savvy Ladies. "Eu poderia fazer trabalhos voluntários, trabalhar em cozinhas comunitárias preparando sopa, ou qualquer outra coisa, mas não é meu tempo que vai mudar a situação; o importante é doar dinheiro para que um bom trabalho possa ser financiado. Quero faturar muito para poder doar mais, não há nada de errado nisso."

Administrar duas empresas – sendo que uma, por definição, não visa o lucro – significava administrar duas folhas de pagamento, dois orçamentos, duas equipes de funcionários e dois boletins informativos. Os primeiros anos foram, "sem dúvida, os mais difíceis de minha vida", disse Stacy. Seu marido, Michael, que também trabalha na área financeira, deu apoio financeiro e emocional quando ela assumiu esses desafios ainda mãe de primeira viagem. "A licença-maternidade de meu primeiro filho foi de apenas três dias. Na de minha filha, tirei três semanas. Foi um período doloroso e brutal para mim." Como desde o início Stacy investia o lucro que obtinha na financeira para fazer a Savvy Ladies funcionar, o dinheiro que sobrava era insignificante: "Houve um tempo em que a babá ganhava mais que eu". Mas Stacy, determinada, nunca duvidou de que teria sucesso. "Sou uma das pessoas mais ambiciosas do planeta", explicou. "Sempre soube que seria bem-sucedida. Estava obcecada em fazer a empresa crescer rápido para mais tarde ter tempo para ficar com meus filhos."

Stacy foi criada em Howell, uma pequena cidade em Michigan. A família vivia em um sítio, cultivava a maior parte dos alimentos que consumia e cortava a própria lenha. Os pais a criaram para acreditar na importância do trabalho árduo e nas suas próprias habilidades: "Nunca coloquei limites para mim". Sete anos depois de fundar a Francis Financial, Stacy começou a ganhar tanto dinheiro quanto em seu trabalho anterior, em um banco de investimentos. Hoje, seu negócio tem treze funcionários e vale 10 milhões de dólares. Ela fatura mais que o marido, e o sucesso dela permite que ele tenha mais flexibilidade na carreira.

Os anos de total dedicação ao trabalho permitiram que hoje Stacy coloque a família em primeiro lugar. Ela ainda começa a trabalhar às 5h30 da manhã, mas sai no meio do expediente para participar de reuniões de pais e mestres, participa das excursões organizadas pelas escolas dos filhos e esquia com a filha quando vai para a casa de campo da família em Vermont. "Encontrei um equilíbrio que nem sempre está em equilíbrio. Quando estou bem, o trabalho me estimula – e revigora, não me canso dele, adoro o que faço. Mas, quando fico muito tempo sem tirar uns dias para descansar e sem tempo para a minha família, perco a energia e a paixão pelo trabalho. Isso é o que aprendi ao longo dos anos."

Não ganho nem perto do que Stacy ganha nem tenho como gerir dois negócios ao mesmo tempo, mas, assim como no caso dela, meu investimento inicial na carreira, o ritmo extenuante de trabalho e a priorização do trabalho versus a família valeram a pena. O emprego de professora titular me proporcionou mais que estabilidade profissional. Trouxe, de modo inegável, liberdade para desenvolver meus projetos. Com a possibilidade de dizer não. Igual à Stacy, agora consigo adaptar o trabalho às necessidades de meus filhos. Trabalho duro como sempre trabalhei, mas de forma diferente.

O retorno é mais que financeiro, embora ter esse tipo de estabilidade seja um componente-chave. O cargo acadêmico me permite fazer o que amo: escrever, ensinar, advogar, viajar, me envolver com as questões que me interessam. E me dá propósito e flexibilidade. Tenho orgulho do que conquistei. Sim, por vezes o trabalho me afastou de meus filhos, mas foi uma fase necessária e importante. Não tenho medo ou vergonha de admitir isso. Claro que tenho meus dias ruins, meus momentos de mau humor, mas, de modo geral, sou uma pessoa feliz e realizada, e isso me torna uma mãe melhor.

Nem todas as mães trabalhadoras têm uma profissão que lhes ofereça o tipo de flexibilidade que desfruto. Mas no hiperconectado século 21, e na esteira da pandemia, o trabalho remoto e os horários flexíveis deixaram de ser um sonho, ou uma opção disponível apenas para os poucos privilegiados; trata-se de uma realidade cada vez mais aceitável, e algumas mães trabalhadoras estão exigindo isso. Entre elas, Kenzie, que entrevistei no início do livro junto da esposa, Abbie e o recém-nascido Dashiell.

Quando o empregador de Kenzie anunciou, no dia 1º de junho de 2021, que todos os funcionários voltariam ao trabalho presencial, ela decidiu que aquilo seria problemático. Não estava disposta a passar de oito a dez horas por dia longe do bebê. Até porque não achava que precisava. Meses de trabalho remoto não diminuíram sua eficiência. Ao conversar sobre essa experiência com a chefia, Kenzie defendeu sua posição com confiança. "Achava que minhas habilidades como organizadora comunitária e formuladora de políticas dependiam do contato pessoal, da presença na comunidade, mas agora sei que posso realizar um bom trabalho nesse outro contexto. Meu desempenho pode até ser melhor em condições mais flexíveis, quem sabe até me capacitar para outras funções no futuro." Para a surpresa dela, o chefe não precisou ser convencido. "Confiamos em você", ele disse. Não se trata de uma fé cega. Afinal, Kenzie tinha um histórico no qual ele podia confiar.

Nesse período pós-pandemia, será interessante observar se um número significativo de jovens mães trabalhadoras adotará uma abordagem semelhante à de Kenzie, usando seu histórico pessoal de excelência e mudando as normas sobre o que é preciso fazer para se destacar no trabalho e assim conseguir mais flexibilidade. Um lado positivo da angústia causada pelo coronavírus é a maneira como ele subverteu as concepções tradicionais de trabalho – ou seja, de que ele só pode ser executado de modo presencial. É claro que muitas mães trabalhadoras não têm a opção de trabalhar de casa – seus empregos na indústria de serviços exigem o contato pessoal. Algumas tentam negociar melhores salários e horários mais razoáveis, mas não são atendidas. Há ainda as mulheres que optam por empreender. O número de pequenas empresas de propriedade feminina vem crescendo devagar e já representa quase 20% de todas as pequenas empresas nos Estados Unidos, sendo responsável por mais de 1 trilhão de dólares apenas em 2018.[7]

Diana deixou o emprego no salão de beleza em 26 de maio de 2018 para começar o próprio negócio de estética. Nas semanas que antecederam a saída dela, Diana avisou as clientes sobre seus planos. Embora não tenha oferecido seu telefone, muitas clientes o pediram: "Quis deixar as pessoas à vontade, não queria passar a sensação de que estava tentando roubar a clientela". Mas sempre que perguntavam, Diana dava o número do celular e torcia para que a procurassem.

Diana decorou sozinha seu novo espaço de trabalho, alugado dentro do salão de beleza que pertencia a uma das clientes dela. Ela optou por um relaxante estilo tropical, com direito a foto de cachoeira e as palavras *Inspire, Relaxe, Renove* aplicadas em letra manuscrita na parede branca. "Não conseguia dormir de tanto pensar na organização do espaço e querer que ele fosse perfeito", contou. Ela também comprou os produtos; pela primeira vez, era responsável pela compra e manutenção dos próprios equipamentos de estética.

Então, o telefone começou a tocar. "Meus filhos ficavam entusiasmados sempre que uma cliente telefonava para marcar um horário no novo lugar. Isso me deixava feliz. O início estava indo bem e percebi que era porque as clientes gostavam de mim." No novo salão de cabeleireiro, Diana aproveitou para ampliar a clientela. O primeiro mês foi devagar, no segundo ela já estava mais ocupada e, quando as férias chegaram, a agenda lotou. O negócio é sazonal, com maior procura de serviços de depilação, por exemplo, quando as pessoas estão saindo de férias ou viajando em algum feriado. O período de janeiro a abril tende a ser mais vazio, uma realidade que em 2019 preocupou o marido de Diana. Mas, mesmo nesses meses, Diana conseguia faturar mais que no antigo salão de beleza, mesmo depois de descontar os gastos com aluguel e suprimentos. As clientes regulares se tornaram a base de seu faturamento.

Diana percebeu o quanto os anos anteriores tinham prejudicado sua saúde. "Meu corpo era como o de uma velha, eu não me cuidava", disse. Alguns meses depois de começar o próprio negócio, ela se inscreveu em um estúdio de ioga que ficava perto do trabalho e depois entrou em um curso de dança. "Foi a primeira vez na vida que fiz algo por mim." Isso só se tornou possível porque agora Diana era responsável pela agenda de trabalho. Tinha dias que ela chegava bem cedo e trabalhava até as 21 horas. Em outros dias ela tirava as tardes de folga ou chegava no final da manhã. "Sou eu que decido o que quero fazer, como quero fazer, só depende de mim."

No início, Diana manteve as aulas de ioga e dança em segredo. Não queria que o marido dissesse que estava desperdiçando o dinheiro deles, ou que deveria passar esse tempo em casa com ele e os filhos. "Eu precisava das aulas para minha saúde mental e isso fez uma enorme diferença em minha vida", explicou. Como ela sempre gerenciou as próprias finanças, o marido não questionou as decisões dela desde que ganhasse dinheiro suficiente para sustentar a família. "Estou pagando por minha saúde e minha felicidade", afirmou. Sua nova agenda também significava mais tempo de sono e ao lado da família.

Mas veio a pandemia. Em março de 2020, o salão onde Diana tinha seu espaço foi forçado a fechar e ela passou a ganhar os 175 dólares por semana do seguro-desemprego até que a Lei CARES entrou em vigor e o valor subiu para 600 dólares por semana. Graças às suas economias, Diana conseguiu sobreviver até setembro, auxiliada pelo fato de que a dona do salão não estava cobrando o aluguel. Depois que o salão foi autorizado a reabrir em setembro, o movimento caiu pela metade, com muitas clientes temerosas de sair do isolamento. Daí veio um segundo fechamento do comércio e Diana conseguiu negociar um seguro-desemprego melhor, de 450 dólares por semana, mas, como o Congresso atrasou a promulgação de outro benefício emergencial, ela ficou sem o bônus federal suplementar. Ao final de janeiro de 2021, esse dinheiro adicional foi liberado, e Diana e a família então passaram a viver com 775 dólares por semana, além de um bônus familiar único de 2.400 dólares. Esse dinheiro ajudou muito, disse Diana, assim como a renda extra que o marido ganhava vendendo os papagaios que ele criava no quintal, mas ela teve que sangrar fundo a poupança.

Apesar de tudo, Diana teve sorte. A Califórnia fornece seguro-desemprego a 41% de trabalhadores desempregados, a sexta maior porcentagem do país. A maioria dos estados é muito mais mesquinha. A Flórida, por exemplo, atende apenas 11% de seus trabalhadores, e a Carolina do Norte aparece em último lugar, com apenas 9% de cobertura.[8] A parca cobertura do seguro-desemprego independe do gênero, mas o efeito desproporcional da pandemia sobre as mulheres deixou as mães trabalhadoras mais vulneráveis.[9]

Ao longo desses meses de incerteza econômica, Diana lutou contra o estresse e a depressão. Ela ocupava os dias cozinhando, limpando a casa e fazendo projetos de arte com os filhos depois que eles terminavam as aulas online, mas, conforme as semanas passavam, a frustração e a ansiedade aumentaram. "Em casa, sou esposa e mãe, não sobra tempo para mim", disse. Ela parou de se exercitar; o estúdio de dança fechou por um período e o de ioga por definitivo. Mesmo que pagar por aulas online fosse acessível, ela disse que não gostava de praticar exercícios em casa. "Prefiro sair e estar com as pessoas, sou extrovertida."

A experiência de Diana com a pandemia de Covid-19 é comum em especial entre as mulheres não brancas com famílias para sustentar.[10] As mulheres não brancas foram afetadas por 100% das vagas de emprego perdidas em dezembro de 2020, enquanto o número de vagas de emprego para os homens aumentou, tal como para as mulheres brancas.[11] As mulheres negras, latinas e asiático-americanas sofreram o maior impacto do vírus na economia porque seus empregos são em grande parte nos setores mais afetados: varejo e serviços. Não são trabalhos que podem ser feitos por videoconferência.

Mesmo sem uma ordem oficial de fechamento do comércio, milhões de pessoas optaram por não viajar, não se hospedar em hotéis e não fazer nenhuma compra presencial, exceto as necessidades básicas. Em outubro de 2019, a taxa de desemprego para os norte-americanos de origem asiática era de 2,8%; subiu para 11% um ano depois.[12] Em dezembro de 2020, a taxa de desemprego para as mulheres latinas era superior a 9%, enquanto para as mulheres negras era de 8,4% e para as mulheres brancas, 5,7%.[13] Em fevereiro de 2020, um mês antes do pico da pandemia nos Estados Unidos, as mulheres representavam pouco mais de 50% da força de trabalho. Dez meses depois, essa paridade havia diminuído, com as mulheres perdendo quase 1 milhão a mais de empregos que os homens. A maior parte dessas mulheres era mãe.[14]

A chegada da vacina permitiu que o país reabrisse a economia, com idas e vindas e restrições significativas em muitos estados.

Milhões de empregos foram reativados e a taxa de desemprego caiu dos 15% no auge da pandemia para pouco mais de 5%.[15] A questão é que muitas empresas continuam tendo dificuldades porque as incertezas continuam, com novas ondas da Covid-19 colocando a reabertura na berlinda. Não está claro quais serão os impactos em longo prazo do coronavírus para pequenos empresários como Diana, que lutam para se manter na classe média. O projeto de lei de estímulo econômico criado pelo presidente Biden, de 1,9 trilhão de dólares, foi saudado por especialistas como um divisor de águas, pois ele abarca não apenas os impactos da Covid-19, mas vai além, com benefícios para reduzir a pobreza infantil e apoiar os pais da classe trabalhadora.[16] Em 2021, houve também um projeto de lei federal destinado a recuperar a rede de assistência social do país, que está destruída, com créditos fiscais que permitiriam aos pais ter reembolso do custo com creches, matrícula gratuita na pré-escola pública e uma cobertura médica melhor.[17] Mas as chances de aprovar um projeto de lei tão abrangente são pequenas e, mesmo que algumas partes sejam promulgadas, há a questão de como o dinheiro seria distribuído e quão amplas serão as mudanças nas políticas.

Pouco antes de a Califórnia liberar a reabertura de salões de beleza e cabeleireiros, no início de março de 2021, perguntei a Diana como ela planejava seguir em frente. Os olhos dela brilharam. "Serei muito mais feliz quando não for uma dona de casa", disse. "Preciso cuidar de minha saúde mental, não apenas de minha saúde financeira." Mas ela também reconheceu que reconstruir o negócio não seria fácil. "É um longo caminho para voltar ao normal, mesmo com a vacina." Perguntei quanto tempo. "Neste momento, é difícil dizer, mas continuo segurando as pontas. Continuo aguentando firme."

O grupo de mães ambiciosas sem graduação universitária empregadas na economia de serviços foi afetado de maneira desproporcional. Como Diana observou: "Restaurantes, hotéis e profissionais da área de beleza foram atingidos de forma muito dura". Hely e o marido foram demitidos do Cookshop em março de 2020, quando a cidade de Nova York virou o epicentro da pandemia e todos os restaurantes da cidade fecharam. No início, eles foram informados de que o fechamento seria de quatro semanas; acabou durando dez meses. "Disse ao meu marido que enlouqueceríamos se ficássemos trancados em nosso apartamento." Eles acabaram se mudando para a casa da irmã dela, uma propriedade de alguns hectares na Geórgia, onde a irmã vive com o cunhado e os quatro filhos. Nesse período, Hely e o marido sobreviveram com o seguro-desemprego, que lhes permitiu continuar pagando o aluguel do apartamento no Queens. Hely nunca havia passado tanto tempo com o filho e a experiência foi ótima, embora no final ela estivesse ansiosa para voltar. "Foi a primeira vez em minha vida, desde que eu tinha 16 anos, que fiquei sem trabalho", disse ela.

Quando falei de novo com Hely, no final de janeiro de 2021, o Cookshop tinha reaberto, embora apenas para entrega e refeições ao ar livre. Seu salário tinha diminuído e ela não tinha certeza de quando o negócio voltaria a funcionar por completo. Segundo Hely, 2019 foi o melhor ano da história do Cookshop, e 2020 o pior. "Olhando para as projeções, vamos levar de dois a três anos para recuperar o que perdemos. E esse é o melhor cenário." Mas Hely está otimista, até porque os donos do Cookshop estão dispostos a aguentar a crise temporária. A reputação, o histórico de rentabilidade e a lealdade – ainda que raivosa – da base de clientes do restaurante são um bom presságio para um regresso. Mesmo nestes tempos sombrios, Hely ainda acredita que será promovida. A ideia de deixar o setor ou de parar de trabalhar nunca lhe passou pela cabeça.

Para mim, como para muitos profissionais corporativos, o impacto financeiro do coronavírus foi bem menor, mas transformou a rotina profissional e familiar. Durante meses, meus filhos e eu dividimos o mesmo espaço para trabalhar e estudar. Algumas semanas depois da pandemia, transformei o escritório em um quarto para meu filho, para que ele não precisasse mais dividir o espaço com a irmã. Por mais de um ano, dei aulas online e participei de reuniões sentada à mesa da cozinha, enquanto meus filhos entravam e saíam em seus intervalos de almoço e lanche. A menos que estivesse com um prazo apertado para entregar algum trabalho, escrevia apenas nos dias em que as crianças estavam com Matt.

O coronavírus destruiu a tênue barreira que já existia entre minha vida pessoal e profissional. No início, achei as interrupções irritantes. Uma vez, estava dando aula e, de repente, meu filho passou e fez um comentário sobre o que eu estava falando; em outra ocasião, em uma chamada de vídeo com um juiz e um grupo de advogados, minha filha abriu a porta da geladeira atrás de mim, expondo o conteúdo para todos, e ainda reclamou de eu ter esquecido de comprar iogurte. Parecia – e era – bastante antiprofissional. Sentia falta do silêncio e da privacidade de meu próprio espaço, de poder fechar a porta e ficar sozinha.

No entanto, houve algumas vantagens inesperadas em ter a presença de meus filhos em casa, às vezes olhando por cima de meu ombro e aparecendo no fundo das chamadas de vídeo. A principal foi que meu trabalho se tornou palpável. Carter e Ella tiveram a chance de compreender melhor as razões que me motivam a fazer o que faço. Eles conheciam por alto as histórias de meus clientes, mas agora podiam ver o rosto e ouvir a voz deles. Meus filhos continuam frustrados com minha distração, mas puderam ver com os próprios olhos os seres humanos cujas vidas estão em jogo.

Um caso em especial chamou a atenção deles. Em 2019, meus alunos e eu assumimos o caso de Yutico Briley Jr., condenado em Nova Orleans por um assalto à mão armada que durou menos de dois minutos e rendeu 102 dólares. Embora Yutico tivesse apenas 19 anos na época, ele recebeu uma sentença de sessenta anos sem possibilidade de liberdade condicional. A maior prova contra ele consistia na identificação que a vítima fez quase 24 horas após o crime. Yutico, que é negro, foi o único suspeito que a polícia mostrou à vítima, que era branca. Havia provas, como imagens de câmeras de vigilância, registros de geolocalização do celular e testemunhas oculares, que mostravam que Yutico estava a treze quilômetros de distância do local onde o crime foi cometido, mas os advogados dele não apresentaram seu álibi – ou qualquer outro tipo de prova. O julgamento durou menos de uma tarde.

Quando a prisão da Louisiana que abrigava Yutico começou a permitir conversas via videoconferência em 2020, meus filhos o conheceram online. A conversa foi brincalhona, com Yutico tirando sarro de Carter por causa do San Francisco 49ers e dizendo a Ella para não me desrespeitar. Há um ano, eu teria dito: "Nem pensar". Mas essas interações proporcionaram a meu cliente e a meus filhos uma dose saudável de calor humano. Quando fui a Nova Orleans em dezembro de 2020 para investigar o caso, meus filhos não reclamaram de minha ausência. Aos 11 anos e 9 anos, Carter e Ella entenderam que trabalho policial malfeito, um advogado ruim e a indiferença às vidas negras roubaram a liberdade de Yutico. Sabiam que eu tinha de buscar provas da inocência dele. Naquele momento, Yutico não era apenas um nome, era um rosto, uma voz, uma pessoa que eles conheciam. A conexão deles com Yutico, com meus alunos e com meu trabalho nos aproximou.

Em março de 2021, voltei a Nova Orleans para uma audiência do caso de Yutico. Um novo promotor público tinha assumido o processo e, ao contrário de seu antecessor, ele entendeu a gravidade da injustiça e disse que não se oporia à libertação de Yutico. O juiz que o havia sentenciado tinha saído havia alguns meses, e a nova juíza era uma respeitada ex-advogada de direitos civis e defensora pública. As perspectivas de Yutico, fracas ao longo dos oito anos desde sua condenação, de repente se tornaram promissoras.

Ainda assim, artimanhas de última hora me deixaram nervosa, como o pedido da promotoria de se reunir em particular com a juíza para chegar a um acordo sobre um assunto secreto antes de avançarmos. Por três noites, eu mal dormi. Na manhã da audiência, acordei com coração batendo forte e uma mensagem de minha filha no celular. "Mamãe!", ela escreveu. "Você está nervosa? Está passando mal?" Ela perguntou se eu precisava dela. Respondi que estava com medo e ela me tranquilizou, acrescentando que estava planejando assistir aos procedimentos legais pela internet com o irmão.

Quando chegou minha vez de explicar à juíza por que Yutico deveria ser libertado, usei ao máximo as palavras dele, as gravações que mostram suas frenéticas ligações para o advogado e uma carta que ele escreveu a um amigo – a carta que convenceu a mim e a meus alunos que precisávamos assumir o caso. Descrevendo as práticas racistas que levaram à sua condenação injusta, eu disse ao juiz: "Yutico Briley foi condenado em 2013, mas poderia muito bem ter sido em 1813". Foi um discurso inflamado, mesmo para meus padrões. Até soltei uns palavrões – por duas vezes. Mas acho que o tom estava certo. Yutico queria que sua história – a verdadeira história – fosse contada, e não havia como fazer isso sem expressar indignação.

Quando foi a vez da acusação se dirigir à juíza, o procurador adjunto admitiu que Yutico era inocente e apresentou um pedido de desculpas em nome do Estado. A juíza descreveu o caso como "abominável" e um "exemplo clássico" das falhas catastróficas do sistema. Ela ordenou que Yutico fosse libertado. Ao sair, vi a mensagem de meu filho: "BOOOOOOOORAAAAAAA!", sua típica demonstração de alegria e euforia.

Por causa da audiência, perdi o encontro de pais e professores de Ella, que estava marcado para o mesmo horário. Ella me perdoou, embora tenha ficado um pouco zangada e magoada. Mas, pela expressão no rosto dela ao falar com Yutico por chamada de vídeo no dia em que ele foi absolvido, acho que ela entendeu. Estou apostando nisso.

As palavras mais positivas que ouvi sobre o desequilíbrio entre vida pessoal e profissional vieram de Pamela Metzger. Como eu, ela é uma advogada criminalista que virou professora de Direito e tem um casal de filhos. Durante quase um ano, de setembro de 2005 a agosto de 2006, Pam viajou de Atlanta para Nova Orleans para trabalhar após o furacão Katrina. Hoje ela é diretora do Centro de Reforma da Justiça Criminal da Faculdade de Direito da Universidade Metodista Meridional, no Texas. "Tenho certeza de que seus filhos vão entender", ela escreveu para mim. "Meu filho de 21 anos é a primeira pessoa na rua a parar e filmar confrontos entre policiais e cidadãos. Minha filha, que tem 18 anos, liderou a Marcha dos Estudantes de Dallas e organizou outra manifestação quando a Associação Nacional de Armas se reuniu em Dallas. Sim, eles reclamavam de eu estar 'sempre ausente', mas se gabam para os amigos sobre 'aquela vez que a minha mãe processou todos os juízes em Nova Orleans'."

Ela continuou: "Nossos filhos estão sempre observando, mesmo quando não estamos presentes. E não se trata de escolher o trabalho em vez deles. O mundo que queremos para nossos filhos precisa ser construído, tijolo por tijolo, então estamos mostrando a eles que a justiça e a paz não são de graça. Essas coisas têm um preço e estamos dispostas a pagar por elas. Estamos mostrando a eles que há alegria no trabalho de ajudar os outros. Você colocou em prática o *Tikkun Olam*[18] para seus filhos verem. No meu livro, isso significa que *eles* são sempre a *sua* prioridade".

CAPÍTULO OITO

OS FILHOS VÃO BEM, OBRIGADA

O senso comum tradicional diz que as mães que priorizam a carreira fazem isso em detrimento dos filhos. Esse paradigma tem sido considerado como verdade por décadas, fazendo milhões de mães trabalhadoras se sentirem culpadas e sempre ansiosas, temendo que a ausência delas seja encarada como negligência emocional. Mas os dados não confirmam isso.

Pesquisas de campo mostraram que os filhos de mães trabalhadoras estavam se saindo bem – na verdade, muitos estavam prosperando. As filhas tinham mais probabilidade de estar empregadas, ganhar salários mais elevados e ter empregos com responsabilidades de supervisão, enquanto os filhos homens tinham mais probabilidade de se dedicar a cuidar dos filhos e de outras responsabilidades domésticas que os filhos de mães donas de casa, de acordo com um estudo de 2018. Liderado pela professora Kathleen McGinn, da Faculdade de Administração de Harvard, esse estudo avaliou 100 mil crianças adultas em 24 países desenvolvidos e descobriu que os filhos de mães trabalhadoras eram tão felizes quanto os filhos de mães donas de casa.[1]

Há alguns fatores qualificadores. A pesquisa se baseou em autorrelatos[2] e não mediu a intensidade ou as horas de trabalho das mães trabalhadoras.[3] Em vez disso, a pergunta-chave era se as mães trabalhadoras eram um exemplo para os filhos.[4] A resposta a essa pergunta foi um unânime SIM: "Quando confrontadas com as oportunidades e os desafios de ter filhos, as filhas de mães que trabalham parecem dispostas a seguir o exemplo materno e gerenciar o emprego e os cuidados infantis ao mesmo tempo".[5] Isso se deve, em parte e um tanto por causa das mães, à "transmissão de atitudes igualitárias de gênero e de habilidades para gerenciar o emprego e as responsabilidades domésticas ao mesmo tempo". Esses resultados não foram uma condenação para as mães donas de casa, mas uma rejeição da crença arraigada de que ficar em casa tomando conta dos filhos – no caso das mães que podem escolher – é a melhor opção.

As conclusões da professora McGinn confirmaram os estudos iniciais da mesma questão envolvendo amostras menores. Pamela F. Lenehan, autora de *My Mother, My Mentor: What Grown Children of Working Mothers Want You to Know* [Minha mãe, minha mentora: o que filhos adultos de mães que trabalham fora querem que você saiba], fez uma pesquisa em um universo de mil filhos adultos, alguns criados por mães donas de casa, outros por mães trabalhadoras. Ela descobriu que não havia diferença no nível de felicidade, escolaridade ou emprego entre os dois grupos. Lenehan identificou, no entanto, que uma porcentagem maior de filhas de mulheres trabalhadoras creditava às mães a própria independência. O estereótipo persistente da mãe trabalhadora negligente deve-se em parte à hesitação, entre as mulheres trabalhadoras de sua geração, em "anunciar" seu sucesso na criação dos filhos – ou seja, em propagandear com orgulho a própria capacidade de criar filhos saudáveis e bem ajustados,[6] teorizou Lenehan. Para ela, as mulheres devem não apenas se colocar como exemplo, mas também oferecer conselhos e apoio às mulheres das gerações que vierem depois.

Em 2014, a socióloga Amy Hsin e a economista Christina Felfe publicaram os resultados de um estudo que realizaram para testar a premissa de que "o emprego materno é prejudicial, ainda mais por privar as crianças de um tempo valioso com as mães".[7] A pesquisa mostrou uma diferença na quantidade de tempo, não na qualidade. É óbvio que os filhos de mães donas de casa passavam mais tempo com a mãe, mas grande parte desse tempo era gasta em "atividades não estruturadas", ou seja, que "exigem uma menor quantidade de troca verbal" e "envolvimento direto". As mães trabalhadoras e as mães donas de casa passavam quase a mesma quantidade de tempo de "qualidade" com os filhos, um conceito que envolve estar presente e envolvida em "atividades estruturadas e educacionais", destinadas a promover o desenvolvimento cognitivo e comportamental da criança. Segundo as pesquisadoras, a premissa de que as mães que trabalham fora prejudicam seus filhos era "infundada".

Em 2010, uma metanálise de 69 estudos realizados ao longo de cinquenta anos a respeito do impacto da carreira da mãe no desenvolvimento acadêmico e emocional dos filhos identificou mais pontos positivos que negativos. Nos domicílios de pais ou mães solo de todas as classes socioeconômicas, os filhos de mães trabalhadoras tiveram melhor desempenho na escola e menos problemas comportamentais. Embora alguns estudos tenham constatado um efeito negativo em domicílios com a presença de pai e mãe nos casos em que as mães trabalhavam durante o primeiro ano de vida dos filhos, as autoras alertaram que os grupos pesquisados eram pequenos e não permitiam conclusões definitivas. O desfecho, após essa exaustiva análise, foi que "a relação entre êxitos e problemas de comportamento e mães com empregos é insignificante".[8]

Estava apreensiva quando comecei a ler as conclusões sobre os filhos de mães que trabalham, mas acabei me sentindo aliviada. Os dados refletiam minha própria experiência quando criança. A análise da qualidade versus quantidade de tempo mexeu de fato comigo. Quando conversei com minha mãe sobre esse estudo, ela disse que minhas irmãs e eu sempre reclamávamos de que ela trabalhava demais, embora ela achasse que estava se virando em mil para ter o tal "tempo de qualidade" que as pesquisadoras enfatizaram ser tão importante.

"Você acha que eu trabalhava demais?", ela me perguntou. Fiz uma pausa para refletir. "Na época, sim, mas agora, não", respondi. Minha mãe trabalhava muito quando eu era criança. Ela ainda trabalha, embora esteja com mais de 70 anos. Desde cedo, mesmo ressentida com sua ausência, eu entendia a importância do trabalho de minha mãe, que envolve curar pessoas e ensinar estudantes de Medicina a curar outras pessoas. Sempre tive muito orgulho da Dra. Bazelon. Esse título significava conquista acadêmica e coragem, uma fuga da pobreza e uma tréplica vigorosa à crença sexista de que as mulheres não podiam ou não deveriam ser médicas.

Minha mãe sempre deu um jeito de me dar atenção. Não da mesma forma que as mães donas de casa (ou as mães com menos filhos) faziam, mas ela estava lá sempre que precisei. Associo minhas maiores conquistas a meu pai e até hoje ele é a primeira pessoa para quem ligo para dar as boas notícias. Já minha mãe está associada às minhas maiores vulnerabilidades. Ela é a pessoa a quem recorro quando estou assustada e desesperada e não sei o que fazer. Entre os filhos de mães ambiciosas que entrevistei, um dos temas recorrentes era a confiança na mãe – no bom senso, na desenvoltura e no apoio dela – durante os piores momentos da vida.

De certa forma, sou muito parecida com minha mãe. Tenho trabalhado de maneira incansável ao longo da vida de meus filhos. Mas existem diferenças significativas. Por causa de meu divórcio, passo menos tempo com eles do que ela passou comigo e com as minhas irmãs. Por causa de minhas escolhas profissionais, viajo muito mais que ela – mais até que meu pai (embora isso seja menos verdade hoje em dia e meus filhos não se lembrem dos anos que passei indo toda semana de São Francisco para Los Angeles a trabalho). O que é semelhante é o modo como os educo. Valorizo o tempo que passo com meus filhos e tento fazer coisas úteis e positivas. Tal como fazia com meus pais na infância, conversamos sobre esportes, política, celebridades, crimes, escola e trabalho. Compartilhamos medos, risos, piadas e ideias criativas. Rimos até chorar. Sim, brigamos. Eles fazem malcriação, eu grito. Não, não sou a única responsável por eles estarem se saindo bem. Eles têm um pai incrível, uma família grande e amorosa e uma comunidade calorosa.

Não considero o bem-estar atual de meus filhos como algo garantido; o mundo pode ser um lugar perigoso, convulsionado por violência e conflito. Mesmo que eles tenham a sorte de escapar do impacto direto de terremoto emocional, alguns tremores e fissuras vão surgir em forma de luta, decepção, atrito e perda. É a vida, como se costuma dizer. Mas como mãe trabalhadora – ocupada e ambiciosa que sou –, sei que desempenho um papel fundamental na felicidade atual deles. Tenho consciência de meu papel nisso. Tenho orgulho de ouvir minha voz interior e trilhar meu próprio caminho. Minha vida é a aceitação do desequilíbrio. Não pela incerteza, mas como o símbolo do infinito, em que uma parte sobe enquanto a outra desce, em um movimento constante.

O feminismo do século 21 está, como tem que ser, focado na equiparação salarial, na divisão igualitária das tarefas domésticas e na eliminação dos muitos abusos e métricas chauvinistas que expulsaram as mulheres da força de trabalho ou as fizeram migrar para empregos de meio expediente, com salários mais baixos. Mas o feminismo no século 21 precisa ir além: temos de redefinir o que significa ser uma boa mãe.

Ser ambiciosa e buscar a realização profissional não são valores contrários à boa maternidade – sabemos disso porque a sociedade recompensa essas qualidades quando os pais as exibem. As mães não são egoístas por quererem essas coisas também. Na verdade, elas deveriam ser *encorajadas* a buscá-las. Mulheres capacitadas e com segurança financeira são mais felizes, e as crianças entendem e se beneficiam disso, mesmo que signifique menos tempo em família.[9] Se a vontade de ser mãe e profissional bem-sucedida for vista como algo compatível em vez de uma contradição, as mulheres experimentarão mais alegria em casa e no trabalho. Ter como objetivo um padrão que é alcançável, em vez de buscar o heroico equilíbrio da vida pessoal e profissional, liberta as mulheres do exaustivo projeto de estar presente de corpo e alma em todos os momentos, em todas as esferas.

Como só se sabe se algo é bom experimentando, vamos direto ao ponto. Como estão os filhos? O que eles têm a dizer sobre as mães ambiciosas? Não entrevistei meus filhos ou qualquer outra criança jovem demais para ter uma opinião formada, mas fiz questão de ouvir os filhos adultos de mães ambiciosas, em especial das mães que entrevistei para este livro. Como se sentiram quando elas decidiram priorizar a carreira? Sozinhos, magoados e frustrados? Ou orgulhosos e inspirados pelo exemplo? Será que querem ser como as mães ou o oposto? Eles eram próximos delas quando crianças? São próximos delas agora? Em caso afirmativo, de que forma? Em caso negativo, por que não?

As respostas, como se viu, foram todas as anteriores. Os filhos adultos com quem conversei foram atenciosos, espontâneos e objetivos sobre o que a mãe lhes proporcionou, ou não. Em geral, falavam delas com grande admiração e carinho. A maioria disse ter tido uma ligação forte com a mãe na infância, apesar das ausências frequentes, e se sentia próxima dela na idade adulta. Muitos disseram que as mães eram exemplos a serem seguidos, também admitiram ser ambiciosos e alguns tinham carreiras bem-sucedidas e a própria família.

Essas entrevistas não pretendem representar uma tendência, porque não realizei uma pesquisa de campo. A história de cada filho começa do ponto em que as mães pararam. A voz de cada um dá uma imagem mais completa e, de certa forma, o veredicto. Da mesma forma que fiz com minha mãe, quis estabelecer ligações e *insights* ao seguir essa linha de raciocínio. Os filhos adultos são o legado das mães ambiciosas. O que é esse legado e o que ele significa para nossos filhos? A busca de respostas para essas perguntas foi uma experiência emocionante, para eles e para mim. Eu não estava preparada para o impacto que as palavras e as experiências deles teriam em minha experiência como criança e depois já adulta. Oscilei entre celebrar as escolhas das mães deles, me sentir bem com minhas escolhas e me encolher diante do reflexo pouco lisonjeiro no espelho que eles empunhavam. Por vezes, revisitei a tese insolente e ousada que criei e me perguntei se viveria para vê-la comprovada.

Estava de fato interessada em conversar com as filhas de Gretchen Rossman, a Mãe do Cartão (só que não) – que, na realidade, correu riscos e rompeu com a tradição de uma forma que minha mãe nunca teria feito. Curiosa sobre as pessoas de meu passado, queria saber o que tinha acontecido com Dara e Tamara. Mas também queria a opinião delas sobre o tipo de mãe que Gretchen tinha sido. Estava tão certa da exatidão de minhas memórias e percepções sobre Gretchen, mas acabei descobrindo estar bastante errada.

Dara e Tamara se descreveram como muito próximas de Gretchen na infância; Tamara usou a palavra "grudada". No entanto, a decisão da mãe de se mudar para Massachusetts para assumir o cargo acadêmico pelo qual ela tanto batalhou, e o pedido de divórcio do pai, Milt, foram muito, mas muito, difíceis. "Foi traumático, não há outra palavra para definir o que foi", disse Dara. "Ela se mudou em janeiro, quando eu estava no meio do ensino médio. Tamara foi se encontrar com ela depois de terminar o ano letivo." Gretchen e Milt se sentaram com as filhas e disseram que a decisão de ir ou ficar era delas. Dara escolheu ficar na Filadélfia. Estava namorando, tinha um sólido histórico acadêmico e não queria recomeçar do zero. Mas, o mais importante, ela sentiu que não podia deixar o pai sozinho.

Ao relembrar o fim do casamento dos pais, Dara disse que "agora tenho noção do quanto a mudança das regras afetou meus pais e as outras pessoas que se casaram no final dos anos 1960: a mulher deveria ficar em casa, mas minha mãe percebeu que não era o que queria. Isso significou uma mudança enorme e eles não conseguiram absorvê-la". Quando surgiu a proposta de um emprego estável como professora na Universidade de Massachusetts, Dara contou que a mãe "tinha um senso de foco e urgência e ela nos incluiu nessa narrativa. Na época, não questionei. Agora, mãe de filhas de 17 e 14 anos, eu questiono. Foi muito difícil e fiquei muito triste".

Hoje ela conhece bem os caprichos do mercado de trabalho acadêmico e a oportunidade única que surgiu para a mãe. Desde 2013, Dara é professora titular de inglês na Universidade de Nova York, mas demorou uma década e meia para chegar lá e envolveu duas mudanças de um lado para o outro do país nesse intervalo. Depois de terminar seu doutorado em Literatura Vitoriana na Universidade Brandeis, Dara conseguiu um contrato renovável de um ano para lecionar em Princeton, enquanto seu marido, Greg, trabalhava em um prestigiado escritório de advocacia em Manhattan. Com a chegada do primeiro filho do casal, Greg passou a trabalhar de modo remoto para uma organização sem fins lucrativos sediada em Londres.

Segundo Dara, a mudança de emprego de Greg foi uma decisão tomada em comum acordo. "Não me casei para ter filhos com alguém que trabalha setenta horas por semana." Mesmo com Greg trabalhando em casa, os primeiros meses foram difíceis, pois a licença-maternidade foi curta e Dara teve de voltar à sala de aula três semanas depois da cesariana. Ela aproveitava os intervalos entre as aulas para amamentar. Foram cinco anos de trabalho sem conseguir uma posição de professora titular na cátedra de Estudos Vitorianos. "Me senti um fracasso", disse.

Em 2005, a Faculdade de Artes de Pomona, em Claremont, Califórnia, propôs que Dara dirigisse o próprio programa de redação. Não era um cargo com estabilidade, mas tinha prestígio e o trabalho era interessante. Greg, ainda trabalhando de modo remoto, foi solidário e aceitou se mudar para Pomona. Dara tinha esperança de que essa temporada abrisse caminho para uma vaga de professora titular na Costa Leste, onde poderiam estar perto da família de ambos de novo. Nove anos depois, ela foi, enfim, contratada pela Universidade de Nova York.

"Você não pode sair da academia e depois voltar como se nada tivesse acontecido. Eu não tinha ilusões. Mas a verdade é que não acho que teria sido feliz." Em 2006, quando a segunda filha nasceu, Dara conseguiu trabalhar meio expediente por alguns meses, "mas o que tornou essa experiência incrível foi que consegui trabalhar metade do dia. Adoro a tranquilidade dos sabáticos ou das férias, mas ficaria inquieta, entediada e deprimida se não tivesse meus projetos criativos e intelectuais".

Dara citou os exemplos da mãe, do avô e do bisavô, todos acadêmicos proeminentes, e admitiu: "Acho que esse sempre foi meu plano". Segundo ela, a mãe foi sua inspiração e lhe ensinou lições essenciais de vida. "Na infância, sentia que minha mãe sempre sabia o que dizer e como me ajudar a pensar nas coisas. Depois que ela se mudou, tive momentos de dúvidas, mas tudo voltou quando fiquei mais velha e entrei na faculdade. Ela tem um tipo de inteligência emocional que me ensinou a prestar atenção em quem sou e em quem tento ser como professora e mãe."

Tamara morou com Gretchen em Amherst desde o fim do ensino fundamental até a formatura do ensino médio e se descreveu como "a criança boazinha que fazia o que queria, era amiga de todo mundo, praticava esportes, era criativa, fazia parte da orquestra, tirava boas notas". Segundo Tamara, ela e a mãe estavam sempre juntas. "Ela era uma mãe muito acessível para as outras crianças – não do tipo que fica amiga, mas sempre disponível." Ao mesmo tempo, Tamara descreveu a mãe como "distraída". Ela teve alguns relacionamentos longos e estava focada nisso e na própria carreira. Nessa fase, Tamara admite que ficou um pouco rebelde. "Quando passava a noite na casa de minha amiga Kathy, minha mãe dizia, 'Ótimo, posso passar a noite na casa do meu namorado', mas Kathy morava a 400 metros de distância, então saíamos de fininho à noite para encontrar os meninos e ir beber lá em casa."

Perguntei à Tamara se Gretchen tinha alguma ideia do que ela fazia. "Acho que ela escolheu não ver." Estremeci, pensando em como meus filhos me descreveriam: "distraída", "ambígua" e "obcecada" com o trabalho. Era fácil imaginá-los, minha filha em especial, se comportando como Tamara na adolescência. Claro, era normal se rebelar – eu mesmo fui uma rebelde –, mas o que me atormentava era a visão que Tamara tinha da permissividade parental como uma desatenção. O que ela disse a seguir soou como um golpe final. "Uma parte de mim entende por que minha mãe gostaria de viver da maneira que viveu, mas, agora que sou mãe, tenho uma opinião mais dura sobre isso."

Tamara conheceu o marido, Matt, dois anos mais velho, durante o ensino médio. Desde o início, o relacionamento era "muito maduro, sempre soubemos que nos amávamos", disse. O namoro acabou quando Tamara entrou na faculdade. "Terminamos porque não fazia ideia de quem eu era fora daquele relacionamento – éramos como uma única entidade." Oito anos depois, Tamara estava morando no Colorado e trabalhava como professora de escola pública. Matt, que estava na Flórida em um treinamento pela Marinha, escreveu um e-mail para Tamara, no qual agradecia os anos em que estiveram juntos. Segundo ele, aquele relacionamento tinha estabelecido o padrão para o que ele considerava amor. Tamara, que estava lutando para se livrar de um relacionamento abusivo, ficou muito emocionada com o e-mail.

Um ano mais tarde, Tamara encontrou Matt em Maryland, quando ambos estavam visitando as respectivas famílias. "Sabíamos que era um reencontro", disse ela. Eles se casaram menos de um ano mais tarde, em 2002. Tamara, 28 anos, se mudou primeiro para o Texas, onde Matt estava se preparando para ser piloto, e depois para o Vale Central, na Califórnia. Depois que Matt voltou de sua primeira missão, outras missões de combate aéreo sobre o Iraque e o Afeganistão vieram na sequência. Tamara engravidou de uma menina, que recebeu o nome de Mackenzie. Mas Mackenzie foi um bebê natimorto. "Como em dois meses Matt seria enviado para outra missão que duraria de seis a oito meses, e eu estava muito deprimida, decidi que precisava engravidar de novo para manter a sanidade."

Era março de 2006. Os médicos recomendaram que Tamara esperasse seis meses para que o corpo dela se recuperasse, mas um mês depois ela já estava grávida. Foi, mais uma vez, uma gravidez traumática: "Como meu corpo não tinha se recuperado, coisas estranhas começaram a acontecer". O bebê, Buzz, nasceu prematuro em outubro, com 26 semanas e pesando apenas 900 gramas. Ficou na UTI neonatal até janeiro do ano seguinte. Logo que Buzz recebeu alta do hospital, Matt foi de novo enviado para uma missão.

Tamara descreve a morte da filha como um ponto de virada: "O fato de Mackenzie ter nascido morta me fez perceber que nem tudo acontecerá da forma que eu, de modo inconsciente, achei que aconteceria. Naquele momento, sabia que precisava ficar em casa". Essa sensação aumentou nas primeiras semanas de vida de Buzz, que foram críticas, e nos meses seguintes, com Matt longe e Buzz ligado a um monitor cardíaco e a um tanque de oxigênio. "Meu propósito na vida era manter Buzz vivo e Matt com a mente estável porque ficar longe o deixava arrasado. Eu não tinha familiares por perto e meu bebê estava muito doente. Meu objetivo naquele instante era claro, não havia dúvida."

Quando Buzz estava com 13 semanas de vida, Tamara engravidou de novo. Dessa vez, ela conseguiu completar os nove meses e deu à luz a Mikayla, em 2008. Nos cinco anos seguintes, Tamara teve que se virar sozinha para criar duas crianças com menos de dois anos de diferença porque Matt foi enviado para diversas missões: "Nos primeiros três anos da vida de Mikayla, acho que ele esteve em casa menos de seis meses". Apesar do estresse das seguidas ausências de Matt, Tamara disse que mantiveram a família unida em parte porque ela fazia questão de incluí-lo. "Estava focada nos afazeres diários e, quando me deparava com algum problema no comportamento de uma das crianças, pedia conselhos a Matt, uma estratégia para que ele sentisse que estava participando. Matt conseguia ter uma visão geral porque não estava no dia a dia e acabava dando sugestões maravilhosas, e assim dividia a criação dos filhos mesmo do outro lado do mundo."

Ao longo dos anos, Tamara e Matt se mudaram várias vezes: para Montgomery, no Alabama, depois para Virginia Beach, na Virgínia, depois para Meridian, no Mississippi, e, por último, para Louisville, em Kentucky. "É impossível ter uma carreira com todas essas mudanças", disse Tamara, que tem trabalhado como professora substituta e instrutora de ioga. Na fase em que moraram em Virginia Beach, o consultório de iogaterapia de Tamara começou a fazer sucesso: "A oportunidade de crescer era grande, mas não consegui implantar o mesmo esquema no Mississippi". Essa foi a única vez, disse Tamara, que o casamento passou por uma crise. Ela gostava da vida em Virginia Beach, as crianças estavam indo bem e ela aproveitou para fazer um mestrado em Washington, D.C. Tamara chegou a dizer que daquela vez ela e as crianças ficariam, mas, quando percebeu o quanto Matt estava sofrendo, voltou atrás. "A relação estava abalada porque estávamos focados no que estávamos fazendo, não em como estávamos fazendo."

No fim, todos foram para o Mississippi, depois se mudaram para o Kentucky quando Matt entrou para a reserva na Marinha e aceitou um emprego na Amazon. Tamara voltou a dar aulas de ioga, além de trabalhar em tempo integral como professora do ensino fundamental em uma escola no centro de Louisville, uma área onde as minorias raciais, étnicas e/ou religiosas constituem a maioria da população. Muitas crianças vêm de famílias com problemas de moradia, violência, negligência e pobreza. "São muitos problemas juntos, então é muito difícil, estressante, mas é também gratificante", afirmou Tamara. Ela se preocupa com os alunos, mas "se ficar pesado demais, vou escolher minha sanidade mental e de minha família em vez do trabalho".

"Temos uma história familiar de mulheres determinadas e com uma forte ética de trabalho", disse Tamara. Gretchen adotou o sobrenome do marido, Rossman, mas com um trocadilho: "Na infância, minha mãe, Dara e eu nos chamávamos de 'Ross-women'", contou Tamara. "Para minha mãe e Dara, um emprego não é apenas um emprego, é uma carreira, uma paixão, é *isso* que as define. Mas costumo me descrever e tomar decisões em oposição a esse legado familiar."

A vida de esposa de militar que Tamara encarou com desconfiança e apreensão no início mostrou que havia uma maneira diferente de viver além do modelo urbano praiano no qual ela cresceu, com pais liberais e focados na carreira como os dela. (E como os meus.) "As mudanças me levaram a viver em diferentes lugares e isso me permitiu conhecer pessoas de todas as esferas da vida: cristãos e pessoas da classe trabalhadora. Conheci outros padrões. E isso me fez pensar: *Nossa, cresci zombando desses padrões*. Não mudar para longe de casa, morar na mesma cidade, talvez até morar na casa dos pais durante a faculdade para economizar dinheiro – tudo isso pode ser saudável, estimulante e encantador de muitas maneiras."

"Você está acabando com a minha tese", eu disse a ela, meio que brincando, mas não muito. Ela riu e respondeu: "Fico feliz de ouvir isso".

Na verdade, minhas conversas com Tamara me deixaram emocionada e perturbada. Os bate-papos com Gretchen também mexeram comigo, mas por razões bem diferentes. Analisando a vida de

Tamara, pude ver o caminho que não escolhi. Alguns dias depois, Matt – o meu Matt – veio buscar as crianças à noite e, como se tornou rotina desde a Covid-19, ficou para o jantar. E se eu tivesse sido menos compulsiva e apostado em ideias menos binárias? E se tivesse recusado o trabalho em Los Angeles? E se tivesse tomado decisões opostas às das mulheres Bazelon – minha mãe e minhas irmãs –, em vez de acreditar que meu propósito na vida era competir por um lugar entre elas? E se tivesse me esforçado mais para fazer os sacrifícios necessários para nosso casamento dar certo?

Tamara sentia um amor profundo, duradouro e romântico pelo marido e vivia focada no bem-estar dos filhos. Citando Hobbes, ainda que sobre um tema diferente, posso dizer que meu casamento foi desagradável, carnal e curto. O que não quer dizer que Matt e eu não estivéssemos apaixonados. Na verdade, ainda amava Matt quando nos divorciamos, mas amava mais *a mim*. Ceder à visão de como eu deveria ser como esposa e mãe significava de certa forma perder a independência e renunciar à ambição, coisas que teriam me deixado ressentida e insatisfeita. Eu não estava disposta a fazer esses sacrifícios ou ter os filhos como o princípio organizador central de minha vida.

Também não vivenciei a tragédia que cristalizou o propósito de vida de Tamara. Matt e eu tivemos a sorte – muita sorte – de ter dois filhos saudáveis. Na verdade, houve um pequeno período de incerteza. No fim do segundo trimestre da gravidez de Ella, fiz uma cirurgia para remover uma massa no ovário do tamanho de uma bola de tênis. Minha médica – Laurie Green – não descartou a possibilidade de que eu estivesse com câncer de ovário ou de que a massa rompesse meu ovário e causasse um sangramento interno, colocando minha vida em risco.

A cirurgia, que me abriu do umbigo ao púbis, também colocou em risco a vida do feto. As semanas que a antecederam foram aterrorizantes. Durante o dia, fingia que não estava acontecendo nada de diferente e me afundei no trabalho. À noite, deitada na cama com a mão na barriga, sussurrava: "Vamos conseguir, vamos conseguir", e repetia que as probabilidades estavam todas a nosso favor.

Acabou que a massa era um tumor benigno e Ella sobreviveu. Mas olhar para a cicatriz avermelhada é um lembrete diário de que fui operada com um bebê dentro de mim. Sentia-me mutilada e a recuperação demorou semanas, um processo agoniante. Quando acordei da anestesia, senti náuseas e dores terríveis, mas encontrei minha mãe sentada na cadeira ao lado da cama segurando uma tigela de aço sob meu queixo enquanto eu vomitava. Tinha cruzado o país pela manhã para me fazer companhia e não parava de passar a mão em meu cabelo enquanto eu chorava como uma criança. Ela segurou minha mão quando dei os primeiros passos, quase me dobrando de dor, e dormiu na cadeira no hospital por vários dias até eu receber alta. Era a pessoa que eu queria ao meu lado – mais até que Matt, que precisava cuidar de nosso filho – porque eu acreditava na capacidade de ela ajudar a me curar.

Talvez esse fosse o sinal para desacelerar, prestar mais atenção, agradecer as bênçãos recebidas. Não fiz nada disso. Três semanas depois, já tinha melhorado o suficiente para voltar ao trabalho e minha mãe foi embora. Quatro meses depois, meu parto ocorreu sem intercorrências. O efeito da anestesia peridural ainda nem tinha passado, mas eu já estava respondendo às mensagens de texto do trabalho enquanto Ella dormia ao meu lado no hospital.

Matt me ouviu falar sobre as dúvidas que a história de Tamara me trouxe com uma mistura de diversão e descrença no rosto. "Não é para você", disse ele, sobre as escolhas de Tamara. "Nunca seria você." Ele estava certo, é claro. No entanto, Tamara parecia feliz e realizada e os filhos, agora já no fim do ensino médio "ainda são maravilhosos e inocentes e isso é importante para mim". Pensei no que Carter e Ella tinham passado: minhas longas ausências, o divórcio e a experiência de acompanhar de perto o sistema de justiça criminal pela lente dos pais advogados. Eles eram maravilhosos, sim, mas "maravilhosos e inocentes"? Nem tanto.

"Mãe, estou cansada de Jesse", Ella me disse um dia, se referindo ao cliente cujos problemas legais me fizeram perder o aniversário dela. "O caso dele pode acabar logo?" Acabou, mas depois surgiu outro caso. Sempre tinha outro caso. Há pouco, porém, Ella me pediu que adotasse Yutico, que passara a me chamar de Mulher Maravilha e ela de Bebê Mulher Maravilha. O fato de ele ter 27 anos, morar em Louisiana e já ter mãe não a impedia de toda hora trazer isso à tona. Pouco antes de Yutico ser libertado, os dois se meteram em problemas: Yutico por causa de uma briga com um dos carcereiros, Ella por causa de uma briga com o professor. Conversando com Yutico pela internet, Ella disse: "Não se preocupe, todo mundo às vezes perde a cabeça". Yutico, entretanto, disse que ela precisava se comportar melhor e demonstrar mais respeito. Disse ainda que, quando saísse da prisão, planejava tatuar o nome dela e o meu nas costas. (Sim, ele fez isso.) Quando Ella me contou a história da tatuagem, minhas sobrancelhas se ergueram de espanto, mas fiquei emocionada com a ligação emocional entre eles e a crença compartilhada de que a libertação de Yutico não era uma questão de *se*, mas de *quando*. Yutico e Ella tinham absoluta convicção de que a advogada Mulher Maravilha – eu – conseguiria provar sua inocência. Eles tinham razão.

Claro, essa não é a história completa. Meus filhos reclamam que trabalho demais e que sou distraída, um tema recorrente entre muitos filhos de mães profissionais que trabalham duro e que entraram em contato comigo depois que meu artigo foi publicado no *New York Times*. Alguns se emocionaram ao contar que sentiam falta da mãe. Outros escreveram que achavam a mãe distante e fria. Uma mulher, Rachel, de 24 anos, que cresceu em uma pequena cidade em Vermont e agora mora e trabalha em Tel Aviv, escreveu: "Sou filha de uma mãe que escolheu seu trabalho em vez dos filhos. Minha mãe nunca me apoiou e até hoje mantém uma relação distante e difícil". Depois que os pais se divorciaram, Rachel foi criada pelo pai quase em tempo integral, e ela o descreveu como "meu melhor amigo, um pai fantástico, um fervoroso defensor de tudo o que faço".[10]

Ao mesmo tempo, Rachel se descreve como uma pessoa ambiciosa. Ela se formou em uma faculdade renomada, fez um mestrado sobre contraterrorismo e se inscreveu para um doutorado em Ciências Políticas. Rachel, que é lésbica e está noiva de uma estudante de Medicina, é ambivalente em relação a ter filhos. "Não desejo replicar a forma como vi minha mãe exercendo a maternidade. Ela não é maternal, não tem esse instinto. Tenho medo de ser assim também." Hoje, Rachel e a mãe têm um relacionamento cordial e conversam com regularidade, chegando até a fazer um bolo juntas por chamada de vídeo, um passatempo que as duas gostam. Mesmo assim, "não a vejo como mãe, mas como uma senhora simpática que conheço".

A maioria dos filhos adultos de mulheres profissionais dedicadas demonstra muito orgulho da mãe. Eles sentiam a falta dela, queriam ter tido mais tempo com ela, mas entendiam por que precisavam se ausentar. As relações eram complicadas, como são muitas relações entre mães e filhos, mas fiquei impressionada porque grande parte tem a mãe como exemplos, um ícone mesmo: admitem que a mãe foi a fonte de inspiração para a escolha de carreiras apaixonantes e intensas e para a escolha de parceiros que pensem da mesma maneira.

Samuel Rickless, filho de uma famosa cantora de ópera, é professor de Filosofia na Universidade da Califórnia, em San Diego. Ele escreveu: "Me lembro de quando a minha mãe se ausentava durante meses para cantar em teatros em todo o mundo. Sentia muito a falta dela e cheguei a esconder suas roupas, na esperança de que ela não pudesse sair sem elas. Mais tarde, entendi que era uma paixão e uma vocação, que cantar era algo que ela amava e no qual ela se destacava. Agora, com minha própria paixão (Filosofia e Direito), entendo por que ela teve que fazer o que fez, e sou grato por tudo o que ela conseguiu me dar".

Allison Singleton, 21 anos, filha de Verna Williams, é aluna da Universidade Brown. Na infância, era uma das últimas crianças a ser buscada na escola e passou muitas tardes no escritório da mãe fazendo o dever de casa, impaciente para ir embora. Quando Verna se tornou reitora da Faculdade de Direito, seu expediente aumentou. Às vezes, Allison se frustrava e ficava desgostosa com esse ritmo de trabalho, mas sempre falou com amor da mãe e de seus rituais, incluindo a ida ao salão de cabeleireiro nos fins de semana, as visitas ao museu de arte depois e o jantar em família. Ela se inspirou na ambição de Verna e é "superorgulhosa" das realizações da mãe.

Quando Allison estava na no último ano do ensino médio, Verna a convidou para assistir à apresentação de um artigo que estava escrevendo sobre direitos reprodutivos. Na época, Verna era membro do corpo docente e o reitor começou a contestar suas ideias de forma agressiva. "Sei que na academia as pessoas se atacam, mas não gostei de vê-lo falar daquela maneira, com palavras nada gentis", disse Allison, que se descreve como "muito introvertida", mas que, ao perceber que o reitor não ia parar, sentiu crescer sua indignação e, em uma sala cheia de professores de Direito, levantou a mão. "Disse por que achava o tema uma boa ideia para um artigo e que minha mãe tinha feito um trabalho fenomenal."

Anthony Gentile, filho de Karyn Ward, também era um dos últimos a ser buscado na porta da escola. Como Allison, ele queria ir direto para casa, como faziam os amigos cujas mães não trabalhavam fora. Mas Anthony e Karyn também tinham seus rituais, como assistir aos jogos de beisebol e futebol americano juntos. "Minha mãe é uma grande fã dos New York Jets, uma pena para ela", ele comentou, sem entusiasmo. No último ano no ensino médio, Anthony descobriu que tinha Doença de Addison, e passou três semanas e meia no hospital. Karyn – que costumava trabalhar setenta horas por semana como assistente-executiva – estava lá.

"Minha mãe é uma pessoa muito carinhosa e carismática. Ela se dava bem com as enfermeiras e era muito boa em me defender, mas não de uma forma insistente. Se eu precisasse de alguma coisa, ela dava um jeito para que eu a recebesse de imediato." Quando Anthony recebeu alta, ele havia perdido 50 quilos. "Eu não conseguia comer e, por estar fraco, não conseguia andar." Poucos dias depois de ele voltar para casa, foi a vez do pai fazer uma cirurgia de emergência para tratar de um câncer. Nesse meio-tempo, Anthony, que dependia da mãe para tudo, ainda enfrentou uma inesperada cirurgia dela, mas correu tudo bem. Anthony descreve a morte do pai, há dois anos: "Horrível, mas admito que não saberia o que teria feito se tivesse sido minha mãe. Ela é a pessoa que procuro quando algo dá errado na minha vida". Durante os primeiros meses da pandemia de Covid-19, ele e a namorada foram morar com Karyn e aproveitavam para preparar o jantar juntos, se sentar para comer e conversar todas as noites. Era como ter uma família de novo.

Jonathan, 24 anos, filho de Beth Fouhy, editora política da NBC/MSNBC, fala com tranquilidade sobre as frequentes viagens de trabalho da mãe: "Em minha memória não é como se eu tivesse uma mãe ausente". Segundo ele, a culpa da mãe "parece ter origem na estrutura ridícula e antiquada da cidade onde moravam, que pode ser um tanto conservadora e reacionária. Só de pensar que aquelas mães suburbanas criticavam minha mãe quando ela viajava para entrevistar líderes mundiais, inclusive o Obama, fico irritado. O trabalho dela é uma parte divertida de minha vida. Eu costumava pegar o trem para ir almoçar com ela. Era sempre divertido". Jonathan, que se formou na Universidade de Nova York, está agora para obter um mestrado em Planejamento Urbano na Universidade Columbia. Ele sai para jantar de vez em quando com os pais e confessa que "é absurdo o quanto ama os dois". E acrescentou: "Não há nada em mim que pensa em se casar com alguém que fique em casa o dia inteiro e eu seja o único provedor da família".

As conversas com Allison, Anthony e Jonathan renderam muitos momentos de identificação para mim. Por exemplo, posso imaginar minha filha me defendendo. Quando tinha 1 ano de idade, ela ficava sentada em meu colo enquanto eu desancava meus chefes pelo tratamento desigual e injusto que eu achava estar ligado ao baixo valor de minha remuneração. Estava trocando de emprego, então parecia seguro fazer a crítica, mas ainda assim estava nervosa. O corpinho de minha filha, no entanto, parecia irradiar poder. Era como se ela estivesse me dando força, não o contrário. Também gosto de assistir aos esportes com meu filho, que ainda recosta a cabeça no meu ombro e às vezes até pega na minha mão. Quando ele e minha filha ficaram doentes – cirurgia ocular para ela e um diagnóstico errado para ele, que exigiu uma bateria de exames, inclusive uma ressonância magnética – agi igual à Karyn: fui uma defensora implacável e persistente. Acho que meus filhos ficaram orgulhosos quando me viram no tribunal defendendo a absolvição de Yutico e acredito que meu exemplo servirá de inspiração para que tenham as próprias ambições e encontrem parceiros que se sintam da mesma forma.

Peighton DeVon era um bebê quando a mãe, Nicole, voltou para a faculdade. Ela garantiu que a relação delas era muito próxima, mesmo quando ela estava no começo do ensino fundamental e a traumática disputa pela guarda iniciada pelo pai (que se separou de Nicole seis meses depois do nascimento da filha) fez que Peighton ficasse sem ver a mãe por mais de dois meses. "Ele disse que minha mãe não me queria mais e me convenceu de que ela estava muito ocupada e queria uma vida diferente."

No final, o tribunal considerou as alegações infundadas e o único trauma sofrido por Peighton, hoje com 24 anos, foi a separação forçada da mãe. Nicole me disse que, no dia em que recuperou a filha, "ouviu um grito gutural que não deveria ter vindo de uma criança". Desde então, as duas são inseparáveis. Peighton continuou a ter contato com o pai, mas o relacionamento se deteriorou e desde os 10 anos ela não o vê cara a cara. Mas teve o amor incondicional e o apoio da mãe biológica de Nicole e de seu pai adotivo, além do companheiro de Nicole, Derek, que ajudou a tomar conta dela.

A principal relação de Peighton, no entanto, sempre foi com a mãe. Isso continuou durante os treze anos em que Nicole trabalhou em sua *alma mater*, a Universidade Oriental de Washington, em Spokane. Quando Peighton estava no ensino fundamental, Nicole era coordenadora dos Estudos dos Povos Originários dos Estados Unidos e mais tarde assumiu o cargo de diretora de Relações dos Indígenas Norte-Americanos e contato com o presidente da universidade. "Ela estava sempre trabalhando, mas não a ponto de ficar ausente", afirma Peighton, que adorava ouvir as histórias da mãe sobre o trabalho. Peighton percebia o quanto Nicole significava para os alunos.

Como a mãe, Peighton foi uma atleta de destaque, ganhando uma bolsa de estudos integral na Universidade de Nevada, em Reno, como jogadora de vôlei da Primeira Divisão. Ela se formou em menos de quatro anos e continuou na universidade para obter um mestrado em Administração Esportiva. Hoje, Peighton mora em Los

Angeles. Depois de trabalhar por vários anos como recepcionista de um restaurante, Nicole a ajudou a encontrar um emprego na área de Marketing e Comunicações em uma organização sem fins lucrativos que atua na interação entre as tribos indígenas e o governo federal nos estados do Alasca, Oregon e Idaho. "É o meu primeiro trabalho de gente grande", disse Peighton com orgulho. "Ganho 26,50 dólares por hora, mais benefícios e um plano de aposentadoria privada." Seu objetivo é fazer carreira no setor esportivo e, para isso, ela encara a experiência em Marketing como um trunfo.

Por cerca de um ano, durante a pandemia do coronavírus, Peighton morou com o namorado. Quando ela foi despedida do emprego no restaurante, ele a sustentou. Depois, quando ele foi demitido do emprego que tinha em uma academia de luxo, foi a vez dela o sustentar. Nenhum dos dois se sentia bem por depender um do outro, mas foi mais problemático quando Peighton era a provedora. "Ele se sentia castrado, mas a verdade é que já tínhamos muitos problemas em nosso relacionamento porque sou muito independente e faço as minhas coisas." Em fevereiro de 2020, Peighton foi morar sozinha, um passo que descreveu como necessário para salvar o relacionamento. "Preciso de meu espaço e essa é uma etapa importante porque vou viver sozinha pela primeira vez e pagar minhas contas em uma cidade cara como Los Angeles." Ela estava radiante ao me contar a novidade.

Já Nicole está vivendo o que Peighton chama de "sua segunda onda". Em abril de 2021, ela saiu do estado de Washington e se mudou para o outro lado do país para assumir o cargo de diretora-executiva de assuntos tribais e diversidade, equidade e inclusão no Departamento de Serviços da Criança e da Família do governo da Louisiana. Nicole confessa estar nervosa, mas animada com a mudança radical; depois de quinze anos vivendo e trabalhando em Spokane, ela decidiu vender a casa e a maioria de seus pertences para começar uma vida diferente. Quando fica insegura, ela se lembra que tem "aquele fator X, que faz as pessoas prestarem atenção". Nicole sabe que tem a capacidade de dominar a cena e ser respeitada. "Basta acreditar que, se eu for autêntica e verdadeira, vou me sair bem em qualquer lugar. Cuidei de todo mundo por muito tempo e, agora que Peighton está em um emprego estável, decidi dar uma virada na carreira."

Peighton está dividida – "Eu não quero ficar longe da minha mãe" –, mas não esconde o orgulho por Nicole, aos 50 anos, estar embarcando em uma nova aventura. "Minha mãe ama o Sul", disse ela, e depois, sorrindo com malícia, acrescentou: "Ela ama em especial os homens do Sul".

O filho de Laurie Green, Ross, está agora na casa dos 30 anos. "Sou o típico filhinho da mamãe", ele afirma, mesmo admitindo que a mãe dele trabalhava setenta horas por semana e nunca tirava uma folga. "Tenho amigos cuja mãe é dona de casa, inclusive já jantei na casa deles e viajei de férias com eles, e posso dizer que é diferente. Não tínhamos o hábito de jantar em família nem tirávamos férias em família." O jantar na casa de Ross muitas vezes se resumia a queijo quente ou arroz com cenoura; a sobremesa, sanduíche de sorvete. Na época, ele e a irmã adoravam. "Só me dei conta do quanto minha alimentação em casa era ruim até que passei a almoçar na escola, na primeira série, e percebi que a comida era bem melhor."

Desde muito pequeno Ross sabia que a mãe era conhecida como Dra. Green. Sua irmã, Monica, às vezes se referia a Laurie dessa forma para alfinetá-la, mas esse título era motivo de orgulho para Ross. Como muitos filhos adultos com quem conversei, Ross tinha consciência de que a mãe era alvo de críticas internas e externas por não ser uma mãe tradicional. "Ela sabe que é verdade que seus filhos seriam beneficiados se ela não trabalhasse tanto, mas fato é que ela atendia ligações de pacientes nos fins de semana, fazia plantões noturnos no hospital. Não assistia aos jogos, não foi à cerimônia de formatura nem acampava ou tirava férias de qualquer tipo", disse ele. Nunca ocorreu a Ross que sua mãe, ambiciosa e motivada como era, pudesse trocar a carreira de ginecologista obstetra por qualquer outra coisa. "O equilíbrio da vida pessoal e profissional sugere que o trabalho não é vida, mas a intuição infantil nos mostra que isso não é verdade. Minha mãe amava o trabalho, e as pacientes retribuíam esse amor. A prática da medicina a deixava 'equilibrada', era sua vocação."

Sobre o que ele busca em uma parceira, Ross disse que, fora das grandes cidades, "há milhares de pessoas com famílias tradicionais". Segundo ele, existem argumentos convincentes para uma relação que pressupõe uma mãe que fique em casa, mas acrescentou que não sabe viver dessa forma e nunca namorou ninguém que tivesse esse objetivo. "Escolho apenas pessoas ambiciosas e motivadas."

Falei também com David e Joe Granzotto, filhos da advogada criminalista e depois juíza de apelação Elizabeth Gleicher. Os dois estão agora com mais de 30 anos. David, que é vice-diretor de uma escola pública em São Francisco, disse que a mãe "trabalhava muito quando ele era criança e era muito estressada, nível nove (de dez), prestes a explodir". Há pouco, David trocou mensagens de texto com um amigo de infância que comentou que "até a forma como sua mãe dizia seu nome era assustadora". Ao mesmo tempo, David tem recordações da família jantando junto todas as noites quando a mãe não viajava: "É incrível que ela tenha conseguido ser quem foi e ter uma família". Foi o sucesso financeiro da mãe que permitiu que David e seus irmãos estudassem em uma escola particular superexclusiva em Bloomfield, um subúrbio rico de Detroit, em Michigan. "Como 90% das mães eram donas de casa, me lembro de pensar: 'Minha mãe é muito mais maneira do que elas'. Ela defendia causas importantes. Seu caso mais marcante foi uma ação coletiva contra a Blue Cross Blue Shield porque a seguradora não cobria os transplantes de medula óssea para sobreviventes de câncer de mama. A melhor amiga dela tinha morrido de câncer da mama e, depois desse processo, a Blue Cross teve de incluir esse tratamento na cobertura do seguro-saúde."

David se destacou no ensino médio e estudou na mesma faculdade que a mãe, a Carleton, onde se formou em Estudos Religiosos e aprendeu a falar árabe e a ler o Alcorão. Ele pensou com muita seriedade em ser advogado e até fez o teste de admissão específico para os cursos de Direito, mas teve uma epifania quando fez uma viagem de carro de seis semanas pelo estado de Utah, acampando em vários parques nacionais. "Passou em minha cabeça que, se me tornasse advogado, não poderia mais fazer aquilo. Minha mãe nunca fez esse tipo de coisa, então percebi que eu valorizava mais o tempo que o dinheiro ou o prestígio." A melhor coisa que já aconteceu com a família deles foi a nomeação da mãe para ser juíza quando ele estava no ensino médio. Ela passou a ter um horário mais flexível e o nível de estresse diminuiu bastante. "Ninguém estava mais feliz que a gente", disse, se referindo ao pai e aos irmãos. "Se pudesse, eu teria apertado a mão da governadora em agradecimento", disse ele.

Depois de se formar, David foi aceito no programa Teach for America e indicado para lecionar em uma escola secundária em Richmond, Califórnia, que tinha um dos piores desempenhos do estado. "Tivemos rebeliões, dei aula para crianças especiais e alguns de meus alunos eram Norteños [integrantes da organização criminosa Nuestra Familia]." Segundo David, "às vezes me sentia mais como um segurança que um professor, mas sabia que estava fazendo um bom trabalho. Amava meus alunos". Foram seis anos nessa escola. Nesse meio-tempo David se apaixonou e teve um filho, Leo, mas o casal não está mais junto. David descreve a mãe de Leo como alguém que tem a mesma motivação da sua própria mãe, Elizabeth, e sente orgulho das realizações da ex. Agora, ele está namorando alguém com quem espera se casar. O problema, no entanto, é que David percebe que a namorada tem valores mais tradicionais. "Ela quer usar meu sobrenome, mas fico pensando, 'E se tivermos uma filha? Não quero que ela pense que tem de usar o sobrenome do marido'." Ele acredita com afinco que tanto pais quanto mães devem trabalhar.

Joe, o filho do meio, é formado pela Faculdade de Direito de Harvard e trabalha em um dos maiores e mais prestigiados escritórios do país. Ele também se lembra das viagens constantes e da agenda caótica da mãe. Joe também foi atleta de futebol, basquete e lacrosse, mas a mãe nunca foi aos jogos, exceto a Noite Sênior, uma festa para os atletas e as famílias, ocasião em que Elizabeth assistiu ao filho se despedir do time de futebol. Joe se lembra da mãe se aproximar depois da partida, meio surpresa, e dizer: "Você é muito bom mesmo". Mas essa ausência não causou nenhum trauma na sua vida esportiva, ele garante, pois o pai estava sempre presente.

"De qualquer forma, eu estava mais interessado nas meninas que vinham aos jogos que na minha mãe."

Na infância, Joe nunca pensou em cursar Direito, mas ele também teve uma epifania. Depois que a mãe foi nomeada para o tribunal de apelações, houve um evento formal e oficial em que ela foi empossada como juíza. "Foi uma tarde inesquecível porque meus pais me obrigaram a faltar a uma partida de futebol decisiva para o campeonato e eu estava muito chateado e zangado." Mas, durante a cerimônia de posse, depois de ouvir orador após orador descrever o trabalho transformador que a mãe dele fazia, ele ficou muito, mas muito, comovido. "Eu sabia que ela atuava em processos envolvendo erros médicos e defendia pacientes de câncer e organizações de mulheres, mas pela primeira vez a história estava sendo contada de forma coesa, como uma carreira."

Ao falar sobre isso, a voz de Joe começou a falhar: "Sinto muito, estou muito emocionado". Ele fez uma pausa. "Uma das histórias que mais me marcou foi sobre um julgamento que ela perdeu e, depois, sentada dentro do carro, na garagem, chorou com o cliente. Nunca tinha visto minha mãe frágil assim, ela nunca chorou na nossa frente", Joe comentou, ele mesmo já chorando. "Achei admirável e pensei que a advocacia seria uma carreira bacana."

Durante a realização dessas entrevistas sempre me vinha à cabeça o que Sarah Viren, professora da Universidade Estadual do Arizona e escritora de não ficção criativa, falou sobre como ela e a esposa, Marta, criaram os dois filhos. Sarah tem lembranças da mãe, à noite, escrevendo a dissertação do doutorado em Psicologia e inventando jogos de memorização com os filhos nos dias em que precisava estudar para alguma prova. "Ela nos mostrava como usava processos miméticos para decorar diagnósticos e nós ajudávamos criando frases malucas para ela repetir. Quando ela estava aprendendo a fazer testes de quociente de inteligência, aproveitou e aplicou os testes em nós três, o que achei superdivertido. Muito do que ela fazia reverberava em nossa vida – éramos participantes ativos. Ela era focada no trabalho, mas tínhamos que estar lá. Eu acho bom. Marta e eu tentamos falar sobre o trabalho com nossos filhos e o que isso significa."

Sarah também se lembra da mãe se sentir culpada por não ter tempo para preparar as refeições – recorrendo a macarrão com molho de tomate de caixinha e nuggets de frango congelados. "Mas quer saber? Nós adorávamos. Não sabíamos que havia esse outro mundo de vegetais orgânicos." Sarah e Marta, no entanto, têm abordagens diferentes em relação à criação dos dois filhos. "Penso muito sobre isso – se eu fosse casada com um homem, me sentiria mais culpada e seria mais criticada? Não quero me fantasiar de palhaço nos aniversários ou usar gorrinho no Natal. Não acho que seja importante e não gosto de fazer isso, mas Marta acha que é e gosta", explica Sarah.

"A expressão 'Tudo é possível' nunca fez sentido para mim. Tenho amigas ambiciosas, do tipo que têm de ser boas em tudo – excelentes mães, excelentes profissionais, excelentes em seus relacionamentos. Com isso elas têm sempre a sensação de que não estão fazendo o suficiente. Eu só quero ser excelente em minha profissão. Tudo bem ser apenas uma boa mãe. É óbvio que não quero ser uma péssima mãe, e se não fizer determinadas coisas, como ler para as crianças, vou achar que estou em falta, mas não tenho que ser a melhor. Não me importo se não estou sendo bem-sucedida no reino materno."

Os filhos de Sarah e Marta têm agora 7 e 4 anos. Há pouco, Sarah os viu brincando juntos e perguntou o que estavam fazendo. "Trabalhando", responderam em uníssono. Eu ri, me lembrando de ver minha própria filha digitando freneticamente no "laptop" que ela construiu com uma caixa de papelão. "Estou escrevendo, mamãe", ela falou com orgulho. "Assim como você."

Quando meus filhos forem adultos, que lembranças eles terão de mim como mãe? A Mãe do Cartão? Não. Fotografias escolhidas a dedo para retratar a alegria familiar e vender molduras douradas elegantes? É bem provável que não. Imagens desfocadas de ausência e distração, dos momentos em que eu não estava presente? Algumas talvez, mas não todas, eu acho. Minha esperança é que as lembranças sejam como uma colcha de retalhos, com gritos, brigas e partes tristes, sim, mas também, e mais importante, com as muitas vezes em que choramos de tanto rir – assistindo aos episódios da série *The Office*, ou por causa de alguma piada, ou apenas uns dos outros –, a vez em que estávamos no zoológico e uma gaivota deu um rasante e roubou nossa pizza, a vez em que Matt e eu carregamos os dois nas costas para atravessar um riacho gelado no Parque Nacional de Yosemite anos depois de nos divorciarmos, ou o dia em que adotamos nosso cachorro, ou ainda as muitas noites em que nos aconchegamos na cama para dormir.

Espero que eles também se lembrem de meu trabalho e da importância dele para meus clientes, meus alunos, meus leitores e para mim. Espero que essas memórias os deixem orgulhosos e sirvam de inspiração para que sejam, à maneira deles, ambiciosos da mesma forma.

A verdade é que amo meus filhos acima de tudo.

E sinto o mesmo pelo trabalho que faço.

E não só está tudo bem como vai ficar melhor ainda.

AGRADECIMENTOS

Este livro não existiria sem minha mãe. Sem seu exemplo, a cooperação generosa com o projeto, o apoio inabalável dela à ideia original. Ao longo de todo o projeto, minha mãe me encorajou a dizer a verdade. Sou para sempre grata a ela.

Agradeço também às "Ross-women": Gretchen, Dara, Tamara. Vocês compartilharam seu precioso tempo e me ensinaram muita coisa. Tem um lado reconfortante em ter as próprias crenças viradas de cabeça pra baixo.

À minha parceira de texto, Valena Beety, que confiou em mim mesmo quando as palavras saíam a conta-gotas e o mundo desmoronava ao nosso redor. Olhando para sua bela foto no canto da tela do Zoom, sabia que você estava lá comigo, mesmo com o som desligado. Nossa amizade foi uma tábua de salvação para meu texto e para minha alma. Nós nos encontramos, seguramos a mão uma da outra e cruzamos, mesmo que de modo virtual, a linha de chegada.

Às dezenas de mulheres incríveis nos Estados Unidos que arranjaram tempo para falar comigo com franqueza e sensibilidade sobre seu trabalho, seus filhos e seus parceiros, e sobre escolhas difíceis. Vocês me mostraram o que existe além da maternidade e da ambição. O grande prazer de escrever este livro foi o tempo que passei com cada uma de vocês.

À minha ex-editora do *New York Times*, Jen Parker, que publicou minha defesa das mães trabalhadoras. À minha agente, Emma Patterson, que me convenceu de que havia um livro inteiro dentro do artigo que escrevi e encontrou o lar certo para ele. Você é sempre receptiva, mesmo quando ajo de maneira irracional. À minha editora, Marisa Vigilante, eu não poderia querer uma mente mais afiada ou uma editora de texto mais gentil. O livro é muito melhor por sua causa. À Tracy Behar, Fanta Diallo, Lena Little e à poderosa equipe da Little, Brown Spark. À Elizabeth Shreve e à sua equipe. Aos meus intrépidos pesquisadores e checadores de fatos: Elizabeth Bowman, Lila Garlinghouse e Charlie Nelson Keever. Um agradecimento especial a Charlie, que me ajudou a entrar em contato com a próxima geração de mães.

Sou grata às minhas irmãs, Emily, Jill e Dana, e ao meu pai, que sempre me disse que eu podia fazer o que quisesse, incluindo escolher os casos mais difíceis e nunca desistir. Eu o perdoo pela Flórida, como espero que meus filhos me perdoem por Los Angeles.

Para meu melhor amigo, Ben, que me ensinou que, se eu quisesse encontrar novas palavras, tinha que mudar meu ponto de vista girando o tabuleiro.

Por fim, aos meus lindos filhos, Carter e Ella, minhas duas pessoas favoritas no mundo. Vocês são minha razão para viver. E a Matt, por ter me dado meus filhos. Sem vocês, minha vida seria impossível.

NOTAS

INTRODUÇÃO

1 BELKIN, Lisa. "The Opt-Out Revolution". *The New York Times Magazine*, Nova York, 26 out. 2003. Disponível em: <https://www.nytimes.com/2003/10/26/magazine/the-opt-out-revolution.html>.

2 WARNER, Judith. "The Opt-Out Generation Wants Back In". *The New York Times Magazine*, Nova York, 7 ago. 2013. Disponível em: <https://www.nytimes.com/2013/08/11/magazine/the-opt-out-generation-wants-back-in.html>.

3 BAZELON, Lara. "I've Picked My Job Over My Kids". *The New York Times*, Nova York, 29 jun. 2019. Opinion. Disponível em: <https://www.nytimes.com/2019/06/29/opinion/sunday/ive-picked-my-job-over-my-kids.html>.

4 CORRELL, Shelley J.; BENARD, Stephen; PAIK, In. "Getting a Job: Is There a Motherhood Penalty?". *American Journal of Sociology*, v. 112, n. 5, p. 1297-338, mar. 2007. Disponível em: <https://www.jstor.org/stable/10.1086/511799>.

5 BAZELON, Lara. "All the Singles Mothers". *Slate*, Nova York/Washington, D.C., 11 maio 2019. Family. Disponível em: <https://slate.com/human-interest/2019/05/single-moms-fewer-chores-free-time-married.html>.

6 GLYNN, Sarah Jane. "The New Breadwinners: 2010 Update". *Center for American Progress*, Washington, D.C., 16 abr. 2012. Disponível em: <https://www.americanprogress.org/issues/economy/reports/2012/04/16/11377/the-new--breadwinners-2010-update/>.

7 ROSEN, Rebecca J. "Money-Rich and Time-Poor: Life in Two-Income Households". *The Atlantic*, Washington, D.C., 4 nov. 2015. Disponível em: <https://www.theatlantic.com/business/archive/2015/11/work-life-balance-pew-report/414028/>.

[8] PARKER, Kim; HOROWITZ, Juliana Menasce; MINKIN, Rachel. "How the Coronavirus Outbreak Has – and Hasn't – Changed the Way Americans Work". *Pew Research Center*, Washington, D.C., 9 dez. 2020. Disponível em: <https://www.pewresearch.org/social-trends/2020/12/09/how-the-coronavirus--outbreak-has-and-hasnt-changed-the-way-americans-work/>.

[9] MCDERMOTT, James. E-mail para a autora. 30 jun. 2019.

[10] YU, Yi-Jin. "How Can We Help Working Women? Proposal Calls for a 'Marshall Plan for Moms'". *Today*, Nova York, 8 mar. 2021 (o artigo destaca que as mulheres perderam 1 milhão de postos de trabalho a mais que os homens). Disponível em: <https://www.today.com/tmrw/marshall-plan-moms-help-women-find-relief-during-pandemic-t210878>.

[11] GOOLSBEE, Austan. "The Battle to Come Over the Benefits of Working from Home". *The New York Times*, Nova York, 20 jul. 2021. Economic View. Disponível em: <https://www.nytimes.com/2021/07/20/business/remote-work-pay--bonus.html>.

[12] MCCANN, Adam. "States Offering the Most Support During the COVID-19 Pandemic". *WalletHub.com*, Washington, D.C., 28 abr. 2020 (ranking dos estados que mais forneceram apoio durante a pandemia, incluindo serviços médicos relacionados à Covid-19, assistência alimentar e habitacional e apoio ao desemprego). Disponível em: <https://wallethub.com/edu/states-offering-the-most-coronavirus-support/73333> ; "STATE Paid Sick & Leave Provision Enactments Due to COVID-19". *The Partners Group*. Disponível em: <https://www.thepartnersgroup.com/state-paid-sick-leave-provision-enactments-due-to-covid-19/>.

[13] Corrigi a ortografia criativa de minha filha para maior clareza.

CAPÍTULO UM: AMOR, CASAMENTO E UM CARRINHO DE BEBÊ

[1] LIVINGSTON, Gretchen. "They're Waiting Longer, but U.S. Women Today More Likely to Have Children Than a Decade Ago". *Pew Research Center*, Washington, D.C., 18 jan. 2018. Disponível em: <https://www.pewresearch.org/social-trends/2018/01/18/theyre-waiting-longer-but-u-s-women-today-more-likely-to-have-children-than-a-decade-ago/>.

[2] DELBAERE, Ilse; VERBIEST, Sarah; TYDÉN, Tanja. "Knowledge About the Impact of Age on Fertility: A Brief Review". *Upsala Journal of Medical Sciences*, v. 125, n. 2, p. 167-74, jan. 2020. Disponível em: <https://www.tandfonline.com/doi/full/10.1080/03009734.2019.1707913>.

[3] ESHRE Capri Workshop Group. "Fertility and Ageing". *Human Reproduction Update*, v. 11, n. 3, p. 261-76, maio/jun. 2005. Disponível em: <https://academic.oup.com/humupd/article/11/3/261/759255>.

[4] Idem.

[5] "Infertility Causes". *Cleveland Clinic*, Beachwood, Ohio, última revisão em dezembro de 2020. Disponível em: <https://my.clevelandclinic.org/health/diseases/

16083-infertility-causes>; CROSS, Chantel. "Why Can't I Get Pregnant?". *Johns Hopkins Medicine*, Baltimore, Maryland, [s.d.]. Disponível em: <https://www.hopkinsmedicine.org/health/wellness-and-prevention/why-cant-i-get-pregnant>.

[6] SKLAR, Hallie Levine. "Is It Too Late for a Baby?". *Health*, Nova York, atualizado em 31 ago. 2022. Disponível em: <https://www.health.com/condition/pregnancy/is-it-too-late-for-a-baby>.

[7] MACATEE, Rebecca. "Halle Berry Pregnant at 46: Here Are 5 More Stars Who Had a Baby After 40!". *E! Entertainment News*, Los Angeles, 5 abr. 2013. Disponível em: <https://www.eonline.com/news/405353/halle-berry-pregnant-at-46-here-are-5-more-stars-who-had-a-baby-after-40>.

[8] EIJKEMANS, Marinus J. C. *et al.* "Too Old to Have Children? Lessons from Natural Fertility Populations". *Human Reproduction*, v. 29, n. 6, p. 1304-12, jun. 2014. Disponível em: <https://doi.org/10.1093/humrep/deu056>.

[9] HEWLETT, Sylvia Ann. *Creating a Life: Professional Women and the Quest for Children.* Nova York: Talk Miramax Books, 2002. p. 33. [Ed. bras.: *Maternidade tardia: mulheres profissionais em busca da realização plena.* Trad. Grace Khawali. Barueri: Novo Século, 2008.]

[10] Idem, p. 3.

[11] Idem, p. 7-8. Hewlett atribui esse "conselho bastante realista" a Cathryn Palmieri.

[12] BOLOGNA, Caroline. "23 Times Tina Fey Hilariously Summed Up Parenting". *HuffPost*, Nova York, 18 maio 2017 (atualizado em 11 maio 2021). Disponível em: <https://www.huffpost.com/entry/23-times-tina-fey-hilariously-summed-up-parenting_n_591a7d9de4b0809be15797ea>; SEEMAYER, Zach. "'Saturday Night Live': Maya Rudolph Gets Some Support from Her Kids in a Sweet Monologue". *Entertainment Tonight*, Nova York, 27 mar. 2021. Disponível em: <https://www.etonline.com/saturday-night-live-maya-rudolph-gets-some-support-from-her-kids-in-sweet-monologue-163040>; MESSER, Lesley. "Rachel Dratch Reveals Her Son's Father". *People*, Nova York, 2 dez. 2020. Disponível em: <https://people.com/parents/rachel-dratch-reveals-her-sons-father/>; TOURVILLE, Jacqueline. "Celebs Who Had Babies After 35". *Mom.com*, 27 out. 2014. Disponível em: <https://mom.com/pregnancy/15483-celeb-moms-who-had-babies-after-35>.

[13] TWENGE, Jean M. "How Long Can You Wait to Have a Baby?" *The Atlantic*, Washington, D.C., jul./ago. 2013. Health. Disponível em: <https://www.theatlantic.com/magazine/archive/2013/07/how-long-can-you-wait-to-have-a-baby/309374/>.

[14] GUREVICH, Rachel. "What Are the Chances of Getting Pregnant After 40?" *Verywellfamily.com*, Nova York, atualizado em 30 nov. 2020. Disponível em: <https://www.verywellfamily.com/what-are-the-chances-of-getting-pregnant-after-40-1960287>.

[15] HARMANCI, Reyhan. "The Truth About Pregnancy Over 40". *The New York Times*, Nova York, 15 abr. 2020 (atualizado em 29 mar. 2022). Disponível em:

<https://www.nytimes.com/2020/04/15/parenting/pregnancy/baby-after-40.html>.

16 TWENGE. " How Long Can You Wait to Have a Baby?".

17 DIVISION of Reproductive Health. *2016 Assisted Reproductive Technology National Summary Report*, out. 2018. Disponível em: <https://www.cdc.gov/art/pdf/2016-report/ART-2016-National-Summary-Report.pdf>.

18 ALMASSI, Evita. "What Is a 'Geriatric Pregnancy'?". *National Women's Health Network*, Washington, D.C., 14 maio 2019. Disponível em: <https://nwhn.org/what-is-a-geriatric-pregnancy-at-35-can-i-have-a-normal-pregnancy/>.

19 SOLE-SMITH, Virginia; HARRIS, Nicole. "Are You at Risk of Having a Baby with Down Syndrome?" *Parents.com*, Nova York, atualizado em 9 set. 2020. Disponível em: <https://www.parents.com/health/down-syndrome/are-you-at--risk-of-having-a-baby-with-down-syndrome/>.

20 "Percentage of Childless Women in the United States in 2018, by Age". *Statista*, Nova York, 22 fev. 2022. Disponível em: <https://www.statista.com/statistics/241535/percentage-of-childless-women-in-the-us-by-age/>.

21 RABIN, Roni Caryn. "Put a Ring on It? Millennial Couples Are in No Hurry". *The New York Times*, Nova York, 29 maio 2018. Disponível em: <https://www.nytimes.com/2018/05/29/well/mind/millennials-love-marriage-sex-relationships-dating.html>.

22 DESILVER, Drew. "For Most U.S. Workers, Real Wages Have Barely Budged in Decades". *Pew Research Center*, Washington, D.C., 7 ago. 2018. Disponível em: <https://www.pewresearch.org/fact-tank/2018/08/07/for-most-us-workers--real-wages-have-barely-budged-for-decades/>.

23 MILLER, Claire Cain. "The 10-Year Baby Window That Is the Key to the Women's Pay Gap". *The New York Times*, Nova York, 9 abr. 2018. TheUpshot. Disponível em: <https://www.nytimes.com/2018/04/09/upshot/the-10-year--baby-window-that-is-the-key-to-the-womens-pay-gap.html>.

24 ECKEL, Sara. "Sometimes, It's Not You, or the Math". *The New York Times*, Nova York, 23 set. 2011. Modern Love. Disponível em: <https://www.nytimes.com/2011/09/25/style/modern-love-sometimes-its-not-you-or-the-math.html>.

25 BLAKEMORE, Judith E. Owen; LAWTON, Carol A.; VARTANIAN, Lisa Rae. "I Can't Wait to Get Married: Gender Differences in Drive to Marry". *Sex Roles*, v. 53, n. 5-6, p. 327-35, 2005 (este estudo analisou 395 pessoas solteiras com idades entre 18 anos e 31 anos que eram "estudantes de Psicologia de um *campus* regional de uma universidade estadual no centro-oeste dos Estados Unidos". A divisão racial foi a seguinte: 88,6% eram brancos, 6,1% negros, 2% hispânicos e 1,5% asiáticos).

26 STANLEY, Scott M. "What Is It with Men and Commitment, Anyway?". Washington, D.C., atualizado em nov. 2002 (documento de trabalho baseado no discurso de abertura da sexta Conferência Anual de Casamentos Inteligentes). Disponível em: <https://catholicmarriagenz.org.nz/wp-content/uploads/2018/03/Men-and-Commitment-Stanley-Update-5-28-2010.pdf>.

[27] Apesar de pesquisas científicas recentes sugerirem que, da mesma forma que os óvulos femininos, o esperma masculino diminui de qualidade à medida que os homens envelhecem, as mudanças vêm mais tarde na vida dos homens que das mulheres. Ver, por exemplo: FISCH, Harry. *The Male Biological Clock*. Nova York: Free Press, 2015; SWANSON, Ana. "Why Men Should Also Worry About Waiting Too Long to Have Kids". *The Washington Post*, Washington, D.C., 27 out. 2015. Disponível em: <https://www.washingtonpost.com/news/wonk/wp/2015/10/27/men-have-biological-clocks-too-so-why-does-no-one-talk-about-them/>.

[28] SYLVEST, R. *et al.* "Attitudes Toward Family Formation Men Attending Fertility Counseling". *Reprod Biomed Soc. Online*, v. 6, n. 1-9, jul. 2018. Disponível em: <https://www.ncbi.nlm.nih.gov/pmc/articles/PMC6120434/>.

[29] Profile America Facts for Features, 16 ago. 2017. Disponível em: <https://www.census.gov/content/dam/Census/newsroom/facts-for-features/2017/cb17-ff16.pdf>.

[30] SAFIRE, William. "On Language; A Woman of a Certain Age". *The New York Times*, Nova York, 2 jul. 1995. In Language. Disponível em: <https://www.nytimes.com/1995/07/02/magazine/in-language-a-woman-of-a-certain-age.html>.

[31] NADELSON, Carol C.; NOTMAN, Malkah T. "To Marry or Not to Marry: A Choice". *American Journal of Psychiatry*, v. 138, n. 10, p. 1352-6, out. 1981. Disponível em: <https://pubmed.ncbi.nlm.nih.gov/7294193/>. Ver também: COCKRUM, Janet; WHITE, Priscilla. "Influences on the Life Satisfaction of Never-Married Men and Women". *Family Relations*, v. 34, n. 4, p. 551-6, 1985 (as autoras constataram que as mulheres solteiras eram vistas como "menos femininas, com uma sexualidade menos atraente e mais egoístas").

[32] GOLDIN, Claudia; KATZ, Lawrence F. "Putting the 'Co' in Education: Timing, Reasons, and Consequences from 1835 to the Present". *Journal of Human Capital*, v. 5, n. 4, p. 377-417, 2011. p. 412-23. Disponível em: <https://scholar.harvard.edu/files/goldin/files/putting_the_co_in_education_timing_reasons_and_consequences_of_college_coeducation_from_1835-_present.pdf>.

[33] "Percentage of U.S. Population Who Have Completed Four Years of College or More from 1940 to 2020, by Gender". *Statista*, Nova York, 27 jul. 2022. Disponível em: <https://www.statista.com/statistics/184272/educational-attainment-of-college-diploma-or-higher-by-gender/>.

[34] NADELSON; NOTMAN. "To Marry or Not to Marry: A Choice".

[35] BRONZFAT, Arline L. "College Women Want a Career, Marriage, and Children". *Psychological Reports*, v. 35, n. 3, p. 1031-4, dez. 1974 (a Dra. Bronzfat recebeu a Citação Presidencial da Associação Americana de Psicologia em 2018 por suas conquistas profissionais ao longo da vida, inclusive por sua atuação como conselheira de cinco prefeitos de Nova York nas áreas de saúde infantil, ruídos urbanos e desenvolvimento psicológico). Disponível em: <https://www.apa.org/about/governance/president/citation/arline-bronzaft>.

36 GORDON, Phillis A. "The Decision to Remain Single: Implications for Women Across Cultures". *Journal of Mental Health Counseling*, v. 25, n. 1, p. 33-44, 2003. Disponível em: <https://www.researchgate.net/publication/277915571_The_Decision_to_Remain_Single_Implications_for_Women_Across_Cultures>.

37 BOLICK, Kate. *Spinster: Making a Life of One's Own*. Nova York: Crown, 2015. [Ed. bras.: *Solteirona: O direito de escolher a própria vida*. Trad. Lourdes Sette. Rio de Janeiro: Intrínseca, 2016.]

38 "Percentage of U.S. Population Who Have Completed Four Years of College or More".

39 BUI, Quoctrung; MILLER, Claire Cain. "The Age That Women Have Babies: How a Gap Divides America". *The New York Times*, Nova York, 4 ago. 2018. TheUpshot. Disponível em: <https://www.nytimes.com/interactive/2018/08/04/upshot/up-birth-age-gap.html>.

40 WILCOX, W. Bradford; WANG, Wendy. "The Marriage Divide: How and Why Working-Class Families Are More Fragile Today". *Institute for Family Studies*, Charlottesville, VA, 25 set. 2017. Disponível em: <https://ifstudies.org/blog/the-marriage-divide-how-and-why-working-class-families-are-more-fragile-today>.

41 CAHN, Naomi; CARBONE, June. *Red Families v. Blue Families*. Nova York: Oxford University Press, 2010.

CAPÍTULO DOIS: O CULTO DA MATERNIDADE

1 HAYS, Sharon. *The Cultural Contradictions of Motherhood*. New Haven, CT: Yale University Press, 1998.

2 JOHNSON, Bethany L.; QUINLAN, Margaret M. *You're Doing It Wrong! Mothering, Media, and Medical Expertise*. New Brunswick, NJ: Rutgers University Press, 2019.

3 SACKS, Alexandra. "The Birth of a Mother". *The New York Times*, Nova York, 8 maio 2017. Disponível em: <https://www.nytimes.com/2017/05/08/well/family/the-birth-of-a-mother.html>.

4 MA, Julie. "25 Famous Women on Becoming New Moms". *The Cut*, Nova York, 28 maio 2018. Disponível em: <https://www.thecut.com/article/celebrity-moms-quotes-about-motherhood.html>.

5 ADEROJU, Darlene. "Adele Is 'Very Involved' with Son Angelo's School: 'She Loves Her Mom Life', Says Source". *People*, Nova York, 19 fev. 2020.

6 HARKIN, Jaime. The Thoroughly Modern Mogul. *People*, Nova York, 27 jan. 2020.

7 JUNEAU, Jen. "Cardi B Says 'I Met My Match' in Newborn Daughter Kulture: 'I Can't Believe I Have a Boss'". *People*, Nova York, 27 jul. 2018. Disponível em: <https://people.com/parents/cardi-b-met-her-match-baby-girl-new-motherhood/>.

8 "Salma Hayek: I Would Give Up Acting for Valentina". *People*, Nova York, atualizado em 2 dez. 2020. Disponível em: <https://people.com/parents/savages--usa-today-salma-hayek-quit-acting-for-valentina/>.

9 BELKIN, Lisa. "Michelle Obama: What Does She Mean by 'Mom in Chief'?". *HuffPost*, Nova York, 5 set. 2012 (atualizado em 5 nov. 2012). Disponível em: <https://www.huffpost.com/entry/obama-mom-in-chief_b_1858440>.

10 ALI, Rasha. "Larry King Has 'Less of a Fear of Dying Now' After Near-Fatal Stroke, Talks Recent Divorce". *USA Today*, McLean, VA, 5 fev. 2020. Disponível em: https://www.usatoday.com/story/entertainment/celebrities/2020/02/05/larry-king-talks-surviving-stroke-health/4665721002/.

11 SEELYE, Melissa. "The Cult of Motherhood: A Century of Mother's Days". *Feminist Wire*, Los Angeles, 11 maio 2014. Disponível em: <https://thefeminis-twire.com/2014/05/the-cult-of-motherhood/>.

12 AUBREY, Allison. "Xanax or Zoloft for Moms-to-Be: A New Study Assesses Safety". *NPR*, Washington, D.C., 18 set. 2017. Disponível em: <https://www.npr.org/sections/health-shots/2017/09/18/551020800/xanax-or-zoloft-for-moms--to-be-a-new-study-assesses-safety>.

13 DRAKE, Bruce. "Few Americans Say a Mother Working Full-Time Is Good for Her Children". *Pew Research Center*, Washington, D.C., 3 abr. 2013. Disponível em: <https://www.pewresearch.org/fact-tank/2013/04/03/few-americans-say-a-mother-working-full-time-is-ideal-for-children/>.

14 JACOBS, Jerry A.; GERSON, Kathleen. "Unpacking Americans' Views of the Employment of Mothers and Fathers Using National Vignette Data Survey". *Gender and Society*, v. 30, n. 3, p. 413-41, 2016 (vale ressaltar, no entanto, que, quando os autores analisaram os dados, descobriram que o apoio às jovens mães que trabalham fora em horário integral varia de acordo com especificidade do emprego, satisfação no trabalho, estado civil, contribuição financeira para o lar e arranjos para cuidar dos filhos).

15 ORDWAY, Denise-Marie. "What Research Says About the Kids of Working Moms". *The Journalist's Resource*, Cambridge, MA, 6 ago. 2018. Disponível em: <https://journalistsresource.org/economics/working-mother-employment--research/>.

16 MCGINN, Kathleen L.; CASTRO, Mayra Ruiz; LINGO, Elizabeth Long. "Learning from Mum: Cross-National Evidence Linking Maternal Employment and Adult Children's Outcomes". *Work, Employment and Society*, v. 33, n. 3, p. 374-400, 2019. Disponível em: <https://journals.sagepub.com/eprint/DQzHJAJMUY-WQevh577wr/full>; GERDEMAN, Dina. "Kids of Working Moms Grow into Happy Adults". *Working Knowledge*, Cambridge, MA, 16 jul. 2018. Disponível em: <https://hbswk.hbs.edu/item/kids-of-working-moms-grow-into-happy-adults>.

17 DOUGLAS, Susan; MICHAELS, Meredith. *The Mommy Myth*. Nova York: Free Press, 2005.

18 LEYSHON, Cressida. "This Week in Fiction: Lauren Groff on the Cult of Motherhood". *The New Yorker*, Nova York, 16 maio 2016. Disponível em:

<https://www.newyorker.com/books/page-turner/fiction-this-week-lauren-groff-2016-05-23>.

CAPÍTULO TRÊS: A DUPLA JORNADA DE TRABALHO NA PRÁTICA

[1] Nos anos 1970, poucos defendiam ao público a união estável entre pessoas do mesmo sexo, quanto mais o casamento gay, e a percentagem de casais gays com filhos era pequena. Só a partir do início dos anos 2000 que a aceitação dos direitos dos homossexuais, incluindo o conceito de famílias homossexuais com filhos, começou a se tornar uma realidade.

[2] SZALAI, Jennifer. "The Complicated Origins of 'Having It All'". *The New York Times Magazine*, Nova York, 2 jan. 2015. Disponível em: <https://www.nytimes.com/2015/01/04/magazine/the-complicated-origins-of-having-it-all.html>.

[3] ROSEN, Ruth. "Who Said 'We Could Have It All'?". *Open Democracy*, Londres, 2 ago. 2012. Disponível em: <https://www.opendemocracy.net/en/5050/who--said-we-could-have-it-all/>.

[4] KIRSCH, Melissa. "Why 'Free to Be... You and Me' Was the Most Important Album of Our Youth". *Scary Mommy*, Nova York, 5 ago. 2005 (atualizado em 9 jan. 2018). Disponível em: <https://www.scarymommy.com/why-free-to--beyou-and-me-was-the-most-important-album-of-our-youth/>.

[5] GUILDER, George. "Women in the Work Force". *The Atlantic*, Washington, D.C., set. 1986. Disponível em: <https://www.theatlantic.com/magazine/archive/1986/09/women-in-the-work-force/304924/>.

[6] Idem.

[7] HESS, Cynthia.; AHMED, Tanima; HAYES, Jeff. "Providing Unpaid Household and Care Work in the United States: Uncovering Inequality". Documento informativo C487. *Institute for Women's Policy Research*, jan. 2020.

[8] GORP, Kayla Van. "The Second Shift: Why It Is Diminishing but Still an Issue". *The Review: A Journal of Undergraduate Student Research*, v. 14, p. 31-7, 2013. Disponível em: <https://fisherpub.sjfc.edu/cgi/viewcontent.cgi?article=1100&-context=ur>.

[9] Nomes reais e detalhes de identificação foram alterados a pedido da pessoa entrevistada.

[10] LIVINGSTON, Gretchen; THOMAS, Deja. "Among 41 Countries, Only U.S. Lacks Paid Parental Leave". *Pew Research Center*, Washington, D.C., 16 dez. 2019. Disponível em: <https://www.pewresearch.org/fact-tank/2019/12/16/u-s--lacks-mandated-paid-parental-leave/>.

[11] "Economic News Release". *U.S. Bureau of Labor Statistics*, Washington, D.C., atualizado em 22 jul. 2021. Disponível em: <https://www.bls.gov/news.release/atus.t09.htm>.

[12] "Women, Work, and Family Health: Key Findings from the 2017 Kaiser Women's Health Survey". *Kaiser Family Foundation*, São Francisco, 13 mar. 2018. Disponível em: <https://www.kff.org/womens-health-policy/issue-brief/women-work-and-family-health-key-findings-from-the-2017-kaiser-womens--health-survey/>.

[13] LOCKMAN, Darcy. "Too Often Working Mothers Do Far More of the Childcare Than Their Husbands. Here's How to Fix That". *Time,* Nova York, 16 maio 2019. Ideas-Gender. Disponível em: <https://time.com/5589770/parenting-working-women-domestic-balance/>.

[14] Não é surpresa nenhuma que alguns homens discordam desses estudos e dos relatos feitos por mulheres: 70% dos pais dizem que dividem as tarefas domésticas de modo igual, enquanto apenas 44% das parceiras dizem que eles fazem isso. Ver: "Women in the Workplace 2020". *McKinsey and Company*, Nova York, 2021. Disponível em: <https://wiw-report.s3.amazonaws.com/Women_in_the_Workplace_2020.pdf>.

[15] BENNETT, Jessica. "'I Feel Like I Have Five Jobs': Moms Navigate the Pandemic". *The New York Times*, Nova York, 20 mar. 2020. Disponível em: <https://www.nytimes.com/2020/03/20/parenting/childcare-coronavirus-moms.html>.

[16] "Seven Charts That Show COVID-19's Impact on Women's Employment". *McKinsey and Company*, Nova York, 8 mar. 2021. Disponível em: <https://www.mckinsey.com/featured-insights/diversity-and-inclusion/seven-charts-that-show-covid-19s-impact-on-womens-employment#>; BATEMAN, Nicole; ROSS, Martha. "Why Has COVID-19 Been Especially Harmful for Working Women?". *Brookings Institution*, Washington, D.C., out. 2020. Disponível em: <https://www.brookings.edu/essay/why-has-covid-19-been-especially-harmful--for-working-women/>.

[17] Também é perceptível que a devastação econômica provocada pela pandemia teve um impacto desproporcional no emprego das mulheres. Como as mulheres são mais numerosas no setor de serviços, tais como restaurantes e varejo, que foram os setores mais atingidos, elas perderam 5,4 milhões de empregos durante a pandemia em comparação com os 4,4 milhões perdidos por homens. Ver: BOESCH, Diana; PHADKE, Shilpa. "When Women Lose All the Jobs: Essential Actions for a Gender-Equitable Recovery". *Center for American Progress*, Washington, D.C., 1 fev. 2021. Disponível em: <https://cdn.americanprogress.org/content/uploads/2021/01/29041540/WomenLoseJobs-brief.pdf?_ga2.212257948.966411441.1616111546-2002805608.1615425830>.

[18] BREWSTER, Melanie E. "Lesbian Women and Household Labor Division: A Systematic Review of Scholarly Research from 2000 to 2015". *Journal of Lesbian Studies*, v. 21, n. 1, p. 47-69, 2017. Disponível em: <https://www.tandfonline.com/doi/full/10.1080/10894160.2016.1142350>; PATTERSON, Charlotte J.; SUTFIN, Erin L.; FULCHER, Megan. "Division of Labor Among Lesbian and Heterosexual Parenting Couples: Correlates of

Specialized Versus Shared Patterns". *Journal of Adult Development*, n. 11, p. 179-89, 2004.

[19] GOLDBERG, Abbie E.; SMITH, JuliAnna Z.; PERRY-JENKINS, Maureen. "The Division of Labor in Lesbian, Gay, and Heterosexual New Adoptive Parents". *Journal of Marriage and Family*, n. 74, n. 4, p. 812-28, ago. 2012. Disponível em: <https://onlinelibrary.wiley.com/doi/abs/10.1111/j.1741-3737.2012.00992.x>.

[20] MILLER, Claire Cain. "How Same-Sex Couples Divide Chores and What It Reveals About Modern Parenting". *The New York Times*, Nova York, 16 maio 2018. TheUpshot. Disponível em: <https://www.nytimes.com/2018/05/16/upshot/same-sex-couples-divide-chores-much-more-evenly-until-they-become--parents.html>.

[21] DUFU, Tiffany. "I Was the Family Micromanager – Here's How I Learned to Let Go". *Good Housekeeping*, Nova York, 13 fev. 2017. Disponível em: <https://www.goodhousekeeping.com/life/parenting/a42864/tiffany-dufu-drop-the--ball/>. Ver também: DUFU, Tiffany. *Drop the Ball: Expect Less from Yourself and Flourish in Work and Life*. Nova York: Flatiron Books, 2018.

[22] BURKEMAN, Oliver. "Dirty Secret: Why Is There Still a Housework Gender Gap?". *The Guardian*, Nova York, 17 fev. 2018. Disponível em: <https://www.theguardian.com/inequality/2018/feb/17/dirty-secret-why-housework--gender-gap>.

[23] "Statistics on Stay-at-Home Dads". *National At-Home Dad Network*, [s.d.], último acesso em 18 mar. 2021. Disponível em: <https://www.athomedad.org/media-resources/statistics/>.

CAPÍTULO QUATRO: A TOXICIDADE DA AMBIÇÃO FEMININA

[1] Os estudos de Mimi Hu foram pagos pela Fundação Freeman.

[2] ROMM, Robin (Ed.). *Double Bind: Women on Ambition*. Nova York: Liveright Publishing Corporation, 2017.

[3] ELY, Robin J.; PADAVIC, Irene. "What's Really Holding Women Back?". *Harvard Business Review*, Nova York, v. 98, n. 2, p. 58-67, mar./abr. 2020.

[4] IFILL, Gwen. "The 1992 Campaign: Hillary Clinton Defends Her Conduct in Law Firm". *The New York Times*, Nova York, 17 mar. 1992. Disponível em: <https://www.nytimes.com/1992/03/17/us/the-1992-campaign-hillary-clinton-defends-her-conduct-in-law-firm.html>. Clinton também foi criticada por manter seu nome de solteira, Rodham, dez anos após seu casamento com Clinton. A desaprovação dos eleitores com essa escolha foi, segundo ela, um dos fatores pelos quais seu marido perdeu a reeleição para governador do Arkansas em 1980. Quando Bill Clinton concorreu de novo, em 1982, ele anunciou que "daqui para a frente" sua esposa pedia para ser tratada como Hillary Rodham Clinton. Segundo o *Washington Post*, "foi um aceno à tradição, mas também um ato político, uma tentativa de desfazer a ideia de que ela era uma mulher

ambiciosa demais ou desinteressada no papel tradicional da primeira-dama". Ver: ROSS, Janell. "The Complicated History Behind Hillary Clinton's Evolving Name". *The Washington Post*, Washington, D.C., 25 jul. 2015.

[5] "For the Record: Obama Endorses Clinton as 'Likable Enough'". *USA Today*, McLean, VA, 10 jun. 2016. On Politics. Disponível em: <https://www.usatoday.com/story/news/politics/onpolitics/2016/06/10/record-obama-endorses-clinton-likable-enough/85675584/>; SINDERBRAND, Rebecca. "Analysis: Why Clinton's Bid Failed". *CNN Politics*, Atlanta, 6 jun. 2008. Disponível em: <https://www.cnn.com/2008/POLITICS/06/06/clinton.race/index.html>; HEALY, Patrick. "After Delay, Clinton Embarks on a Likability Tour". *The New York Times*, Nova York, 19 dez. 2007. Political Memo. Disponível em: <https://www.nytimes.com/2007/12/19/us/politics/19clintons.html>; DOYLE, Sady. "America Loves Women Like Hillary Clinton, as Long as They Are Not Asking for a Promotion". *Quartz*, Nova York, 26 fev. 2016. Transgressive Acts. Disponível em: <https://qz.com/624346/america-loves-women-like-hillary-clinton--as-long-as-theyre-not-asking-for-a-promotion/>.

[6] CHOZICK, Amy. "Hillary Clinton and the Return of the (Unbaked) Cookies". *The New York Times*, Nova York, 5 nov. 2016. Disponível em: <https://www.nytimes.com/2016/11/06/us/politics/hillary-clinton-cookies.html>.

[7] DIAZ, Daniella. "Trump Calls Clinton a Nasty Woman". *CNN*, Atlanta, 20 out. 2016.

[8] Ver, por exemplo: JALALZAI, Farida. "A Comparative Assessment of Hillary Clinton's 2016 Presidential Race". *Socius*, v. 4, jan. 2018 (neste artigo, Jalalzai defende que o gênero de Hillary, "evidente na negatividade persistente que ela enfrentou na cobertura da imprensa e entre o público em geral, contribuiu em parte para o resultado eleitoral"). Ver também os artigos de: FORAN, Clare. "The Curse of Hillary Clinton's Ambition". *The Atlantic*, Washington, D.C., 17 set. 2016. Politics. Disponível em: <https://www.theatlantic.com/politics/archive/2016/09/clinton-trust-sexism/500489/>; e de: DOYLE, Sady. "America Loves Women Like Hillary Clinton, as Long as They Are Not Asking for a Promotion". *Quartz*, Nova York, 26 fev. 2016. Transgressive Acts. Disponível em: <https://qz.com/624346/america-loves-women-like-hillary-clinton-as-long-as-theyre-not-asking -for-a-promotion/>.

[9] KENEALLY, Meghan. "Hillary Clinton's Progress Trying to Shatter That Highest, Hardest Glass Ceiling". *ABC News*, Nova York, 9 nov. 2016. Disponível em: <https://abcnews.go.com/Politics/hillary-clintons-progress-shatter-highest--hardest-glass-ceiling/story?id=43420815>.

[10] GRAHAM, Ruth. "For Conservative Christian Women, Amy Coney Barrett's Success Is Personal". *The New York Times*, Nova York, 28 set. 2020 (atualizado em 7 out. 2021). "Ela tem seis ou sete filhos?", perguntou Pat Robertson na Christian Broadcasting Network, em 2018, quando Barrett foi mencionada pela primeira vez como uma possível escolha para o Supremo Tribunal. "Deve ser difícil ser juíza e cuidar de todas aquelas crianças, não é mesmo?"

[11] SCHWARTZ, Brian. "Some Biden Allies Wage Shadow Campaign to Stop Kamala Harris from Becoming Vice President". *CNBC*, Englewood Cliffs, NJ, 29 jul. 2020. Politics. Disponível em: <https://www.cnbc.com/2020/07/29/biden-allies-move-to-stop-kamala-harris-from-becoming-vice-president.html>.

[12] BENNETT, Jessica. "Ambition Has Always Been 'Ladylike'". *The New York Times*, Nova York, 10 ago. 2020 (atualizado em 11 ago. 2020). New Analysis. Disponível em: <https://www.nytimes.com/2020/08/10/us/politics/kamala--harris-veepstakes-ambition-sexism.html>.

[13] Keneshia Grant, professora de Ciências Políticas na Universidade Howard, observou que as mulheres brancas cotadas para a vaga de vice-presidente não receberam a mesma crítica. "A narrativa que sugere que a ambição da senadora Kamala Harris é errada e nada bem-vinda é problemática, pois demonstra preocupação sobre uma presidente negra e sobre se está na hora de eleger uma presidente negra." Ver: SCOTT, Eugene. "In Accusations of Being Too Ambitious, Some Black Women See a Double Standard". *The Washington Post*, Washington, D.C., 3 ago. 2020. Disponível em: <https://www.washingtonpost.com/politics/2020/08/03/accusations-being-too-ambitious-some-black-women-see-double-standard/>.

[14] Em um ensaio escrito em primeira pessoa para a revista *Elle*, Kamala Harris afirmou ter perdido a cerimônia de graduação do ensino médio de sua enteada por causa da sabatina do diretor do FBI James Comey, no Capitólio. "Esse conflito de datas foi agonizante, mas cheguei em casa a tempo para o jantar em família naquela noite", escreveu ela. Ver: HARRIS, Kamala. "Sen. Harris on Being 'Momala'". *Elle*, Nova York, 10 maio 2019. Disponível em: <https://www.elle.com/culture/career-politics/a27422434/kamala-harris-stepmom-mothers-day/>.

[15] WILLIAMS, Lilee. "VP Candidate Kamala Harris' Favorite Title Is Momala". *Moms.com*, Montreal, 13 ago. 2020. Disponível em: <https://www.moms.com/vp-candidate-kamala-harris-favorite-title-is-momala/>.

[16] ITKOWITZ, Colby *et al.* "Vice Presidential Debate: Highlights and Fact Checks". *The Washington Post*, Washington, D.C., 8 out. 2020. Disponível em: <https://www.washingtonpost.com/elections/2020/10/07/vice-presidential-debate-live-updates/>.

[17] MILLER, Claire Cain; GUPTA, Alisha Haridasani. "Why 'Supermom' Gets Star Billing on Résumés for Public Office". *The New York Times*, Nova York, 14 out. 2020. Disponível em: <https://www.nytimes.com/2020/10/14/upshot/barrett-harris-motherhood-politics.html>.

[18] Idem.

[19] MINTZ, Steven. "The Other Gender Gap". *Inside Higher Ed*, Washington, D.C., 4 ago. 2019. Disponível em: <https://www.insidehighered.com/blogs/higher-ed-gamma/other-gender-gap>.

[20] PERRY, Mark J. "Chart of the Day: The Incredible 13M Gender College Degree Gap Since 1982 Favoring Women". *AEIdeas*, Washington, D.C., 20 fev. 2019. Disponível em: <https://www.aei.org/carpe-diem/chart-of-the-day-the-incredible-13m-gender-college-degree-gap-since-1982-favoring-women/>.

[21] Sheryl Sandberg, COO do Facebook, atraiu de novo atenção para este estudo em seu best-seller *Faça acontecer.* Ver também: SUNDAY, Danielle N. "Challenges Women Face Leading in Work and Life". *Penn State University*, University Park, PA, 24 ago. 2013. Disponível em: <https://sites.psu.edu/daniellesunday/2013/08/24/challenges-women-face-leading-in-work-and-life/>.

[22] TURKNETT, Lyn. "Who Are Heidi and Howard and Why Does It Matter?". *Turknett Leadership Group*, Atlanta, jan. 2020. Disponível em: <https://www.washingtonpost.com/elections/2020/10/07/vice-presidential-debate-live-updates/>.

[23] ROSMAN, Katherine. "Abby Phillip Is Next-Gen CNN". *The New York Times*, Nova York, 13 nov. 2020 (atualizado em 16 nov. 2020). Disponível em: <https://www.nytimes.com/2020/11/13/style/abby-phillip-cnn.html>.

[24] "Women in Politics, the Workplace, and Family Life". The Associated Press-NORC Center for Public Affairs Research, mar. 2019. Disponível em: <https://apnorc.org/wp-content/uploads/2020/02/APNORC_GSS_gender_equality_2019.pdf>.

[25] BURSZTYN, Leonardo; FUJIWARA, Thomas; PALLAIS, Amanda. "'Acting Wife': Marriage Market Incentives and Labor Market Investments". *American Economic Review*, v. 107, n. 11, p. 3288-319, nov. 2017.

[26] FELS, Anna. *Necessary Dreams: Ambition in Changing Women's Lives.* Nova York: Pantheon, 2004.

[27] BAZELON, Lara. "What It Takes to Be a Trial Lawyer if You're Not a Man". *The Atlantic*, Washington, D.C., set. 2018. Culture (vários parágrafos deste capítulo são parafraseados ou retirados por completo deste artigo). Disponível em: <https://www.theatlantic.com/magazine/archive/2018/09/female-lawyers-sexism-courtroom/565778/>.

[28] LOUIS, Catherine Saint. "Up the Career Ladder, Lipstick in Hand". *The New York Times,* Nova York, 12 out. 2011. Skin Deep. Disponível em: <https://www.nytimes.com/2011/10/13/fashion/makeup-makes-women-appear-more--competent-study.html>.

[29] SPAR, Debora L. "Aging and My Beauty Dilemma". *The New York Times*, Nova York, 24 set. 2016.

[30] Ver projeto de lei 188, artigos 2º e 3º (Califórnia, 2019-2020), que altera o artigo 212.1 do Código de Educação da Califórnia e o artigo 12926 do Código do Governo da Califórnia, na devida sequência. Legislação semelhante foi aprovada em Nova York e Nova Jersey e está pendente em outros estados; SIMEON, Aimee. "Connecticut Is Officially Making Natural Hair Discrimination Illegal". *Refinery29*, Nova York, 2 mar. 2021. Disponível em: <https://www.refinery29.com/en-us/2021/03/10339549/connecticut-natural-hair-discrimination-crown-act>.

[31] Idem, artigo 1(b).

32 GROSSMAN, Samantha. "The Insidious Sexism of Resting Bitch Face". *The Week*, Nova York, 10 jan. 2019. Opinion (ela destaca que a frase é "bastante insidiosa e sexista" e que é injusta porque "se a expressão neutra de um homem parece antipática ou contrariada, considera-se que ele está apenas sendo ele mesmo"). Disponível em: <https://theweek.com/articles/815496/insidious-sexism-resting-bitch-face>.

33 Nomes e detalhes de identificação foram alterados a pedido da pessoa entrevistada.

34 GRAY, Emma. "Every Woman Should Read Reese Witherspoon's Stunning Speech About Ambition". *HuffPost*, Nova York, 10 nov. 2015. Disponível em: <https://www.huffpost.com/entry/reese-witherspoon-ambition-glamour-women-of-the-year_n_56417268e4b0307f2caecdab>.

CAPÍTULO CINCO: ESTOU APAIXONADA... PELO MEU TRABALHO

1 "Family and Medical Leave Act". *U.S. Department of Labor*, Washington, D.C., [s.d.], último acesso em 29 set. 2021. Disponível em: <https://www.dol.gov/agencies/whd/fmla>.

2 Desde 1993, apenas quinze estados e o Distrito de Columbia ampliaram benefícios como licenças não remuneradas além dos padrões da Lei de Licença Médica e Familiar (FMLA na sigla original), seja pelo aumento da duração da licença oferecida, seja pela ampliação da definição de um membro da família elegível. Ver: "Paid Family and Sick Leave in the U.S.". *Kaiser Family Foundation*, São Francisco, 17 dez. 2021. Women's Health Policy. Disponível em: <https://www.kff.org/womens-health-policy/fact-sheet/paid-family-leave-and-sick-days-in-the-u-s/>. Uma empresa que ofereça até dezesseis semanas de licença remunerada se tornará com facilidade uma das vinte empresas dos Estados Unidos com as melhores políticas de licença-familiar nos Estados Unidos. Ver: FELONI, Richard. "These Are the Top 14 US Companies Giving New Parents at Least 4 Months of Paid Time Off". *Business Insider*, Nova York, 24 jun. 2019. Disponível em: <https://www.businessinsider.com/best-parental-leave-policies--from-large-us-companies-2019-6>.

3 HIRSHMAN, Linda R. *Get to Work: A Manifesto for Women of the World*. Nova York: Viking, 2006. p. 3.

4 Idem, p. 16.

5 Idem, p. 3.

6 HAYS, Sharon. *The Cultural Contradictions of Motherhood*. New Haven, CT: Yale University Press, 1998.

7 IJSENDIJK, Roos. E-mail para a autora. 1º jul. 2019.

8 LIVINGSTON, Gretchen. "Stay-at-Home Moms and Dads Account for About One-in-Five U.S. Parents". *Pew Research Center*, Washington, D.C., 24 set.

2018. Disponível em: <https://www.pewresearch.org/fact-tank/2018/09/24/stay-at-home-moms-and-dads-account-for-about-one-in-five-u-s-parents/>.

[9] "Why Lillian Gave Up Her Career, Part 1". *Postmodern Family*, 2 jul. 2017. Disponível em: <http://thepostmodernfamily.com/2017/07/02/why-lillian-gave-up--her-career-part-1/>. "Why Lillian Gave Up Her Career, Part 2". *Postmodern Family*, 2 jul. 2017. Disponível em: <http://thepostmodernfamily.com/2017/07/02/why-lillian-gave-up-her-career-part-2/>.

[10] Segundo a reportagem de 2021, "ataques a feministas, a pessoas queer e a pessoas de diferentes origens culturais não são difíceis de encontrar sob a hashtag #tradwife". Ver: KELSEY-SUGG, Anna; MARIN, Siobhan. "For Some Being a Tradwife Is About More Time with Family. For Others, It's a Dangerous Far-Right Ideology". *ABC Radio National*, Sidney, 21 ago. 2021. Disponível em: <https://www.abc.net.au/news/2021-08-22/tradwife-movement-personal-pleasures-or-extreme-right-ideologies/100356514>. Uma das postagens de Lillian, de 2019, tem links para um artigo que diz: "Você não tem mais o direito de negar a seu filho a educação sexual (agora sob a bandeira da 'educação sobre a saúde'). Vão ensinar a seu filho de 4 anos que algumas crianças não reconhecem o sexo com o qual nasceram. Elas estão sendo ensinadas desde o primeiro ano de escola que o sexo biológico é diferente do gênero mental – uma IDEOLOGIA, não um fato". Outra reportagem diz que "o movimento #tradwife é em especial popular entre os supremacistas, que estão muito investidos na mensagem de que as mulheres brancas devem se submeter ao marido e se concentrar em fazer o maior número de bebês possível". Ver: FREEMAN, Hadley. "'Tradwives': The New Trend for Submissive Women Has a Dark Heart and History". *The Guardian*, 27 jan. 2020. Disponível em: <https://www.theguardian.com/fashion/2020/jan/27/tradwives-new-trend-submissive-women-dark-heart-history>. Nem Lillian nem Felipe são brancos.

CAPÍTULO SEIS: A CONQUISTA DA LIBERDADE

[1] TOOSSI, Mitra; MORISI, Teresa L. "Women in the Workforce Before, During, and After the Great Recession". U.S. Bureau of Labor Statistics, Washington, D.C., jul. 2017. Disponível em: <https://www.bls.gov/spotlight/2017/women--in-the-workforce-before-during-and-after-the-great-recession/home.htm>.

[2] Idem.

[3] Idem.

[4] JACOBS, Elisabeth; BAHN, Kate. "Women's History Month: U.S. Women's Labor Force Participation". *Washington Center for Equitable Growth*, Washington, D.C., 22 mar. 2019. Disponível em: <https://equitablegrowth.org/womens-history-month-u-s-womens-labor-force-participation>.

[5] RENZULLI, Kerri Anne. "This New Bill Before Congress Could Save Parents Thousands of Dollars a Year – Here's How". *CNBC*, Englewood Cliffs, NJ, 27

fev. 2019. Disponível em: <https://www.cnbc.com/2019/02/27/child-care-for--working-families-act-could-save-parents-thousands.html>.

[6] SCHULTE, Brigid; DURANA, Alieza. "The New America Care Report". *New America Foundation*, 28 set. 2016. Disponível em: <https://www.newamerica.org/better-life-lab/policy-papers/new-america-care-report/>.

[7] GERMANO, Maggie. "Women Are Working More Than Ever, but They Still Take on Most Household Responsibilities". *Forbes*, Jersey City, NJ, 27 mar. 2019. Disponível em: <https://www.forbes.com/sites/maggiegermano/2019/03/27/women-are-working-more-than-ever-but-they-still-take-on--most-household-responsibilities/?sh=19bd77c952e9>; LOCKMAN, Darcy. "Too Often, Working Mothers Do Far More of the Childcare Than Their Husbands. Here's How to Fix That". *Time*, Nova York, 16 maio 2019. Ideas-Gender. Disponível em: <https://time.com/5589770/parenting-working-women--domestic-balance/>.

[8] BLAU, Francine D.; KAHN, Lawrence M. "Female Labor Supply: Why Is the U.S. Falling Behind?". Documento de discussão n.º 7140, apresentado na Reunião da Associação Econômica Americana, em San Diego, em janeiro de 2013.

[9] "Senator Murray Reintroduces Comprehensive Child Care and Early Learning Bill to Ensure #ChildCare4All, Builds on Momentum from Washington State Stories". Comunicado para a imprensa, murray.senate.gov, 26 fev. 2019. Disponível em: <https://www.murray.senate.gov/video-senator-murray-reintroduces--comprehensive-child-care-and-early-learning-bill-to-ensure-childcare4all-builds-on-momentum-from-washington-state-stories/>.

[10] CHAUDRY, Ajay; HAMM, Katie. "The Child Care for Working Families Act Will Boost Employment and Create Jobs". *Center for American Progress*, Washington, D.C., 7 dez. 2017. Disponível em: <https://www.americanprogress.org/article/child-care-working-families-act-will-boost-employment-create--jobs/>.

[11] BATEMAN, Nicole; ROSS, Martha. "Why Has COVID-19 Been Especially Harmful for Working Women?". *Brookings Institution*, Washington, D.C., out. 2020. Disponível em: <https://www.brookings.edu/essay/why-has-covid-19-been-especially-harmful-for-working-women>; HENDERSON, Tim. "Mothers Are 3 Times More Likely Than Fathers to Have Lost Jobs in the Pandemic". *Pew Research Center*, Washington, D.C., 28 set. 2020. Disponível em: <https://www.pewtrusts.org/en/research-and-analysis/blogs/stateline/2020/09/28/mothers-are-3-times-more-likely-than-fathers-to-have-lost-jobs-in-pandemic>.

[12] MODESTINO, Alicia Sasser. "Coronavirus Child-Care Crisis Will Set Women Back a Generation". *The Washington Post*, Washington, D.C., 29 jul. 2020. Disponível em: <https://www.washingtonpost.com/us-policy/2020/07/29/childcare-remote-learning-women-employment/>.

[13] ATKINSON, Tyler; RICHTER, Alex. "Pandemic Disproportionately Affects Women, Minority Labor Force Participation". *Federal Reserve Bank of Dallas*,

10 nov. 2020. Disponível em: <https://www.dallasfed.org/research/economics/2020/1110>

[14] Grande parte desta seção apareceu de forma um pouco diferente em: BAZELON, Lara. "Divorce Can Be an Act of Radical Self-Love". *The New York Times*, Nova York, 30 set. 2021. Opinion-Guest Essay. Disponível em: <https://www.nytimes.com/2021/09/30/opinion/divorce-children.html>.

[15] Nomes e detalhes de identificação foram alterados a pedido da pessoa entrevistada.

[16] PODUVAL, Jayita; PODUVAL, Murali. "Working Mothers: How Much Working, How Much Mothers, and Where Is the Womanhood?" *Mens Sana Monogr.*, v. 7, n. 1, p. 63-79, jan./dez. 2009. Disponível em: <https://www.ncbi.nlm.nih.gov/pmc/articles/PMC3151456/>.

[17] MCVEIGH, Tracy. "The Biggest Financial Risk for Women Today? Embarking on a Relationship". *The Guardian*, Nova York, 19 mar. 2017. Disponível em: <https://www.theguardian.com/lifeandstyle/2017/mar/19/divorce-women-risk-poverty-children-relationship>.

[18] PODUVAL; PODUVAL. "Working Mothers: How Much Working, How Much Mothers, and Where Is the Womanhood?".

[19] WEISSHAAR, Katherine. "From Opt Out to Blocked Out: The Challenges for Labor Market Re-Entry After Family Related Employment Lapses". *American Sociological Review*, v. 83, n. 1, 2018.

[20] ZIMBALIST, Julia. E-mail para a autora. 30 jun. 2019.

[21] MORTELMANS, Dimitri; THIELEMANS, Gert; VAN DEN BERG, Layla. "Parents Returning to Parents: Does Migration Background Have an Influence on the 'Boomerang Effect' Among Parents After Divorce?". In: KREYENFELD, Michaela; TRAPPE, Heike (Eds.). *Parental Life Courses After Separation and Divorce in Europe*. Cham, Switzerland: Springer, 2020. p. 83-102.

[22] MORTELMANS, Dimitri. "Economic Consequences of Divorce: A Review". In: KREYENFELD, Michaela; TRAPPE, Heike (Eds.). *Parental Life Courses After Separation and Divorce in Europe*. Cham, Switzerland: Springer, 2020. p. 23-41; STEVERMAN, Ben. "Divorce Destroys Finances of Americans Over 50, Studies Show". *Bloomberg News*, Nova York, 19 jul. 2019. Disponível em: <https://www.bloomberg.com/news/articles/2019-07-19/divorce-destroys-finances-of-americans-over-50-studies-show>.

[23] FRANCIS, Stacy. "The Biggest Financial Risk a Woman Can Take Is Getting Married". *Francis Financial*, Nova York, último acesso em 18 nov. 2021. Disponível em: <https://francisfinancial.com/the-biggest-financial-risk-a-woman-can-take-is-getting-married/>.

[24] FRANCIS, Stacy. "Money Stress Traps Many Women into Staying in Unhappy Marriages". *CNBC*, Englewood Cliffs, NJ, 13 ago. 2019 (atualizado em 14 ago. 2019). Disponível em: <https://www.cnbc.com/2019/08/13/money-stress-traps-many-women-into-staying-in-unhappy-marriages.html>.

[25] GLYNN, Sarah Jane; HAMM, Katie. "The Economics of Caregiving for Working Mothers". *Center for American Progress*, Washington, D.C., 10 dez. 2019. Disponível em: <https://www.americanprogress.org/article/economics-caregiving-working-mothers/>.

[26] GLYNN; HAMM. "The Economics of Caregiving for Working Mothers"; CHRISTNACHT, Cheridan; SULLIVAN, Briana. "About Two-thirds of the 23.5 Million Working Women with Children Under 18 Worked Full-Time in 2018". *U.S. Census Bureau*, Washington, D.C., 8 maio 2020. Disponível em: <https://www.census.gov/library/stories/2020/05/the-choices-working-mothers-make.html>.

[27] GLYNN, Sarah Jane. "Breadwinning Mothers Continue to Be the U.S. Norm". *Center for American Progress*, Washington, D.C., 10 maio 2019. Disponível em: <https://www.americanprogress.org/article/breadwinning-mothers-continue-u-s-norm/>. O maior número de mães negras provedoras é explicado em parte pelo fato de que a maioria das mães negras cria suas famílias sozinhas. Ver: "Breadwinner Mothers by Race/Ethnicity and State". *Institute for Women's Policy Research*, set. 2016. Disponível em: <https://iwpr.org/wp-content/uploads/2020/08/Q054.pdf>. Da mesma forma, um estudo de 2018 mostrou que os lares chefiados por mães latinas representavam 24,4% dos lares de famílias latinas. Em contraste, o mesmo estudo descobriu que as mulheres brancas chefiavam apenas 12,7% dos lares e as mulheres asiático-americanas chefiavam 11,7% dos lares de famílias asiático-americanas. Ver: FRYE, Jocelyn. "On the Frontlines at Work and at Home: The Disproportionate Economic Effects of the Coronavirus Pandemic on Women of Color". *Center for American Progress*, Washington, D.C., 23 abr. 2020. Disponível em: <https://www.americanprogress.org/issues/women/reports/2020/04/23/483846/frontlines-work-home/>.

[28] DESAI, Sreedhari D.; CHUGH, Dolly; BRIEF, Arthur. "Marriage Structure and Resistance to the Gender Revolution in the Workplace". Documento de pesquisa UNC Kenan-Flagler, n. 2013-19, mar. 2012.

[29] FILIPOVIC, Jill. "Are Women Allowed to Love Their Jobs?". *The New York Times*, Nova York, 28 abr. 2017. Opinion. Disponível em: <https://www.nytimes.com/2017/04/28/opinion/sunday/are-women-allowed-to-love-their-jobs.html>.

[30] FILIPOVIC, "Are Women Allowed to Love Their Jobs?".

[31] WHITE, Sonyan. "The Brighter Side of Single Mom Life: Why Women Are Living Happily Ever After Divorce". *Connected Women*, 7 jun. 2017. Balance. Disponível em: <https://www.connectedwomen.co/magazine/the-brighter-side-of-single-mom-life-why-more-women-are-living-happily-ever-after-divorce/>.

[32] BAZELON, Lara. "Confessions of a Part-Time Mom". *Slate*, Nova York/Washington, D.C., 13 jun. 2017. Disponível em: <https://slate.com/human-interest/2017/06/divorce-and-shared-custody-suits-me-and-it-suits-my-kids-too.html>.

[33] DANIELS, Mary. E-mail para autora. 4 jul. 2019.

[34] BAZELON, Lara. "From Divorce, a Fractured Beauty". *The New York Times*, Nova York, 24 set. 2015. Modern Love. Disponível em: <https://www.nytimes.com/2015/09/27/fashion/from-divorce-a-fractured-beauty.html>.

[35] BATEMAN, Nicole; ROSS, Martha. "Why Has COVID-19 Been Especially Harmful for Working Women?".

[36] Hana Schank e Elizabeth Wallace contam muitas dessas histórias no livro *The Ambition Decisions: What Women Know About Work, Family, and the Path to Building a Life*. Nova York: Penguin, 2019.

[37] "Senator Murray, Senator Cantwell Introduce Bill to Help Families Pay for Child Care". Comunicado à imprensa, 10 fev. 2021. Disponível em: <https://www.murray.senate.gov/senator-murray-senator-cantwell-introduce-bill-to-help-families-pay-for-child-care/>.

[38] DEPARLE, Jason. "In Stimulus Bill, a Policy Revolution in Aid for Children". *The New York Times*, Nova York, 7 mar. 2021 (atualizado em 12 jul. 2021). Disponível em: <https://www.nytimes.com/2021/03/07/us/politics/child-tax--credit-stimulus.html>.

CAPÍTULO SETE: ACEITANDO O DESEQUILÍBRIO

[1] MEYER, J. F. "History Repeats Itself: Restorative Justice in Native American Communities". *Journal of Contemporary Criminal Justice*, v. 14, n. 1, p. 42-57, fev. 1998.

[2] REYES, Emily Alpert; LAIT, Matt. "LA to Pay $24 Million to Two Men Imprisoned for Decades After Wrongful Murder Convictions". *Los Angeles Times*, Los Angeles, 19 jan. 2016. Disponível em: <https://www.latimes.com/local/lanow/la-me-ln-wrongful-convictions-20160119-story.html>.

[3] CHOCANO, Cara. "Calling Yourself 'Humbled' Doesn't Sound as Humble as It Used To". *The New York Times Magazine*, Nova York, 24 jan. 2017. First Word. Disponível em: <https://www.nytimes.com/2017/01/24/magazine/calling-yourself-humbled-doesnt-sound-as-humble-as-it-used-to.html>.

[4] MENZA, Kaitlin. "#LuckyGirl Is the New #Humblebrag". *Cosmopolitan*, Nova York, 6 jun. 2013. Disponível em: <https://www.cosmopolitan.com/lifestyle/advice/a4437/lucky-girl-hashtag/>.

[5] SELIGSON, Hannah. "The #LuckyGirl's Lie". *The Atlantic*, Washington, D.C., 21 set. 2015. Health. Disponível em: <https://www.theatlantic.com/health/archive/2015/09/luckygirl-hashtag-instagram/406420/>.

[6] BENDIXEN, Shannon. "Women Leaders and Luck". *Center for Creative Leadership*, Greensboro, CN, 20 nov. 2020. Disponível em: <https://www.ccl.org/articles/leading-effectively-articles/women-luck-credit-success/>.

[7] HAIT, Andrew W. "Number of Women-Owned Firms Increased 0.6% from 2017 to 2018". *U.S. Census Bureau*, Washington, D.C., 29 mar. 2021. Disponível

em: <https://www.census.gov/library/stories/2021/03/women-business-ownership-in-america-on-rise.html>.

[8] PORTER, Eduardo. "How the Unemployment System Failed". *The New York Times*, Nova York, 21 jan. 2021 (atualizado em 19 ago. 2021). Disponível em: <https://www.nytimes.com/2021/01/21/business/economy/unemployment-insurance.html>.

[9] STETTNER, Andrew; PANCOTTI, Elizabeth. "12 Million Workers Face Jobless Benefit Cliff on December 26. "*The Century Foundation*, Nova York, 18 nov. 2020. Disponível em: <https://tcf.org/content/report/12-million-workers-facing-jobless-benefit-cliff-december-26/?session=1>; RUGABER, Christopher. "Trump's hesitation on relief bill will delay aid payments". *Associated Press*, Washington, D.C., 28 dez. 2020. Disponível em: <https://apnews.com/article/donald-trump-small-business-health-legislation-coronavirus-pandemic-6d272ee49155a7fb8ae-8611bb7d4e798>; BOESCH, Diana; PHADKE, Shilpa. "When Women Lose All the Jobs: Essential Actions for a Gender-Equitable Recovery". *Center for American Progress*, Washington, D.C., 1 fev. 2021. Disponível em: <https://cdn.americanprogress.org/content/uploads/2021/01/29041540/WomenLoseJobs-brief.pdf>. Ver também: BATEMAN; ROSS. "Why Has COVID-19 Been Especially Harmful for Working Women?".

[10] BOESCH, Diana; PHADKE, Shilpa. "When Women Lose All the Jobs: Essential Actions for a Gender-Equitable Recovery". *Center for American Progress*, Washington, D.C., 1 fev. 2021. Disponível em: <https://cdn.americanprogress.org/content/uploads/2021/01/29041540/WomenLoseJobs-brief.pdf>.

[11] KURTZ, Annalyn. "The U.S. Economy Lost 140,000 Jobs in December. All of Them Were Held by Women". *CNN Business*, Atlanta, 9 jan. 2021. Disponível em: <https://edition.cnn.com/2021/01/08/economy/women-job-losses-pandemic/index.html>.

[12] HORSLEY, Scott. "'Overlooked': Asian American Jobless Rate Surges but Few Take Notice". *NPR*, Washington, D.C., 1 out. 2020. Disponível em: <https://www.npr.org/2020/10/01/918834644/overlooked-asian-american-jobless-rate-surges-but-few-take-notice>; HELLERSTEIN, Erica. "'I'm So Scared': California Nail Salon Workers Face Ruin as Pandemic Wears On". *San Francisco Chronicle*, São Francisco, 19 set. 2020. Biz & Tech. Disponível em: <https://www.sfchronicle.com/business/article/I-m-so-scared-California-nail-salon-15579476.php>.

[13] KURTZ, "The U.S. Economy Lost 140,000 Jobs in December. All of Them Were Held by Women".

[14] HENDERSON, Tim. "Mothers Are 3 Times More Likely Than Fathers to Have Lost Jobs in the Pandemic". *Pew Research Center*, Washington, D.C., 28 set. 2020. Disponível em: <https://www.pewtrusts.org/en/research-and-analysis/blogs/stateline/2020/09/28/mothers-are-3-times-more-likely-than-fathers-to-have-lost-jobs-in-pandemic>; BOESCH, PHADKE. "When Women Lose All the Jobs: Essential Actions for a Gender-Equitable Recovery".

[15] KOCHHAR, Rakesh. "Unemployment Rose Higher in Three Months of COVID-19 Than It Did in Two Years of the Great Recession". *Pew Research Center*, Washington, D.C., 11 jun. 2020. Disponível em: <https://www.pewresearch.org/fact-tank/2020/06/11/unemployment-rose-higher-in-three-months-of-covid-19-than-it-did-in-two-years-of-the-great-recession/>; "The Employment Situation". *U.S. Bureau of Labor Statistics*, Washington, D.C., 3 set. 2021. Disponível em: <https://www.bls.gov/news.release/pdf/empsit.pdf>.

[16] MATTHEWS, Dylan. "Joe Biden Just Launched the Second War on Poverty". *Vox*, Washington, D.C., 10 mar. 2021. Disponível em: <https://www.vox.com/policy-and-politics/22319572/joe-biden-american-rescue-plan-war-on--poverty>; LONG, Heather; FOWERS, Alyssa; VAN DAM, Andrew. "Biden Stimulus Showers Money on Americans, Sharply Cutting Poverty and Favoring Individuals Over Businesses". *Washington Post*, Washington, D.C., 6 mar. 2021. Disponível em: <https://www.washingtonpost.com/business/2021/03/06/biden-stimulus-poverty-checks/>.

[17] WEISMAN, Jonathan. "From Cradle to Grave, Democrats Move to Expand Social Safety Net". *The New York Times*, Nova York, 6 set. 2021. Disponível em: <https://www.nytimes.com/2021/09/06/us/politics/democrats-biden-social-safety-net.html>.

[18] *Tikkun Olam* é uma frase em hebraico que significa "consertar o mundo", sinônimo de princípio da ação social e da busca da justiça social no judaísmo moderno.

CAPÍTULO OITO: OS FILHOS VÃO BEM, OBRIGADA

[1] MCGINN, Kathleen L.; CASTRO, Mayra Ruiz; LINGO, Elizabeth Long. "Learning from Mum: Cross-National Evidence Linking Maternal Employment and Adult Children's Outcomes". *Work, Employment and Society*, v. 33, n. 3, p. 374-400, 2019. Disponível em: <https://journals.sagepub.com/eprint/DQzHJAJMUYWQevh577wr/full>.

[2] HOWARD, Jacqueline. "Having a Working Mother Has Benefits for Kids Later in Life, Study Says". *CNN*, Atlanta, 18 jul. 2018. Disponível em: <https://www.cnn.com/2018/07/18/health/working-moms-kids-study>.

[3] MCGINN, CASTRO, LINGO. "Learning from Mum: Cross-National Evidence Linking Maternal Employment and Adult Children's Outcomes".

[4] NOBEL, Carmen. "Kids Benefit from Having a Working Mom". *Working Knowledge*, Boston, 15 maio 2015. Research & Ideas. Disponível em: <https://hbswk.hbs.edu/item/kids-benefit-from-having-a-working-mom>.

[5] MCGINN, CASTRO, LINGO. "Learning from Mum: Cross-National Evidence Linking Maternal Employment and Adult Children's Outcomes".

[6] LENEHAN, Pamela F. "I Surveyed More Than 1,000 People to Find Out How Having a Working Mom Really Affects Kids". *Time*, Nova York, 1 mar. 2016.

[7] HSIN, Amy; FELFE, Christina. "When Does Time Matter? Maternal Employment and Child Development". *Demography*, v. 51, n. 5, p. 1867-94, out. 2014.

[8] LUCAS-THOMPSON, Rachel G.; GOLDBERG, Wendy A.; PRAUSE, Jo-Ann. "Maternal Work Early in the Lives of Children and Its Distal Associations with Achievement and Behavior Problems: A Meta-Analysis". *American Psychological Association*, v. 136, n. 6, p. 915-42, 2010.

[9] ORDWAY, Denise-Marie. "What Research Says About the Kids of Working Moms". *Journalist's Resource*, 6 ago. 2018. Economics, Education, Health, Race & Gender. Disponível em: <https://journalistsresource.org/economics/working-mother-employment-research>.

[10] Nomes e detalhes de identificação foram alterados a pedido da pessoa entrevistada.

Este livro foi composto com tipografia Adobe Garamond Pro e impresso em papel Off-White 80g/m² na Formato Artes Gráficas.